**权威·前沿·原创**

皮书系列为
"十二五""十三五""十四五"时期国家重点出版物出版专项规划项目

BLUE BOOK

智 库 成 果 出 版 与 传 播 平 台

大洋洲蓝皮书

**BLUE BOOK** OF OCEANIA

# 大洋洲发展报告（2022~2023）

ANNUAL REPORT ON DEVELOPMENT OF OCEANIA (2022-2023)

主　编／费　晟　　徐桑奕

副主编／王学东　　许少民

社会科学文献出版社

SOCIAL SCIENCES ACADEMIC PRESS（CHINA）

图书在版编目（CIP）数据

大洋洲发展报告.2022~2023/费晟，徐桑奕主编；
王学东，许少民副主编.--北京：社会科学文献出版社，
2024.2
（大洋洲蓝皮书）
ISBN 978-7-5228-3128-2

Ⅰ.①大…　Ⅱ.①费…　②徐…　③王…　④许…　Ⅲ.
①大洋洲-研究报告-2022~2023　Ⅳ.①D76

中国国家版本馆 CIP 数据核字（2023）第 253089 号

大洋洲蓝皮书

**大洋洲发展报告（2022~2023）**

主　　编／费　晟　徐桑奕
副 主 编／王学东　许少民

出 版 人／冀祥德
组稿编辑／高明秀
责任编辑／叶　娟
文稿编辑／邹丹妮
责任印制／王京美

出　　版／社会科学文献出版社·国别区域分社（010）59367078
　　　　　地址：北京市北三环中路甲 29 号院华龙大厦　邮编：100029
　　　　　网址：www.ssap.com.cn
发　　行／社会科学文献出版社（010）59367028
印　　装／天津千鹤文化传播有限公司

规　　格／开本：787mm×1092mm　1/16
　　　　　印 张：15.75　字 数：205 千字
版　　次／2024 年 2 月第 1 版　2024 年 2 月第 1 次印刷
书　　号／ISBN 978-7-5228-3128-2
定　　价／168.00 元

读者服务电话：4008918866

本书由教育部国别和区域研究培育基地——中山大学大洋洲研究中心及中山大学"一带一路"研究院资助出版

# 主要编撰者简介

**费　晟**　博士，中山大学历史学系教授，教育部国别和区域研究培育基地——中山大学大洋洲研究中心主任。主要研究领域为亚太国际关系史、大洋洲移民问题及澳大利亚历史与外交问题等。

**徐桑奕**　博士，中山大学国际关系学院助理教授，教育部国别和区域研究培育基地——中山大学大洋洲研究中心研究员。主要研究领域为太平洋岛国历史与国际关系等。

**王学东**　博士，中山大学国际关系学院副教授，教育部国别和区域研究培育基地——中山大学大洋洲研究中心副主任。主要研究领域为中澳关系、澳大利亚对外政策和国内政治、太平洋岛国等。

**许少民**　博士，中山大学国际关系学院副教授，教育部国别和区域研究培育基地——中山大学大洋洲研究中心研究员兼主任助理。主要研究领域为软实力、公共外交、澳大利亚政治经济和中澳关系。

# 摘　要

2022年，国际局势颇为复杂，大洋洲国家在经济、政治、外交等领域不断进行摸索和调整。

经济上，大洋洲国家都尝试从疫情的影响中走出，寻找新的增长点。随着《区域全面经济伙伴关系协定》（RCEP）的正式生效，澳大利亚和新西兰的对外贸易增长有了新的动力，它们在大洋洲国家对外贸易中占据绝大部分份额。然而，即便对外贸易在疫情期间持续增长，大洋洲国家的经济发展仍然面临挑战。国际能源与原材料的价格上涨、国内通胀危机、政府应对措施的相对滞后等因素，都使得各界对大洋洲国家经济的前景存有疑虑。

政治上，不少大洋洲国家在2022年经历了换届选举，新政府执政的成效还有待观察。在澳大利亚，新冠疫情的反复与经济的衰退加深了民众对莫里森政府的不满，从而终止了保守派阵营长达9年的执政，工党政府重新执政，阿尔巴尼斯当选为总理。在新西兰，通货膨胀和犯罪率的问题成为主要的内政焦点，这也引发了国内不同党派之间的相互攻讦。在斐济近年来"竞争最为激烈的一届大选"中，人民联盟党的兰布卡最终胜出，组建首个联合政府。这表明，在后疫情时代，大洋洲国家的国内政治局面面临重组，政治秩序亦亟待调整。

外交上，大洋洲国家继续在大国博弈的国际环境下进行着政策调适。在澳大利亚，工党政府的重新执政，使其外交政策出现了若干调整。它一方面持续优化与美国等传统盟友在"印太地区"的战略布局；另一方面也缓和紧张多年的中澳关系，逐步恢复两国正常的互动。新西兰则仍然保持其独立外交，强调和突出民主自由的价值观原则，并试图强化与太平洋岛国的亲密外交关系。与此同时，太平洋岛国也在大国博弈中表现出谨慎态度；在对内稳定政局、发展经济的基础上，推动外部的双边或多边合作，并在国际舞台上主动发声，或仍是其未来外交事务推进的主流。

**关键词：** 大洋洲 经济恢复 外交策略 大国博弈

# 目　录　⟩⟩

## Ⅰ　总报告

## Ⅱ　分报告

## Ⅲ　对外关系

# Ⅳ 专题报告

皮书数据库阅读**使用指南**

# 总 报 告
## General Report

**B.1**

# 2022年大洋洲地区发展形势
# 回顾与展望

徐桑奕　费晟*

**摘　要：** 2022 年是国际局势颇为复杂的一年，大洋洲地区各国也
迎来了各具特点的发展态势。经济上，澳大利亚和新西兰
努力摆脱疫情带来的负面影响，太平洋岛国经济也有一定
的复苏迹象；与此同时，中国与大洋洲地区的经贸往来缓
慢升温，成为地区经济向好的重要刺激因素。政治上，澳
大利亚经历了政府换届，而新西兰工党政府的执政受到明
显挑战，多个太平洋岛国则进行了大选，尽管各国大选总
体平稳，却也引发了一些社会内部暴力冲突。外交上，大
洋洲地区继续成为国际政治所关注的新兴热点地区，域内

---

\* 徐桑奕，博士，中山大学国际关系学院助理教授、大洋洲研究中心研究员，研究
方向为太平洋岛国历史与国际关系等；费晟，博士，中山大学历史学系教授、大
洋洲研究中心主任，研究方向为澳大利亚历史与外交问题等。

各国在外交应对上呈现不同的动向。总体来看，大洋洲国家外交的自主性有所增强。

**关键词：** 大洋洲 经济发展 大选 外交自主性

# 一 大洋洲国家经济复苏，寻求多种增长点

虽然新冠疫情在 2022 年已逐渐趋缓，澳大利亚政府也出台许多振兴经济措施，但国内经济表现只能算差强人意。总体来看，金融环境收紧和通胀上升使得消费和投资受到掣肘。由于房价下跌，预计住宅投资增长在预测期内将放缓。由于劳动力市场的紧张，短期内工资增长将进一步加快，但长期来看，工资增长也将放缓。此外，更持久的价格压力可能导致实际收入更大幅度下降，并促使澳央行采取更激进的紧缩政策。与此同时，房价的下跌也可能进一步削减居民用于住宅和家庭生活的支出。

2022 年澳大利亚经济发展的积极现象在于消费明显拉动了经济增长。从外部看，反映该国 22 种主要出口商品价格的商品价格指数（Commodity Price Index）较 2021 年有所上升。根据分析，自 2022 年的第二季度开始，全球经济从疫情中复苏，国内外的需求增长对此产生了强劲推动力。不过，内部的经济指标显示，家庭消费已经放缓，并持续数月；尽管劳动力市场大幅收紧，但时至 9 月，失业率还是维持在 3.5% 的历史低位。事实上，在劳动力短缺的现实下，就业率已接近历史最高水平。因此，在第三季度，澳大利亚工资增长显著加快，并实现了年度增长，工资价格指数上升至 3.1%。[①] 分析还认为，

---

① "Australia Economic Snapshot"，OECD，https://www.oecd.org/economy/australia-economic-snapshot/.

俄乌冲突对澳大利亚经济几乎不会产生直接的影响，因为澳大利亚方面与冲突直接相关国家的经济联系非常有限。

国际货币基金组织（IMF）预测，未来澳大利亚经济将呈上行之势。根据分析，2021年，澳大利亚经济增长5.2%，表现优于其他经济体。这巩固了澳大利亚2021年世界第12大经济体的地位。2022年，澳大利亚继续以3.7%的增长率"跑赢"其他发达经济体；相比之下，发达经济体的增长率估计仅为2.7%。由此得出的结论是，澳大利亚的经济或将迎来反弹。国际货币基金组织预测，2023年澳大利亚经济将增长1.6%，而发达经济体的平均增长率为1.3%。①

新西兰方面，政府主要以加快开放国境的方式来促进经贸发展，这虽有一定效果，但还是较为有限。从内部看，随着与疫情相关的限制逐步放松，经济有所回升；边境重新开放使游客人数激增，私人消费缓慢上行。然而，企业和消费者的信心仍然非常低迷，劳动力短缺的问题依然较为醒目。为此，政府修改了相关的签证政策，以达到吸引劳动力的目的。同时，工资与物价同步大幅上涨，2022年第二季度涨幅达到了7.3%，这也是30年来的最高水平，而房价涨幅自2021年11月达到峰值后迄今已经下跌了13个百分点。②

从对外经济关系看，与澳大利亚类似，新西兰尽管受俄乌冲突的直接影响有限，但能源和大宗商品价格的不断上涨已逐渐演变为非贸易通胀（non-tradable inflation）。③ 新西兰的国际贸易逆差增大，但投资净流入增加。2022年第三季度货物和服务的进口量较第二季度有所

---

① "Why Australia Benchmark Report 2023," Austrade, March 2023, https：//www. austrade. gov. au/benchmark-report/fundamentals.

② "New Zealand Economic Snapshot", OECD, https：//www. oecd. org/economy/ new-zealand-economic-snapshot/.

③ "New Zealand Economic Snapshot", OECD, https：//www. oecd. org/economy/ new-zealand-economic-snapshot/.

上升，但出口量下降。① 由于进口物品价格上涨，新西兰的贸易逆差在第三季度增大。2022 年 10 月，中国是新西兰最大的进口国和出口国，② 截至 9 月，双边贸易逆差达到 75 亿新西兰元。③ 在投资方面，新西兰第三季度的投资净流入为 9.24 亿新西兰元。然而，新西兰的财政赤字已经达到 297 亿新西兰元，④ 是自 1988 年以来的最高赤字额。

令人关注的是，相比之前的两年，2022 年多数太平洋岛国实现了经济增长，而且相关数据反映出这与岛国国内经济的复苏态势密切相关。以斐济为例，根据斐济统计局的数据进行分析，其实现较为显著的经济增长主要有以下几方面原因。一是斐济国内生产的恢复。斐济 2022 年第三季度工业生产指数为 113.2，同比增长 7.1%，环比增长 6.9%。⑤ 二是斐济国内批发和零售贸易的增长。斐济 2022 年第三季度的总销售额为 14.863 亿美元，同比增长 63.9%，环比增长 14.0%，食物、饮料和烟草的增长较为显著。⑥ 三是斐济旅游业的

---

① "New Zealand International Trade", Stats New Zealand, https：//statisticsnz. shinyapps. io/trade_ dashboard/.

② "Overseas Merchandise Trade：October 2022", Stats New Zealand, November 22, 2022, https：//www. stats. govt. nz/information - releases/overseas - merchandise - trade-october-2022/.

③ "Rising Import Prices Drive Increase in Trade Deficit", Stats New Zealand, December 2, 2022, https：//www. stats. govt. nz/news/rising-import-prices-drive- increase-in-trade-deficit/.

④ "Annual Current Account Deficit Widens to ＄29.7 Billion", Stats New Zealand, December 14, 2022, https：//www. stats. govt. nz/news/annual-current-account- deficit-widens-to-29-7-billion/.

⑤ "Industrial Production Index-September 2022", Fiji Bureau of Statistics, December 22, 2022, https：//www. statsfiji. gov. fj/latest - releases/establishment - surveys/ industrial-production-index. html.

⑥ "Wholesale & Retail Trade Statistics-September 2022", Fiji Bureau of Statistics, December 20, 2022, https：//www. statsfiji. gov. fj/latest - releases/establishment - surveys/wholesale-retail-trade-1. html.

复苏。2022 年斐济旅游业强劲复苏，总收入达 14.993 亿美元，较 2021 年增加了 14.628 亿美元，恢复到疫情前收入的 72.6%。① 然而，俄乌冲突的爆发与持续导致全球燃料价格高企，进一步提高了运输成本和进口货物价格，而太平洋岛国地区能源完全无法自给自足，因此通货膨胀压力明显加大。高通胀可能通过降低购买力和消费支出来限制经济增长，从而对该地区的经济复苏构成风险。②

此外，国际援助一直是太平洋岛国收入的主要来源之一，2022 年的表现也较为乐观。在世界主要大国和中等强国对太平洋岛国地区愈发重视的背景下，2022 年相关国家对太平洋岛国的援助金额亦不断提高。在新西兰 2021~2024 年的拨款预算中，截至 2022 年 11 月，分配至太平洋地区的金额已由原定的 13.53 亿新西兰元提高至 15.49 亿新西兰元。③ 而在 2022 财政年度，美国对太平洋岛国的援助总额达 2.9 亿美元，与 2021 财政年度相比亦有所增加。④

值得一提的是，尽管数据同比有微幅下降，但中国依然是大洋洲国家经济发展重要的外部激励因素。根据中国海关总署 2023 年 1 月公布的统计数据，2022 年 1~12 月，中国与大洋洲国家进出口额为 17236.03 亿元人民币，同比下降 0.8%，对大洋洲国家出口额为

① "Fiji's Earnings from Tourism-Annual 2022", Fiji Bureau of Statistics, March 6, 2023, https：//www. statsfiji. gov. fj/latest － releases/tourism － and － migration/ earnings-from-tourism. html.

② "Pacific Returns to Positive Growth as Vaccinations, Border Reopenings Strengthen Economies in 2022—ADB", PINA, April 6, 2022, https：//pina. com. fj/2022/ 04/06/pacific-returns-to-positive-growth-as-vaccinations-border-reopenings- strengthen － economies － in － 2022 － adb/? doing _ wp _ cron = 1679789842. 9003450870513916015625.

③ "Our Planned Aid Expenditure", New Zealand Ministry of Foreign Affairs and Trade, https：//www. mfat. govt. nz/en/aid － and － development/our － approach － to － aid/ where-our-funding-goes/our-planned-aid-expenditure/.

④ U. S. Foreign Assistance Data, https：//foreignassistance. gov.

6311.74 亿元人民币，同比增长 21.4%，自大洋洲国家进口额为 10924.28 亿元人民币，同比下降 8.3%。其中，中国与澳大利亚贸易额为 14722.54 亿元人民币，同比下降 0.9%，对澳出口 5266.08 亿元人民币，同比增长 23%，自澳进口 9456.46 亿元人民币，同比下降 10.6%。中国与新西兰贸易额为 1671.84 亿元人民币，同比增长 4.7%，对新出口 611.40 亿元人民币，同比增长 10.7%，自新进口 1060.44 亿元人民币，同比增长 1.5%。[①]

## 二 政权更迭，大洋洲国家政策稳定性 与有效性受到考验

2022 年是澳大利亚的选举年，因此该年度最重大的政治事件莫过于 5 月 21 日举行的联邦选举，澳大利亚众议院全体 151 席的议员席位与参议院 76 席中的 40 席进行了改选，并依据众议院选举结果决定新一届总理人选与联邦政府的组成。此届大选主要围绕三个议题：如何更有效地抗击新冠疫情、如何使澳大利亚国内经济在疫情影响下复苏，以及如何应对全球气候变化与极端自然灾害。选举前的多种舆情显示，因多年执政的自由党-国家党联盟（Liberal-National Coalition）无法有效处理经济、疫情、气候等选民最为关切的问题，其施政满意度偏低，安东尼·阿尔巴尼斯（Anthony Albanese）领导的澳大利亚工党（Australian Labor Party）的支持率领先于以莫里森为首的自由党-国家党联盟，不过由于双方差距在选举投票前夕有缩小趋势，加上过去曾经发生选举结果

---

① 《2022 年 1~12 月我国与大洋洲国家贸易情况》，中华人民共和国国家发展和改革委员会，2023 年 1 月 31 日，https://www.ndrc.gov.cn/fggz/jjmy/dwjmjzcfx/202301/t20230131_1348034_ext.html。

与选前民调不同的情况，两大阵营均无必胜的把握，选情相当激烈。① 最终的投票结果显示，意识形态偏左的工党在众议院取得了77 席，单独过半，阿尔巴尼斯成为澳大利亚第 31 任总理；反观自由党-国家党联盟，仅拿下 58 席，由此结束了右翼阵营自 2013 年以来长达 9 年的执政。

在新西兰，受多种因素的影响，国民对工党政府的信心持续下降，反对党国家党的支持率反超工党。由于大众心理被笼罩在经济疲软和对政府防疫政策丧失耐心的乌云中，工党政府被指责无法落实改革，其执政压力持续增加。工党的支持率从 2022 年 1 月起就持续下跌，跌至自 2017 年以来的最低点。总理杰辛达·阿德恩（Jacinda Ardern）的个人支持率也从 1 月的高点 35%降低到 12 月的低点 29%。除了上文提到的经济形势不佳，工党政府在"三水改革"项目、公屋建设项目、新西兰电视公司（TVNZ）和新西兰广播电台（RNZ）媒体合并项目上备受指责。批评者质疑这些项目的意义，并认为工党政府浪费财政资源却无法推进项目，无法落实承诺。工党政府的执政压力主要由经济问题引起，但许多改革项目的滞后进一步打击了公众的信心。

相反，新西兰反对党国家党和行动党的表现持续向好，在 2023 年大选中的组阁概率上升。国家党领导人拉克森的个人支持率也总体上升，缩小了与阿德恩的差距。加上国家党友党行动党稳定良好的表现，两党在 2023 年大选中胜选的前景一片光明。就在这种背景下，突如其来的政治事件为新西兰政局走势增加了不确定性。2023 年 1

① David Crowe, "Labor Leads Polling at the Campaign's Halfway Mark", *The Sydney Morning Herald*, May 1, 2022, https：//www.smh.com.au/politics/federal/labor-leads-polling-at-the-campaign-s-halfway-mark-20220501-p5ahiv.html；毕陆名：《澳大利亚大选提前投票开始，民调显示：莫里森领导的执政联盟支持率落后》，每日经济新闻网，2022 年 5 月 9 日，https：//www.nbd.com.cn/articles/2022-05-09/2269964.html。

月 19 日，阿德恩突然发布声明称，她不会寻求连任，并将在 2 月 7 日前卸任。分析认为，尽管疫情管理让阿德恩获得广泛声誉，但这也彻底打乱了她的计划，使其在儿童减贫和住房等很多关键社会议题上投入不足。当时的最新民调显示，阿德恩及其领导的工党支持率有所下降，落后于反对党国家党。① 1 月 25 日，工党领袖克里斯·希普金斯（Chris Hipkins）在新西兰议会大厦宣誓就任新西兰总理。② 新总理的政治声望并不比前任更高，所以执政党的颓势似乎并不会迅速扭转。

2022 年，多个太平洋岛国均进行了大选，部分国家平稳完成选举并顺利过渡到新政府。在库克群岛，库克群岛党（Cook Islands Party）获得了 44.7%的选票，其党魁马克·布朗（Mark Brown）就任总理。③ 在斐济，起到决定性作用的社会民主自由党（Social Democratic Liberal Party）宣布，将与人民联盟党和民族联盟党联合执政。④ 但仍有部分国家在大选问题上出现较大争议。2022 年 8 月，瓦努阿图总理请求总统考虑由于政治不稳定而解散议会，然而该请求却遭到了瓦努阿图反

---

① "Jacinda Ardern Resigns as Prime Minister of New Zealand", *The Guardian*, January 19, 2023, https://www.theguardian.com/world/2023/jan/19/jacinda-ardern-resigns-as-prime-minister-of-new-zealand.

② "New Zealand: Chris Hipkins Taking over from Jacinda Ardern on Wednesday", *The Guardian*, January 22, 2023, https://www.theguardian.com/world/2023/jan/22/new-zealand-labour-caucus-votes-in-chris-hipkins-to-succeed-jacinda-ardern; "New Zealand's Chris Hipkins Set to Succeed Jacinda Ardern as Prime Minister", Politico, January 2023, https://www.politico.eu/article/new-zealands-chris-hipkins-set-to-succeed-jacinda-ardern-as-prime-minister/.

③ "Mark Brown Is the New Cook Islands PM", RNZ, October 2, 2020, Retrieved June 21, 2022, https://www.rnz.co.nz/news/pacific/427377/mark-brown-is-the-new-cook-islands-pm.

④ "Elections in Fiji: 2022 General Election", IFES, https://www.ifes.org/tools-resources/election-snapshots/elections-fiji-2022-general-election; "Fiji to Have a New Government", FBC News, December 20, 2022, https://www.fbcnews.com.fj/news/fijian-elections/fiji-to-have-a-new-government/.

对党的极力反对。① 同时，瓦努阿图财政部亦表示，如果解散议会并提前举行选举，国家将在财政上付出沉重代价。② 瓦努阿图选举委员会证实，瓦努阿图提前选举的总预算为 1.5 亿瓦图（约合 120 万美元）。③ 此外，所罗门群岛政府亦在 8 月寻求推迟选举，并迅速于 9 月通过宪法修正案并推迟选举。④ 所罗门群岛反对党领袖马修·威尔（Matthew Wale）直言"选举经费不应成为延长议会任期的借口"，并指责所罗门群岛政府妄图"夺权"。⑤ 部分国家的大选争议甚至演变成为暴力袭击。2022 年 7 月，巴布亚新几内亚发生与选举有关的暴力事件。两派候选人的支持者在巴布亚新几内亚首都莫尔斯比港的一个计票中心外持攻击性武器发生冲突，造成人员受伤。⑥ 同时，当地警方称，截至 2022 年 7 月，该国已经记录了十几起与选举有关的死亡事件。⑦ 选举

---

① " 'Don't Dissolve Parliament': Vanuatu Opposition", PINA, August 17, 2022, https：//pina. com. fj/2022/08/17/dont-dissolve-parliament-vanuatu-opposition/.

② "Vanuatu Snap Election Will Require VT100 Million Budget", PINA, August 17, 2022, https：//pina. com. fj/2022/08/17/vanuatu-snap-election-will-require-vt100-million-budget/? doing_ wp_ cron=1678717256. 0866980552673339843750.

③ "VT150 Million for Vanuatu Snap Election", PINA, October 5, 2022, https：// pina. com. fj/2022/10/05/vt150-million-for-vanuatu-snap-election/.

④ "Solomon Islands PM Clarifies Intention of Constitutional Amendment Bill", PINA, September 9, 2022, https：//pina. com. fj/2022/09/09/solomon‐islands‐pm‐clarifies‐intention‐of‐constitutional‐amendment‐bill/.

⑤ "Election Funding Should No Longer Be an Excuse; Wale Says Solomon Islands MPs Should Reject Bill to Extend Parliament", PINA, September 8, 2022, https：// pina. com. fj/2022/09/08/election‐funding‐should‐no‐longer‐be‐an‐excuse‐wale‐says‐solomon‐islands‐mps‐should‐reject‐bill‐to‐extend‐parliament/.

⑥ "PNG Police Condemns Election Related Violence in Port Moresby", PINA, July 25, 2022, https：//pina. com. fj/2022/07/25/png‐police‐condemns‐election‐related‐violence‐in‐port‐moresby/.

⑦ "Election Machete Attack Puts PNG Capital on High Alert", PINA, July 26, 2022, https：//pina. com. fj/2022/07/26/election‐machete‐attack‐puts‐png‐capital‐on‐high‐alert/.

引发的暴力事件严重冲击了巴布亚新几内亚的社会稳定，亦使民众对选举的认可度有所下降。①

## 三　大国博弈，大洋洲国家仍在寻找平衡

作为大国博弈的重要场域，2022 年大洋洲地区的形势依然受各方关注。其间，澳大利亚、新西兰以及太平洋岛国均有自主发展的意愿，但受国际局势影响，它们的外交政策依然要在大国竞争的国际环境下进行调适。

一是澳大利亚继续加强与美国的合作。随着 2021 年 9 月 15 日"澳英美三边安全伙伴关系"（AUKUS，下文简称"奥库斯"）的宣布建立，其两大基本目标也浮出水面：其一是分享核潜艇技术，为澳大利亚部署一支互操作性、通用性和互利性更佳的核潜艇舰队；其二是从网络能力、人工智能特别是应用型人工智能、量子技术和海底能力这四大新兴科技领域入手，深化三国军事技术合作。②

奥库斯的基本组织架构包括高级官员小组（Senior Official Group）、联合指导小组（Joint Steering Groups）和具体工作小组（Working Groups）。高级官员小组于 2022 年 3 月 10 日举行线上会议，三国国家安全顾问审查了奥库斯的进展并为其未来实施确定了方向。联合指导小组亦于 2022 年 7 月底举行会议，就核潜艇方面的落实途径以及关键防御能力进展进行了讨论。具体工作小组聚焦奥库斯的具体事务，主要包括 17 个三边工作小组，其中 8 个小组聚焦先进军事

---

① "PNG Election Described as Severely Flawed by TIPNG", PINA, August 31, 2022, https：//pina. com. fj/2022/08/31/png－election－described－as－severely－flawed-by-tipng/.

② 李志永、白卫东：《澳英美三边安全伙伴关系的进展、实质与战略影响》，《太平洋学报》2023 年第 1 期，第 39 页。

能力的实施，其余 9 个小组则主要负责澳大利亚核潜艇的相关事务，各小组已多次举行会议，在奥库斯具体工作事务的推进上发挥着重要作用。2022 年 9 月，国际原子能机构总干事格罗西（Rafael Grossi）在提交给国际原子能机构 9 月理事会的一份名为《国际原子能机构与同盟有关的保障》的报告中称，"基于迄今与奥库斯各方进行的技术磋商和交流，原子能机构对它们的接触程度表示满意"①。

在经历了长达 5 年的外交僵局之后，中澳关系的发展出现了回暖迹象。澳总理阿尔巴尼斯和习近平主席终于在 2022 年 11 月 15 日在印度尼西亚巴厘岛举行的二十国集团峰会期间会面。随后，中国和澳大利亚第六轮外交与战略对话于 12 月 21 日在北京举行。中国国务委员兼外长王毅同澳大利亚外长黄英贤就双边关系及共同关心的国际和地区问题交换了意见。在中澳建交 50 周年之际，双方重申一个稳定和建设性的中澳关系对两国、对地区、对世界的重要性。双方同意，中澳关系应符合两国全面战略伙伴关系定位，在此基础上相互尊重、平等互利、管控分歧。双方同意保持高层交往，启动或重启双边关系、经贸问题、领事事务、气候变化、防务、地区和国际问题方面的对话沟通。同时，双方同意支持两国人文交流，包括 1.5 轨高级别对话、中澳工商界首席执行官圆桌会和两国商业团组互访。②

随着中澳关系回暖，澳大利亚的能源、矿产、农牧业和旅游、国际教育等行业将会获得直接利好。首先，澳大利亚能源产品质量高且

---

① 李志永、白卫东：《澳英美三边安全伙伴关系的进展、实质与战略影响》，《太平洋学报》2023 年第 1 期，第 38~40 页。

② 《中澳外交与战略对话成果联合声明》，中华人民共和国外交部，2022 年 12 月 21 日，https：//www.mfa.gov.cn/wjb_ 673085/zzjg_ 673183/xws_ 674681/xgxw_ 674683/202212/t20221221_ 10993385.shtml。

中澳两国间运输成本低，所以中国长期都是澳大利亚铁矿石、天然气等能源和矿产品的最大买家；其次，中国是澳大利亚的牛肉、龙虾、葡萄酒、乳制品等优质农牧业产品的重要消费市场；最后，随着国际旅行的恢复，中国公民在疫情期间积压的对澳大利亚的旅行、留学需求也可能释放。虽然有一些利好的因素，但中国也有必要从政治、军事、经济、科技等维度，采取相应措施，以应对奥库斯所带来的负面影响。[①]

二是新西兰在外交方面，进一步强调其太平洋国家的身份，尝试在国际问题上不断发声。2022年年中，阿德恩在一次讲话中解释新西兰的独立外交时，主要强调三大外交原则，即集体主义或国际合作原则、价值观原则、太平洋国家的身份认同原则。集体主义原则沿袭新西兰的外交传统。2022年新西兰通过国际机制和多边合作提倡环保、海洋生态等传统理念，寻求在人工智能和外太空发展等新议题上的机遇。

第一，通过联合国机制，新西兰参与第一次外太空规范讨论组会，该会议讨论外太空行为规范和规则，成果于2023年向联合国大会汇报。第二，新西兰代表提出平衡深海矿业与海洋生物多样性的议案。第三，新西兰通过联合国人权理事会支持其针对缅甸、阿富汗、埃塞俄比亚、乌克兰的人权宣言。第四，新西兰参与《禁止核武器条约》首次国家级会议和条约审议会议，推动核裁军和不扩散。第五，在WTO的第十二届部长级会议上，新西兰推动渔业补贴规范条约通过，促进农业贸易改革，并与其他成员达成共识，即在2024年以前通过全方位的WTO争端解决机制。第六，新西兰还通过世界银行和亚洲开发银行机制争取向太平洋岛国的优惠融资。

---

① 李志永、白卫东：《澳英美三边安全伙伴关系的进展、实质与战略影响》，《太平洋学报》2023年第1期，第49~50页。

第七，关于传统气候变化议题，在《联合国气候变化框架公约》第二十七次缔约方大会（COP27）召开前夕，新西兰宣布从现有的气候财政承诺中划拨2000万新西兰元用于弥补发展中国家由气候变迁造成的损失和损害。① 新西兰当时是仅有的三个提出该基金的国家之一。该提议最终在COP27上获一致通过，即组建"损失和损害基金"，用于对处于气候变迁弱势国家的援助。该基金的建立也表现出了新西兰先进的国际合作的理念及其影响力。

然而，新西兰政府通过的对俄罗斯的自主制裁法案被视为集体主义原则的一个例外。2022年3月，对俄自主制裁法案通过。法案允许新西兰不通过联合国安理会决议，对俄相关人员、组织进行制裁。在此次对俄自主制裁法案上，新西兰采用紧急程序，从法案的撰写和提出到通过，仅用了8天时间。虽然在对俄制裁上绕过联合国安理会，但外长马胡塔（Nanaia Mahuta）强调新西兰并不会完全采用自主制裁制度。

同时，阿德恩指出，当国际合作原则失效时就应采用价值观的外交原则，该原则在近年的外交讲话中并不会被刻意强调。新西兰政府认为联合国体系在俄乌冲突中是失败的，这主要是因为俄罗斯作为联合国安全理事会成员国的投票否决权。此时，新西兰在外交原则上就考虑价值观原则，包括人权、性别平等、国家主权和气候行动的价值观。预计新西兰政府将会在人权等问题上更多发声。

2022年是中新建交50周年。在双方的共同努力下，中国与新西兰成为不同社会制度、不同经济体量国家之间互利合作的典范。

---

① James Shaw, "New Zealand National Statement-COP27", New Zealand Government, November 16, 2022, https://www.beehive.govt.nz/speech/new-zealand-national-statement-%E2%80%93-cop27; Nanaia Mahuta and James Shaw, "New Zealand Push for Global Action at COP27 on Climate Loss and Damage", New Zealand Government, November 9, 2022, https://www.beehive.govt.nz/release/new-zealand-push-global-action-cop27-climate-loss-and-damage.

例如，数据显示，2021年，中国经广东与新西兰的贸易总额为57亿新西兰元，同比增长约22%，经广东与新西兰的贸易额约占中新双边贸易总额的14%。2022年4月，《〈中新自贸协定〉升级议定书》正式生效实施。新西兰驻广州总领事柯瑞秋（Rachel Crump）在2022年底接受采访时表示，中新两国有着悠久的交往史，双方政府和人民在文化和商业领域持续开展有益互动，新西兰将继续在区域和全球问题上与中国进行密切对话，并继续加强环境、农业和教育等领域的合作。在12月10日由新西兰政府、新西兰-中国关系促进委员会和新中贸易协会主办的新中建交50周年庆祝活动中，阿德恩用候鸟斑尾塍鹬（Limosa Lapponica）每年在中国和新西兰之间往返迁徙的例子来说明，尽管两国间地理距离遥远，但彼此民心相连。①

三是太平洋岛国继续在大国的布置与战略中寻求外交突破，与中国的合作也日趋紧密。首先，近年来，包括美国、日本、澳大利亚在内的国家都将太平洋岛国纳入其"印太战略"的框架之中。②2022年2月，美国拜登政府正式出台《美国印太战略》（*Indo-Pacific Strategy of the United States*），提出要加强与太平洋岛国的合作。当中特别提到美国要"寻求成为太平洋岛国不可或缺的合作伙伴"③。9月，美国在白宫主导召开有史以来第一次美国-太平洋岛国峰会，并同与会的太平洋岛国联合签署了《美国-太平洋伙伴关系宣言》（Declaration on U. S. -Pacific Partnership），承诺支持太平洋地

---

① 《中新两国之间故事缘起于金色梦想，相交于民心相通》，金羊网，2022年12月31日，http://news.ycwb.com/2022-12/31/content_41271602.htm。

② 梁甲瑞：《后脱欧时代英国对太平洋岛国的战略调整及前景》，《国际关系研究》2022年第6期，第92~112页。

③ *Indo-Pacific Strategy of the United States*，The White House，February 11，2022，https://www.whitehouse.gov/wp-content/uploads/2022/02/U. S. -Indo-Pacific-Strategy.pdf。

区主义，共同应对气候变化、自然灾害和海洋安全等问题，加强美国与太平洋岛国的伙伴关系。① 拜登政府还在该峰会结束时发布了《美国太平洋伙伴关系战略》（*Pacific Partnership Strategy of the United States*），这亦是美国政府有史以来第一个专门针对太平洋岛国的国家战略，反映出美国将与太平洋岛国进行更广泛、更深入的接触提升为其外交政策的优先事项。② 针对美国加快与太平洋岛国接触的一系列行为，太平洋岛国在表示欢迎的同时亦有所保留，因其无意卷入大国竞争中。时任斐济总理姆拜尼马拉马（Frank Bainimarama）在社交媒体上说："太平洋需要真正的合作伙伴，而不是超级专注于权力的超级大国。"③ 此外，在美国加紧与太平洋岛国接触的同时，美国的盟友亦积极配合美国在该地区的战略部署。6月，美、英、澳、日和新共同组成"蓝色太平洋伙伴"（Partners in the Blue Pacific），以进一步密切在太平洋岛国地区的合作部署，增强在该地区的影响力。④

---

① "Declaration on U. S. -Pacific Partnership", The White House, September 29, 2022, https：//www. whitehouse. gov/briefing – room/statements – releases/2022/09/29/declaration-on-u-s-pacific-partnership/.

② *Pacific Partnership Strategy of the United States*, The White House, September 29, 2022, https：//www. whitehouse. gov/wp – content/uploads/2022/09/Pacific – Partnership – Strategy. pdf.

③ *America's Pacific Island Summit：The Good，the Bad，and the Ugly*, Perth USAsia Centre, November 7, 2022, https：//perthusasia. edu. au/getattachment/Our – Work/America%E2%80%99s – Pacific – Island – Summit – The – Good, – the – Bad/America%E2%80%99s-Pacific-Island-Summit-The-Good, -the-Bad, -and-the-Ugly. pdf.

④ "Statement by Australia, Japan, New Zealand, the United Kingdom, and the United States on the Establishment of the Partners in the Blue Pacific（PBP）", The White House, June 24, 2022, https：//www. whitehouse. gov/briefing – room/statements-releases/2022/06/24/statement-by-australia-japan-new-zealand-the-united-kingdom-and-the-united-states-on-the-establishment-of-the-partners-in-the-blue-pacific-pbp/.

2022 年，太平洋岛国在气候治理方面也有所进展。联合国亚洲及太平洋经济社会委员会（United Nations Economic and Social Commission for Asia and the Pacific）曾发布报告指出，随着气候变化加剧，太平洋岛国发生自然灾害的风险显著上升。报告显示，过去50 年来，气候变化引发的自然灾害对太平洋岛国约 2660 万人造成影响。在 2011~2020 年的 10 年中，太平洋岛国受气候灾害影响的人数多达 550 万人，而在 2001~2010 年该数字为 120 万人。报告估计，未来太平洋岛国每年可能因气候灾害遭受数十亿美元的损失。[①] 有鉴于此，太平洋岛国当前已行动起来，积极应对气候灾害。各国政府通过报纸杂志、新闻网站等渠道，加大对气候变化的介绍力度，引导民众了解气候灾害的影响，并为可能发生的风险做好准备；该地区众多高校和科研机构加强了有关应对气候灾害的研究。例如，斐济南太平洋大学针对 15 个太平洋岛国的约 40 个地区，建立了"全球知识分享平台"，发布全球各相关机构在应对气候变化方面的实践经验。[②] 此外，太平洋岛国还根据实际情况制定国家行动方案。2022 年 5 月，瓦努阿图宣布该国进入气候紧急状态，斥资 12 亿美元以缓解气候变化造成的影响；所罗门群岛政府也制订了国家灾害风险管理计划，并建立发展援助数据库。

太平洋岛国由于无力独自应对气候变化这一全球性难题，在该议题上迫切需要国际社会支持。而在 COP27 上，各国就建立用于补偿脆弱国家因气候变化引发的灾害而遭受的损失和损害的资助机制达成了一致，太平洋岛国呼吁多年的"损失和损害基金"终于建立。姆

---

① "Pacific Climate Change and Migration Project", UNESCAP, https://www.unescap.org/subregional-office/pacific/pacific-climate-change-and-migration-project.

② "Climate-U Research Project Launch", USP, https://www.usp.ac.fj/news/climate-u-research-project-launch/.

拜尼马拉马、马绍尔群岛气候特使凯西·杰特尼尔-基吉纳（Kathy Jetnil-Kijiner）等人均对此予以高度评价。①

为了推动太平洋岛国与中国共建"一带一路"，2021年起中国陆续创设并启动了面向太平洋岛国的一系列合作机制，主要包括"中国-太平洋岛国应急物资储备库""中国-太平洋岛国应对气候变化合作中心""中国-太平洋岛国减贫与发展合作中心"，三者分别落地于中国与太平洋岛国交流最为频繁和密切的省份——广东、山东和福建。根据外交部发布的《中国关于同太平洋岛国相互尊重、共同发展的立场文件》，中国还将陆续建立中国-太平洋岛国农业合作示范中心、太平洋岛国菌草技术示范中心、中国-太平洋岛国灾害管理合作机制并设立防灾减灾合作中心等。②

2022年5月24日，外交部发言人汪文斌宣布：国务委员兼外长王毅将于5月26日至6月4日应邀对所罗门群岛、基里巴斯、萨摩亚、斐济、汤加、瓦努阿图、巴布亚新几内亚、东帝汶八国进行正式访问，对密克罗尼西亚联邦进行"云访问"，同库克群岛总理兼外长、纽埃总理兼外长举行视频会晤，并在斐济主持召开第二次中国-太平洋岛国外长会。这进一步强化了中国与太平洋岛国的政策沟通。③

2022年5月30日，国家主席习近平向第二次中国-太平洋岛国

---

① "Pacific Leaders Celebrate COP27 Victory on Loss and Damage Fund After Decades of Advocacy", PINA, November 22, 2022, https：//pina. com. fj/2022/11/22/pacific-leaders-celebrate-cop27-victory-on-loss-and-damage-fund-after-decades-of-advocacy/.

② 《中国关于同太平洋岛国相互尊重、共同发展的立场文件》，中华人民共和国外交部，2022年5月30日，https：//www.mfa.gov.cn/wjb_673085/zfxxgk_674865/gknrlb/tywj/zcwj/202205/t20220530_10694631.shtml。

③ 吕桂霞：《中国与太平洋岛国的"一带一路"合作及未来前景》，《人民论坛》2022年第17期，第74页。

外长会发表书面致辞。他指出，中国和太平洋岛国友谊源远流长、跨越山海。近年来，中国同太平洋岛国相互尊重、共同发展的全面战略伙伴关系不断向前发展，取得丰硕成果，成为南南合作、互利共赢的典范。习近平主席强调，中方一贯坚持大小国家一律平等，秉持正确义利观和真实亲诚理念发展同太平洋岛国友好关系。无论国际形势如何变幻，中国始终是太平洋岛国志同道合的好朋友、风雨同舟的好兄弟、并肩前行的好伙伴。2021年10月，中国-太平洋岛国外长会机制正式建立，为中国同太平洋岛国加强对话、增进互信、促进合作搭建了新的重要平台。维护亚太和平稳定、促进各国发展繁荣是地区人民的共同愿望，也是地区国家的共同责任。中国愿同太平洋岛国一道，坚定共迎挑战的信心，凝聚共谋发展的共识，汇聚共创未来的合力，携手构建更加紧密的中国同太平洋岛国命运共同体。[1]

## 四 发展展望

2022年，太平洋岛国地区的政治和经济形势整体上仍呈现复杂态势。一方面，随着新冠疫情带来的负面影响有所减退，太平洋岛国地区整体经济形势趋向好转，但俄乌冲突的持续给其经济复苏带来一定的不确定性，同时地区政治形势仍存有不稳定因素；另一方面，大国在太平洋岛国地区的地缘政治博弈持续激化，这给太平洋岛国的内政外交和地区秩序稳定均带来一定影响。面对复杂严峻的国际与地区形势，太平洋岛国积极参与双边与多边合作，在国际舞台上保持活跃，并在全球气候治理领域取得重要进展。与此同时，在太平洋岛国地区地缘政治博弈加剧的背景下，中国与太平洋岛国的"全面战略伙伴关系"不断深化发展，在维护地区和平稳定、推动实现可持续

---

[1] 《习近平向第二次中国-太平洋岛国外长会发表书面致辞》，中国政府网，2022年5月30日，http://www.gov.cn/xinwen/2022-05-30/content_5693037.htm。

发展和促进国际公平正义等方面均起到积极作用，成为推动太平洋岛国地区繁荣稳定发展的重要力量。

与此同时，大洋洲地区及其国家，是中国共建"一带一路"所要关注的重要地区和所应进行合作的重要对象。绝大多数大洋洲国家是"一带一路"倡议的积极响应者和参与者。迄今为止，中国已同大洋洲地区的新西兰、巴布亚新几内亚、萨摩亚、纽埃、斐济、密克罗尼西亚联邦、库克群岛、汤加、瓦努阿图、所罗门群岛和基里巴斯签署共建"一带一路"合作文件。2023年10月，中方举办了第三届"一带一路"国际合作高峰论坛，与共建各国和有关国际组织共商"一带一路"国际合作行动规划。这不仅推动中方同相关大洋洲国家之间的经贸等领域合作迈上新台阶，也将为该地区对外经贸合作创造新的发展机遇。

同时，也应注意到的是，当前全球保护主义依然盛行，尤其是少数大国热衷于在国际社会搞经济制裁和对抗，这给国际经贸环境蒙上阴影，也给大洋洲国家对外经贸合作带来了负面影响。总的来看，在不考虑重大突发性事件的情况下，大洋洲国家对外经贸合作将保持较好发展态势。随着中澳关系回暖、《区域全面经济伙伴关系协定》之红利的持续释放，以及"一带一路"合作持续深化，中国与大洋洲国家的经贸合作将向好发展。中国各界也将继续前进，为增进民心相通、促进民间友好，推动携手构建更加紧密的中国同大洋洲地区命运共同体而贡献力量。

# 分 报 告
Topical Reports

# B.2
# 2022年澳大利亚政治、外交和经济形势

黄家瑜[*]

**摘　要：** 在疫情、经济、气候环境等诸多议题的影响下，澳大利亚时隔9年再次出现政权轮替，国内政坛也渐趋多元化。随着工党政府的重新执政，澳大利亚外交政策也出现了若干调整：一方面持续优化与美国等传统盟友在"印太地区"的战略布局；另一方面也缓和紧张多年的中澳关系，逐步恢复两国正常的互动。然而，即便对外贸易在疫情期间持续增长，澳大利亚同时也面临巨大的经济压力，国际能源及原材料的价格上涨更加重了国内通胀危机，政府提出的应对措施也未见明显成效，各界对未来的经济前景的展望仍不乐观。

---

[*] 黄家瑜，澳大利亚新南威尔士大学国际政治学博士，广州南方学院通识教育系主任、副教授，研究方向为国际政治、中国外交政策、亚太安全。

**关键词：** 澳大利亚　联邦大选　外交关系　经贸发展

2022 年是澳大利亚的选举年，因多年执政的自由党－国家党联盟（Liberal-National Coalition）无法有效处理经济、疫情、气候等选民最为关切的问题，施政满意度偏低，联邦选举后澳大利亚出现政权轮替，阿尔巴尼斯成为澳大利亚第 31 任总理。新政府的上台使得澳大利亚的外交政策出现了部分变化，在持续稳固与美国等传统盟友的关系的同时，澳大利亚也对中国重新伸出了橄榄枝，两国逐步恢复高层政治活动。政治气氛的回温不但有助于中澳两国贸易往来的持续深化，也是身为原材料出口大国的澳大利亚在后疫情时代推动国内经济复苏的关键力量。

# 一　2022年澳大利亚政治形势

## （一）新冠疫情趋缓，但防疫压力持续存在

2020 年新冠疫情在全球迅速蔓延，澳大利亚虽位于南太平洋却依然无法幸免，自 2020 年 1 月维多利亚州出现第一例确诊病例后，疫情高峰的 2022 年初每日确诊人数超过了 10 万人，每日染疫死亡人数也曾在 2022 年年中突破 100 人。[1] 依据世界卫生组织的统计，从 2020 年 1 月到 2023 年 1 月的三年间，澳大利亚共有超过 1100 万人感

---

[1] "Charting the COVID-19 Spread in Australia", ABC News, September 22, 2022, https://www.abc.net.au/news/2020-03-17/coronavirus-cases-data-reveals-how-covid-19-spreads-in-australia/12060704#newcases.

染新冠病毒，总染疫死亡人数达到 17000 余人，① 这对全国人口只有 2500 万人左右的澳大利亚来说是一个巨大的数字，对人民生命健康、社会与经济发展皆造成重大冲击。所幸的是，澳大利亚已经逐步走出疫情的阴霾，从澳卫生部门公布的 7 日平均确诊人数数据来看，疫情在 2022 年 1 月达到高峰，之后的数月里虽有波动起伏但逐步下滑，2022 年第四季度已呈现相对平稳的趋势。②

疫情期间，政府部门所实施的边境封锁、人员流动管控等强制性措施对经济活动产生极大的负面影响，而随着对病毒特性的了解加深与疫情的渐趋缓和，澳大利亚政府采取"四步走"的策略来放松防疫管控。第一步是，2021 年 12 月率先允许留学生、持有工作假期签证者与专业技术人员入境，以满足其学习、工作上的需求。③第二步是，2022 年 2 月由时任总理莫里森（Scott Morrison）高调宣布重新开放国门，除了西澳大利亚州外，其余各州均向已完成新冠疫苗全程接种的外国旅客重新开放，结束了自 2020 年 3 月以来实施了近两年的边境封锁政策。④ 第三步是，时隔 1 个月，澳联邦政府再次出台新的边境管控政策，规定自 2022 年 4 月 17 日起，海外旅客入境时不再需要提供新冠病毒阴性检测结果证明，其他相关的

---

① "Australia：WHO Coronavirus（COVID‐19）Dashboard", World Health Organization, https：//covid19. who. int/region/wpro/country/au.

② "Coronavirus（COVID‐19）Case Numbers and Statistics", Australian Department of Health and Aged Care, February 3, 2023, https：//www. health. gov. au/health‐alerts/covid‐19/case‐numbers‐and‐statistics#covid19‐case‐notifications.

③ Phil Mercer, "Skilled Migrants and International Students Begin Long-awaited Return as Australia Lifts COVID‐19 Border Controls", VOA News, December 15, 2021, https：//www. voanews. com/a/skilled‐migrants‐and‐international‐students‐begin‐long‐awaited‐return‐as‐australia‐lifts‐covid‐19‐border‐controls/6355510. html.

④ "Covid：Australia to Reopen Borders to International Travel", BBC News, February 7, 2022, https：//www. bbc. com/news/world‐australia‐60284491.

紧急入境限制措施也同时被取消。① 第四步是，随着国内疫苗接种普及率的提高，新任总理阿尔巴尼斯于 2022 年 9 月正式宣布，新冠肺炎确诊者的强制隔离措施将在 10 月 14 日结束。② 至此，澳大利亚基本上已完全取消与新冠疫情相关的管控政策。

即便澳大利亚的新冠疫情已经出现缓和趋势，但防疫压力仍然存在。事实上，澳大利亚政府宣布解除确诊者隔离措施后，国内立即产生了正反两方面意见。一方面，赞成者认同政府的策略，认为为了经济发展早晚有一天必须全面开放，"与病毒共存"是不得不为的选择；另一方面，也有专家学者提出警告，认为全面解除隔离措施将导致民众染疫风险再次提高，也会让社会大众产生疫情已经结束的错误认知，但事实上这种病毒仍将持续存在很多年，防疫压力短期内不会消失。③ 为了持续有效抗击疫情、强化民众对新冠病毒的免疫力，澳大利亚政府全力推动新冠疫苗的全民接种工程。据统计，截至 2023 年 1 月中旬，澳大利亚已经有超过 1900 万名 16 岁以上民众接种了两剂以上的疫苗，约占全国 16 岁以上人口的 96.1%，接种三剂疫苗的民众也突破了 1400 万人，疫苗接种普及率也达到了 72.4%。④ 此外，

---

① 李含悦：《入境澳大利亚将无需进行核酸检测》，人民网，2022 年 3 月 25 日，http：//australia. people. com. cn/n1/2022/0325/c408038-32384361. html。

② Cait Kelly, "Australia's New Covid Rules: Isolation Recommended but Not Required", *The Guardian*, September 30, 2022, https://www. theguardian. com/world/2022/sep/30/australias-new-covid-rules-isolation-recommended-but-not-required.

③ Renju Jose and Lewis Jackson, "As Australia Calls End to COVID Emergency Response, Doctors Warn of Risk to Public", Reuters, September 30, 2022, https://www. reuters. com/world/asia-pacific/australia-end-mandatory-home-isolation-covid-patients-2022-09-30/.

④ "Vaccination Numbers and Statistics", Australian Department of Health and Aged Care, January 13, 2023, https://www. health. gov. au/our-work/covid-19-vaccines/vaccination-numbers-and-statistics.

澳卫生部门也鼓励 50 岁以上民众等较易感染群众接种第四剂疫苗，并评估在 2023 年南半球冬季前开展第五剂疫苗接种的计划。①

## （二）工党赢得联邦选举并组建新政府

2022 年澳大利亚最重大的政治事件莫过于 5 月 21 日举行的联邦选举，澳大利亚对众议院全体 151 席的议员席位与参议院 76 席中的 40 席进行了改选，并依据众议院选举结果决定新一届总理人选与联邦政府的组成。此届大选主要围绕三个议题：如何更有效地抗击新冠疫情、如何使澳大利亚国内经济在疫情影响下复苏，以及如何应对全球气候变化与极端自然灾害。根据选举前多份民意调查数据，阿尔巴尼斯领导的澳大利亚工党的支持率领先于以莫里森为首的自由党－国家党联盟，不过由于双方差距在选举投票前夕有缩小趋势，加上过去曾经发生选举结果与选前民调不同的情况，两大阵营均无必胜的把握，选情相当激烈。② 最终的投票结果显示，意识形态偏左的工党在众议院取得了 77 席，单独过半，由阿尔巴尼斯出任新一届的澳大利亚总理；反观自由党－国家党联盟，其仅拿下 58 席，由此结束了右

---

① "Clinical Recommendations for COVID－19 Vaccines", Australian Department of Health and Aged Care, December 12, 2022, https：//www. health. gov. au/our－work/covid－19－vaccines/advice－for－providers/clinical－guidance/clinical－recommendations；Dinah Lewis Boucher, "Health Department Reviewing Fifth COVID-19 Vaccine", ABC News, February 1, 2023, https：//www. abc. net. au/news/2023－02－01/australia－to－announce－guidance－fifth－covid－vaccine－dose/101905806.

② David Crowe, "Labor Leads Polling at the Campaign's Halfway Mark", *The Sydney Morning Herald*, May 1, 2022, https：//www. smh. com. au/politics/federal/labor-leads-polling-at-the-campaign-s-halfway-mark-20220501-p5ahiv. html；毕陆名：《澳大利亚大选提前投票开始，民调显示：莫里森领导的执政联盟支持率落后》，每日经济新闻网，2022 年 5 月 9 日，https：//www. nbd. com. cn/articles/2022－05－09/2269964. html。

派阵营自 2013 年以来长达 9 年的执政。

工党能够在此届联邦选举中重新拿回失去多年的执政权的主要原因有三。首先，莫里森内阁内的争议不断重创执政联盟形象。自上台以来，莫里森执政团队成员接二连三被曝出丑闻，例如，2020 年初时任农业部长麦肯齐（Bridget McKenzie）因"体育烂摊子争议"（Sports Rorts Affair）损害个人与内阁形象而下台。① 再如，2021 年 2~3 月澳大利亚政坛再次曝出性侵丑闻，一连串的争议与谎言引发民众愤怒，国内各大都市也相继爆发大规模示威游行，最终导致时任国防部长雷诺兹（Linda Reynolds）与检察总长波特（Christian Porter）被调离现岗位。② 其次是疫情与经济。2020 年新冠疫情发生后，莫里森政府并没有很好地建立起一套完整体系来抗击疫情，导致防疫措施张弛失度，大量民众染疫。与此同时，澳大利亚选民的个人财富也因疫情反复与物价飙涨而蒙受损失，他们对政府的不满情绪高涨。最后，莫里森政府无法有效处理气候问题。因自身的右派立场，莫里森对于减少碳排放、全球变暖等问题始终不愿认真应对，但大力支持传统能源产业，并表示只要这个世界有买家，就要开采和出口煤炭。③ 近几年来澳大利亚极端自然灾害不断，许多选民自然将之归咎于莫里森政府，并且把选票转投给反对派阵营。

---

① Katharine Murphy, "Bridget McKenzie Resigns Following Sports Rorts Affair", *The Guardian*, February 2, 2020, https：//www. theguardian. com/australia - news/ 2020/feb/02/bridget-mckenzie-resigns-following-sports-rort-affair.

② 岳东兴、白旭：《澳大利亚国防部长和总检察长双双换人》，新华网，2021 年 3 月 29 日，http：//www. xinhuanet. com/world/2021-03/29/c_ 1127268869. htm。

③ "Australian Prime Minister Morrison Calls May 21 Federal Election", *Kuwait Times*, April 10, 2022, https：//www. kuwaittimes. com/australian - prime - minister - morrison-calls-may-21-federal-election/.

### （三）民粹主义浪潮与民意多元化现象的并存

自 2016 年起，由美国总统特朗普（Donald Trump）掀起的保守排外的民粹主义浪潮席卷世界多个国家，澳大利亚国内政治气氛也迅速向右转弯，加上澳大利亚受到新冠疫情的冲击，右派政客便高举民粹、排外大旗，以冷战思维来看待国际事务，并凭借"人权"理由多次攻击其他在疫情初期采取较严格防疫管控措施的国家。莫里森依旧将外交与国家安全列为 2022 年联邦选举的核心议题，重弹中国对澳大利亚在经济、内政、军事安全等方面"威胁"的老调，以争取保守派选民的支持。很明显，右派政客利用澳大利亚民众对中国综合国力不断增长的疑虑，大肆煽动选民的排华、排外情绪来满足自身的政治利益需求。

然而，右派阵营选举的失利并不代表澳大利亚的民粹主义浪潮就此消退。首先，莫里森在败选后随即辞去自由党党魁职务，由彼得·达顿（Peter Dutton）接任。达顿是澳大利亚政坛的资深政客，曾担任卫生部长、移民部长、内政部长、国防部长等要职，为自由党内鹰派人物，以热衷于政治斗争而闻名，保守、排外、反华立场十分强硬。[①] 他担任自由党党魁后，虽然在言辞上做出部分收敛，但保守的政治路线并没有出现实质性变化。其次，阿尔巴尼斯等左派政客在选举过程中对执政联盟的诸多政策提出了质疑与批评，但在外交与国安方面的议题上，例如针对中国、"澳英美三边安全伙伴关系"（AUKUS）等，所持立场与莫里森政府可谓大同小异。达顿在选举后也曾表示，根据他的观察，澳大利亚的对华政策在工党上台后并没有

---

① 肖欢：《澳大利亚自由党对华鹰派代表人物及其影响》，《苏州科技大学学报》（社会科学版）2022 年第 4 期，第 22~23 页。

出现根本性的改变，可见莫里森留下的部分政治遗产可能还会持续。①

除了民粹主义持续存在外，此届联邦选举也出现了另一个较为突出的政治现象，即小党和独立候选人所取得的国会席位数大幅增加。由于英国政治传统的延续加上国内选举制度的影响，澳大利亚长期以来都被归类为两党制的国家，由自由党-国家党联盟与工党两大政党（联盟）轮流执政。虽然国内存在数十个规模较小的政党与独立政客，其也有一定的政治参与度，但能够发挥的力量有限。然而，近年来澳大利亚政坛已经出现渐趋多元化的现象。首先，纵观过去20多年来共7届的联邦选举，两大政党（联盟）均囊括超过九成的众议院席位，占有绝对多数，但投入大选并共同竞争的小党与独立候选人同时也越来越多，最终拿下的席位数也由2~3席增加到5~6席。2022年的选举结果更为明显，小党与独立候选人取得的席位数猛增到16席，超过了众议院全部席位的10%（见图1）。其中，标榜环保意识形态的左派政党绿党（The Australian Greens）更一举拿下史上最高的4席，政党得票率也突破12%，亮丽的选战成绩被媒体称为"绿色浪潮"（greenslide）现象（见表1）。② 小党与独立候选人在国会中话语权的提升也意味着更多元的意见将被表达与讨论，这对澳大利亚两党制的政治传统将产生何种影响值得更多后续观察。

① Andrew Brown and Maeve Bannister, "Peter Dutton Insists That Australia Must Bolster Its Defense in the Face of the Threat Posed by China", *The West Australian*, August 11, 2022, https：//thewest. com. au/politics/australia-must-be-frank-on-china-dutton-c-7834696; Sam Roggeveen, "China: The Morrison Legacy and Beyond", Lowy Institute, May 23, 2022, https：//www. lowyinstitute. org/the-interpreter/china-morrison-legacy-beyond.

② Caitlin Cassidy and Joe Hinchliffe, "Australian Greens Hail 'Best Result Ever' with Dramatic Gains in Lower House and Senate", *The Guardian*, May 21, 2022, https：//www. theguardian. com/australia-news/2022/may/22/australian-greens-hails-best-result-ever-with-dramatic-gains-in-lower-house-and-senate.

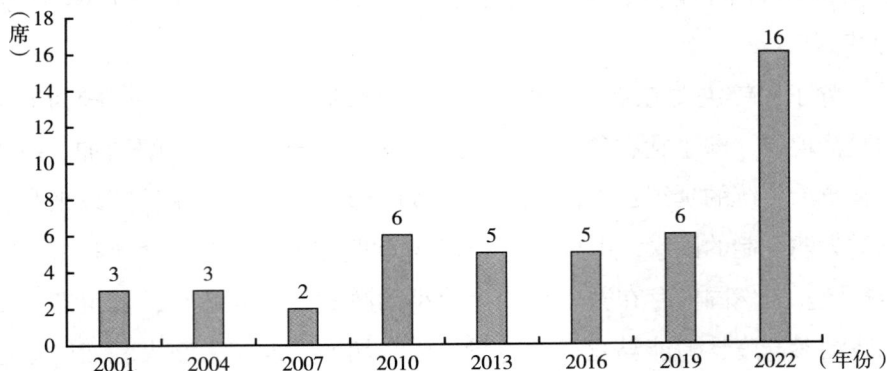

**图1　2001~2022 年历届澳大利亚联邦众议院选举中小党与独立候选人获得的席位数**

资料来源：澳大利亚选举委员会，2022 年 7 月。

**表1　2022 年澳大利亚联邦众议院选举结果**

| 政党 | 得票数（票） | 得票率（%） | 获得席位数（席） | 席位数增减（席） |
|---|---|---|---|---|
| 自由党-国家党联盟（Liberal-National Coalition） | 5233334 | 35.69 | 58 | -19 |
| 工党（Australian Labor Party） | 4776030 | 32.58 | 77 | +9 |
| 绿党（The Australian Greens） | 1795985 | 12.25 | 4 | +3 |
| 中间联盟（Centre Alliance） | 36500 | 0.25 | 1 | 0 |
| 凯特澳大利亚党（Katter's Australian Party） | 55863 | 0.38 | 1 | 0 |
| 其他 | 2761330 | 18.85 | 10 | +7 |

资料来源：澳大利亚选举委员会，2022 年 7 月。

## 二　2022年澳大利亚外交政策的主轴

### （一）持续巩固澳美同盟

澳大利亚与美国的同盟关系自 1951 年确立以来迄今已经超过了 70 个年头，对澳方来说，美国军事力量的支持是其维护国家安全的重要支柱，而 2021 年 AUKUS 的建立更进一步加深了澳大利亚对美国的安全依赖，即便澳大利亚积极扮演"中等强国"角色并企图强化其"南太平洋地区领头羊"的地位，在其背后也总能看到美国介入与推动的身影。① 2022 年澳大利亚持续巩固与美国的同盟关系，双方领导人也进行了多次的交流互动。例如，阿尔巴尼斯在于堪培拉正式宣誓就任总理的数十个小时后便在东京与美国总统拜登进行了会晤，以具体行动来表达对华盛顿与美澳日印"四方安全对话"（QUAD）合作机制的重视。② 此后数月内，澳美两国领导人在马德里、伦敦、金边等地多次会面，就俄乌冲突的进展、AUKUS 的深化、中国"海外战略布局"等议题交换了意见。值得一提的是，两国领导人在金边举行的 2022 年东亚峰会上特别强调了应对气候变化的重要性，阿尔巴尼斯也表示抗击全球变暖和能源转型是澳美关系的新支柱，③ 未来两国在相关议题上的合作有望得到进一步扩展。

巩固澳美同盟是澳大利亚外交政策的重要主轴，更是关键核心，工党与自由党-国家党联盟对这个问题在认知层面并无太大的分歧，但莫里森与阿尔巴尼斯两人在具体操作层面有着不同的做法。过去数年，莫里森与其所属的保守派阵营对美国所发动的军事与外交斗争采取积极配合的态度，即便这些斗争可能具有争议性与冒险性。莫里森"一边倒"的策略固然对其争取美国信任有很大的帮助，但同时也加

① 陈晓晨：《澳大利亚的"太平洋升级"战略：重点举措、动因与影响》，《当代世界与社会主义》2022 年第 3 期，第 164~165 页。

② "In Meeting with Biden, Australia's Albanese Recalls Colorful First Trip to U. S. ", Reuters, May 24, 2022, https://www. reuters. com/world/meeting – with – biden – australias-albanese-recalls-colourful-first-trip-us-2022-05-24/.

③ Katharine Murphy, "Albanese and Biden Discuss Climate Action and AUKUS Pact ahead of G20 Summit", *The Guardian*, November 13, 2022, https://www. theguardian. com/australia – news/2022/nov/13/albanese – and – biden – discuss – climate-action-and-aukus-pact-ahead-of-g20-summit.

剧了中澳间的紧张关系，如同将澳大利亚与美国深度绑定来共同对抗中国，大幅度减少了自身的外交回旋空间。而阿尔巴尼斯有着不同的工作重点。第一，他更看重澳大利亚的主体性，认为必须从澳大利亚的视角来看世界，这样，不仅能将国家利益最大化，同时也可以提高其他国家对澳大利亚的尊重度。[①] 第二，阿尔巴尼斯更加重视第三国的立场与感受，不会为了谋私而牺牲他国权益，避免类似 2021 年帕劳等南太 5 个岛国宣布退出太平洋岛国论坛（Pacific Islands Forum, PIF)[②]、澳大利亚因 AUKUS 的建立而片面撕毁与法国的潜艇合同等争议事件的再次发生。

## （二）修补中澳关系

在经济全球化浪潮的带动下，中澳两国过去 30 年间建立起紧密的经贸关系，中国也在 2008 年超越日本成为澳大利亚最大的贸易伙伴，此地位迄今依然不变。[③] 遗憾的是，两国间的政治分歧自 2017 年开始扩大，加上 2020 年新冠疫情的影响，中澳关系在莫里森执政时期降到了低谷。不过随着 2022 年 5 月工党政府的上台，中澳关系也看到了回温的曙光。与莫里森不同，阿尔巴尼斯的对华政策更重视沟通与合作，并以成熟的方式来化解争端。他在就任总理后的首次新闻发布会上即明确表示，他承认当时的中澳关系比较艰难，也会坚持

---

① 徐亦凡：《工党政府上台，澳大利亚对华会做出何种改变?》，今日头条，2022 年 5 月 27 日，https://www.toutiao.com/article/7102261896501297675/? wid = 1675652533068。

② 2021 年 2 月，帕劳、密克罗尼西亚联邦、基里巴斯、马绍尔群岛、瑙鲁 5 国宣布退出太平洋岛国论坛，启动为期 1 年的过渡期。主要原因是，当事国不满论坛新一任秘书长的选举结果，认为美国与澳大利亚过于强势介入选举，此"退群"行动形同对美澳两国公开叫板。2022 年 2 月，5 国宣布暂缓退出。

③ "China-Australia Trade Reaching ＄202.82 Billion in First 11 Months of 2022, Dropping 4.2%", *Global Times*, December 7, 2022, https://www.globaltimes. cn/page/202212/1281311.shtml.

澳大利亚的价值理念，但不会如同自由党的竞争对手一样在国家安全议题上玩弄政治，为了政治斗争而忽略国家利益。①

中澳关系在联邦选举后确实出现了一些积极的回暖信号，最明显的就是两国高层政治互动的重启。2022年6月，在工党政府上台后不到一个月，澳大利亚新任国防部长便与中国国防部长在新加坡进行了会晤，这是自2020年1月以来中澳首次举行的高层政治会谈。②与此同时，两国外交部长也恢复对话，澳大利亚外交部长黄英贤与中国国务委员兼外交部长王毅先后在巴厘岛、纽约等地进行了会晤，并在2022年12月重新召开中断了近5年的中澳外交与战略对话，会后的联合声明宣布将启动或重启经贸问题、领事事务、气候变化、防务等6个方面的对话沟通。③除了部长级会谈，两国更高层次的政治互动也有所恢复。中国国家主席习近平、国务院总理李克强分别在2022年底举行的G20峰会、东亚峰会期间与阿尔巴尼斯进行了会晤，双方领导人也都表示希望以2022年两国建交50周年为契机，推动中澳关系持续健康稳定发展。

### （三）深化与"印太地区"国家关系

协助美国推动"印太战略"的各项部署是澳大利亚的重要外交任务，除了跟随美国外，澳政府也积极拉拢日本、印度、南太平洋岛国等区域内国家，确保美国能够维持军事优势、牢牢掌控印度洋至太平洋的海上交通航线。2022年澳大利亚的对日政策主要有两大特点。

---

① Nic Fildes and James Fernyhough, "Anthony Albanese Sworn in as Australia's Prime Minister", *Financial Times*, May 23, 2022, https：//www.ft.com/content/44a8a791-i70ec-4701-841e-2f61da28df32.

② 《中澳防长举行一对一会谈》，《联合早报》2022年6月12日，https：//www.zaobao.com/realtime/china/story20220612-1282306。

③ 《中澳外交与战略对话成果联合声明》，中华人民共和国外交部，2022年12月21日，https：//www.fmprc.gov.cn/wjbzhd/202212/t20221221_10993385.shtml。

首先，澳大利亚与日本于 2022 年 1 月正式签署《互惠准入协定》
（Reciprocal Access Agreement），允许两国军队在防务和人道主义行动
方面开展无缝合作，这不仅能更加畅通澳军与日军的沟通渠道，也连
带优化了 QUAD 成员国间的各项协作活动。① 值得注意的是，此文件
也是日本与美国之外的国家首次签署的防务相关协定，为日本海外军
事布局提供了新的窗口，具有重要意义。其次，强化美、澳、日三方的
军事合作。在 2022 年美澳外长与防长"2+2"会谈上，美澳代表皆强调
日本的重要性，并将邀请日军参与澳美同盟在澳大利亚本土的军事部署。
另据报道，澳英美三方都有兴趣将日本纳入 AUKUS 机制，将之扩充成
"日澳英美安全伙伴关系"（JAUKUS），若此事真的得到落实，将会大幅
强化澳美及其盟友在西太平洋区域的水下作战与核威慑能力。②

鉴于印度为澳大利亚前 10 大贸易伙伴之一，更是澳美同盟南亚
地区战略部署的重要支点，澳政府近年来也在深化澳印关系上下了不
少功夫。在经过数年的酝酿与谈判后，两国于 2022 年 4 月正式签署
《澳印经济合作与贸易协定》（Australia-India Economic Cooperation and
Trade Agreement，ECTA），根据此协定，双方将大幅开放国内市场，
对超过 85%澳大利亚出口印度的商品与 96%印度出口澳大利亚的商
品取消关税，并逐步朝零关税的目标前进。③ 对澳方来说，扩大与印
度的贸易合作不仅能为国内丰富的矿产资源拓展市场、加速国内经济

① Haruka Nuga and Steve McMorran, "Australia, Japan Sign Defense Pact as China Concerns Loom", *The Diplomat*, January 7, 2022, https://thediplomat.com/2022/01/australia-japan-sign-defense-pact-as-china-concerns-loom/.

② Stephen Dziedzic and James Oaten, "Australia's 'Indispensable' Partnership with Japan Could See It Join AUKUS Pact as Strategic Links Grow", ABC News, December 9, 2022, https://www.abc.net.au/news/2022-12-09/aukus-australia-japan-richard-marles-pact/101757248.

③ "Australia-India Economic Cooperation and Trade Agreement (ECTA)", Australian Department of Foreign Affairs and Trade, https://www.dfat.gov.au/trade/agreements/in-force/australia-india-ecta.

的复苏，同时也可以增加两国政治互信以利于各项军事外交合作的推动。然而，澳印在俄乌冲突、美国的全球军事布局、保护国内弱势产业等议题上仍存在不少分歧，双边关系在持续深化的同时依旧面临瓶颈。

南太平洋区域向来被澳大利亚视为自己的"后花园"。2022年澳政府针对南太平洋区域所推动的外交工作主轴有两大层面：其一为维护传统安全利益，其二为应对非传统安全威胁。在维护传统安全利益层面，澳大利亚在2022年下半年分别与斐济和瓦努阿图签署了军事合作协议，通过这两份文件，澳军能够更深地介入当地国防、警务、救灾等领域的事务，强化澳大利亚的军事存在。① 此外，澳政府也同意美国优化其在澳大利亚北部的军事部署，增加驻澳美军空中、陆地和海上部队的轮换安排，以维护南太平洋区域军事力量的平衡。在应对非传统安全威胁层面，2022年南太平洋区域多次发生地震、海底火山爆发等自然灾害，这对南太平洋岛国居民造成重大冲击，澳大利亚不失时机地向受灾国提供经济、医疗等人道主义援助，另与美国、日本、新西兰、英国共同建立"蓝色太平洋伙伴"合作机制，以协助岛国的经济发展与强化区域意识，充分发挥澳大利亚及其盟友"软实力"方面的影响力。②

---

① Kirsty Needham, "Australia, Fiji Militaries to Work alongside Each Other", Reuters, October 20, 2022, https://www.reuters.com/world/asia-pacific/australia-fiji-militaries-work-alongside-each-other-2022-10-20/; "Australia Inks New Security Deal with Vanuatu", *The Diplomat*, December 15, 2022, https://thediplomat.com/2022/12/australia-inks-new-security-deal-with-vanuatu/.

② Saurabh Kapoor, "Explained：What Is the US-led 'Partners in the Blue Pacific' Initiative to Counter China", *The Indian Express*, June 28, 2022, https://indianexpress.com/article/explained/explained-us-partners-in-the-blue-pacific-initiative-counter-china-7994547/.

# 三 2022年澳大利亚经济形势

## （一）经济增长疲软且通胀问题严重

澳大利亚国内经济因受到新冠疫情的影响而陷入历史性衰退，2020年第二季度国内生产总值一度下跌7.0%，创下有史以来单一季度经济增长率最低纪录。虽然疫情在2022年已逐渐趋缓，政府也出台了许多振兴经济措施，但国内经济表现依旧疲软，2022年前三个季度的经济增长率分别为0.7%、0.9%以及0.6%（见图2），既没有显著增长的趋势，也低于经济学界的普遍预期。2022年第四季度乃至全年的数据也没有太乐观的结果。除了经济增长率外，消费者信心指数（CCI）的变化也可以反映出澳大利亚消费者对国内经济发展好坏的评价。数据显示，2022年澳大利亚消费者信心指数呈现整体下滑趋势，除了头两个月外皆维持在低于100点的水平，远不及过去

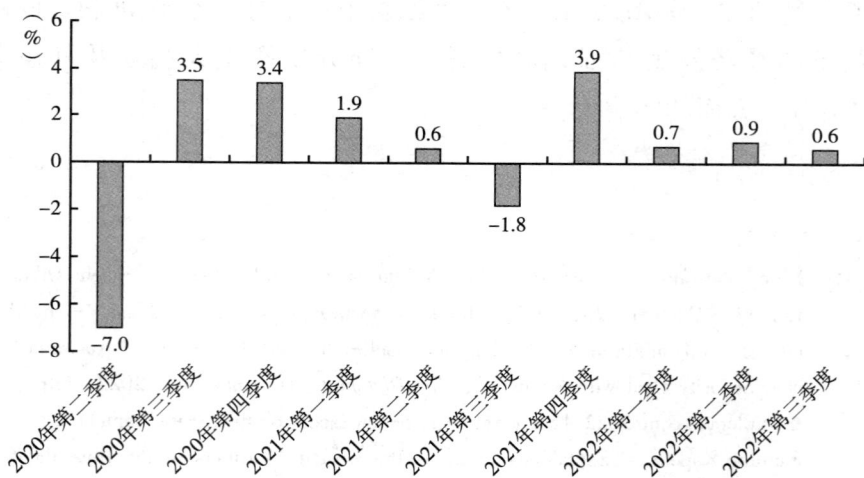

图2　2020~2022年澳大利亚经济增长趋势

资料来源：澳大利亚统计局，2022年9月。

30 年 112 点左右的月平均值。2023 年 1 月的指数虽然已从谷底的 77.99 点爬升至 84.29 点（见图 3），但也仅是小幅度的反弹，澳大利亚民众对国内经济的发展依旧感到悲观。

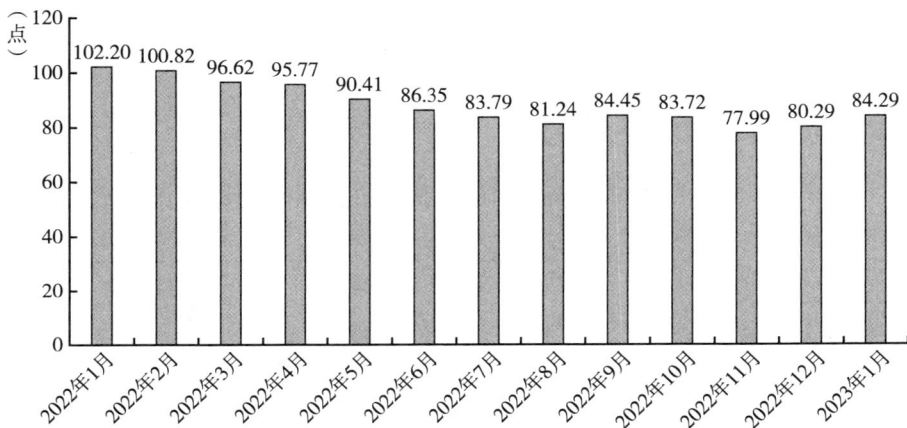

**图 3　2022 年 1 月至 2023 年 1 月澳大利亚消费者信心指数**

资料来源：西太平洋银行，2023 年 1 月。

此外，2022 年澳大利亚出现了严重的通货膨胀危机。澳大利亚统计局 2023 年 1 月公布的数据显示，2022 年第四季度的消费者价格指数（CPI）上涨 1.9%，全年涨幅更达到 7.8%，创下 1990 年以来最高纪录。若进一步按照商品类别来看，2022 年全年住房 CPI 涨幅为 10.7%，上涨幅度排名第一。食品和非酒精饮料的 CPI 则上涨 9.2%，排名第二。而娱乐文化与家居用品的 CPI 涨幅分别为 9.0% 和 8.4%，居上涨幅度排名的第三、第四位（见表 2）。① 造成通胀问题如此严重的主要原因之一就是能源价格的上涨。2022 年 2 月爆发的俄乌冲突造成了国际能源供应的高度紧张，煤炭和天然气的价格不断

---

① "Consumer Price Index, Australia", Australian Bureau of Statistics, January 25, 2023, https://www.abs.gov.au/statistics/economy/price-indexes-and-inflation/consumer-price-index-australia/dec-quarter-2022.

上升。虽然身为煤炭与天然气出口大国的澳大利亚因此赚了大笔外汇,但这同时也连带推升了国内能源价格。例如,2021 年 6 月至 2022 年 6 月,澳大利亚煤炭出口收入达到 1120 亿澳元,同比增长了约 2.5 倍,但煤炭大量出口也造成国内供应的不足,而煤炭又是澳大利亚发电的主要原材料,这进而导致国内电价推升,至 2022 年底澳大利亚全国零售电价已上涨约 20%,① 对民生物价的影响极大。

表2　2022 年澳大利亚消费者价格指数增长率

单位：%

| 类别 | 2022 年第四季度 | 2022 年全年 |
| --- | --- | --- |
| 整体 CPI | 1.9 | 7.8 |
| 食品和非酒精饮料 | 0.9 | 9.2 |
| 酒类和烟草 | 1.2 | 4.4 |
| 服装与鞋类 | 2.6 | 5.3 |
| 住房 | 1.9 | 10.7 |
| 家居用品 | 1.8 | 8.4 |
| 健康医疗 | 0.8 | 3.8 |
| 交通 | 1.7 | 8.0 |
| 通信 | −0.5 | 1.3 |
| 娱乐文化 | 5.4 | 9.0 |
| 教育 | 0.1 | 4.6 |
| 保险和金融 | 2.0 | 5.0 |

资料来源：澳大利亚统计局,2023 年 1 月。

调升利率是澳央行为应对高通胀所采取的主要办法。事实上,自 2020 年初新冠疫情发生后,澳央行三度降息以刺激经济的复苏,银

---

① 王晶晶：《为限制能源价格高涨,澳大利亚拟将高达 10% 的煤炭用于国内》,澎湃新闻,2023 年 1 月 21 日,https：//www. thepaper. cn/newsDetail_ forward_ 21660451。

行利率也降至 0.1% 的历史低点。① 但随着国内通胀水平的不断提升，从 2022 年 5 月至 2023 年 2 月，澳央行连续 9 次加息，基准利率从 0.1%一路飙升到 3.35%。② 澳央行行长洛（Philip Lowe）表示，持续调升银行利率有助于国内经济建立更可持续的供需平衡，是让通胀回归目标水平的必要选择，且澳央行在未来的一段时间内有可能再视情况调整利率。考虑到全球因素和国内需求增长放缓，洛认为澳大利亚 2023 年的通胀率将有所下降，预计降至 4.75%。③ 然而，无论加息措施是否能有效抑制物价的上扬，可以肯定的是，近期连续不断调升利率都对必须偿付银行贷款的民众造成了极大影响。研究表明，因为银行利率的不断调升，截至 2022 年 10 月，澳大利亚国内已经有近 62 万名抵押贷款借款人被认为面临抵押贷款压力的"极度风险"。④ 相同的压力也会转嫁到房贷市场，导致新房贷款金额的下滑。

## （二）对外贸易是推进经济发展的最主要动力

受惠于得天独厚的自然资源和富有弹性的产业结构，对外贸易为澳大利亚的经济增长做出卓越贡献，进入 21 世纪以来，国际贸易占 GDP 的比例始终维持在 40% 以上的高水平。即便新冠疫情对

---

① Rod McGuirk, "Australian Central Bank Cuts Key Interest Rate to 0.1%", AP News, November 3, 2020, https: //apnews. com/article/business-virus-outbreak-australia-economy-67cd14b9e3bd39ab74bfff18002b7835.

② "Cash Rate Target", Reserve Bank of Australia, https: //www. rba. gov. au/statistics/cash-rate/.

③ 郝亚琳、王琪：《澳大利亚央行继续加息应对高通胀》，新华网，2023 年 2 月 7 日，http: //www. news. cn/fortune/2023-02/07/c_ 1129344965. htm。

④ Nassim Khadem, "With Another Interest Rate Rise This Week, Will the RBA Put the Handbrake on in 2023?", ABC News, December 6, 2022, https: //www. abc. net. au/news/2022-12-06/rba-back-to-back-interest-rate-rises-economic-forecast-for-2023/101734708.

国际贸易造成致命打击，澳大利亚的对外贸易成绩单依旧亮眼，保持稳定的贸易增长。2021~2022财政年度澳大利亚总出口额高达5938亿澳元，比上一财年增长29%；总进口额是4459亿澳元，实现25%的增长；年度贸易顺差总额则达到了1479亿澳元。① 在出口商品中，自然资源类仍同往年一样占据绝大比例，出口额前三名分别是铁矿石、煤炭以及天然气，三类商品加总超过3100亿澳元，占总出口额的一半以上，其中煤炭的出口额与上一财年相比有着190.7%的大幅增长（见表3）。而最主要的进口商品则为成品油、载人车辆以及大宗物资，成品油的进口额也有超过120%的增长（见表4），不过其绝对金额数目与上述三大类出口商品相比还是有着较大的差距。

表3　2020~2021财年、2021~2022财年澳大利亚主要出口商品贸易金额

单位：百万澳元，%

| 商品 | 2020~2021 财年 | 2021~2022 财年 | 2021~2022 财年占比 | 2021~2022 财年增长率 |
|---|---|---|---|---|
| 铁矿石 | 152975 | 133069 | 22.3 | −13.0 |
| 煤炭 | 39196 | 113952 | 19.1 | 190.7 |
| 天然气 | 30477 | 70503 | 11.8 | 131.3 |
| 黄金 | 26105 | 23205 | 3.9 | −11.1 |
| 教育服务 | 27554 | 20776 | 3.5 | −24.6 |
| 原油 | 7001 | 13608 | 2.3 | 94.4 |
| 小麦 | 6805 | 11336 | 1.9 | 66.6 |

① "International Trade: Supplementary Information, Financial Year", Australian Bureau of Statistics, December 13, 2022, https://www.abs.gov.au/statistics/economy/international-trade/international-trade-supplementary-information-financial-year/2021-22.

续表

| 商品 | 2020~2021<br>财年 | 2021~2022<br>财年 | 2021~2022<br>财年占比 | 2021~2022<br>财年增长率 |
|---|---|---|---|---|
| 铝矿石 | 8155 | 9982 | 1.7 | 22.4 |
| 牛肉 | 8370 | 9919 | 1.7 | 18.5 |
| 铜矿石 | 7328 | 7871 | 1.3 | 7.4 |

资料来源：澳大利亚统计局，2023年1月。

**表4　2020~2021财年、2021~2022财年澳大利亚主要进口商品贸易金额**

单位：百万澳元，%

| 商品 | 2020~2021<br>财年 | 2021~2022<br>财年 | 2021~2022<br>财年占比 | 2021~2022<br>财年增长率 |
|---|---|---|---|---|
| 成品油 | 18074 | 39888 | 8.7 | 120.7 |
| 载人车辆 | 22857 | 23456 | 5.1 | 2.6 |
| 大宗物资 | 12932 | 23042 | 5.0 | 78.2 |
| 通信用品 | 14466 | 15522 | 3.4 | 7.3 |
| 载货车辆 | 11493 | 12692 | 2.8 | 10.4 |
| 电脑 | 9685 | 12252 | 2.7 | 26.5 |
| 专业服务 | 9065 | 10949 | 2.4 | 20.8 |
| 医疗用品 | 5050 | 9447 | 2.1 | 87.1 |
| 药物 | 7673 | 8907 | 1.9 | 16.1 |
| 原油 | 6379 | 8356 | 1.8 | 31.0 |

资料来源：澳大利亚统计局，2023年1月。

2022年澳大利亚前5大出口国依次为中国、日本、韩国、印度、美国，对5国出口量占出口总量的64%；前5大进口国则为中国、美国、新加坡、日本、德国，从此5个国家的进口量也逼近澳大利亚全年进口量的一半。若根据进出口总额来排，澳大利亚2022年前5大贸易伙伴依次为中国大陆、日本、美国、韩国、新加坡（见表5）。以区域来划分，东盟地区已经是澳大利亚经贸往来最密切的地区，占澳年度贸易总额的14.3%，超越了欧盟的9.2%与美国的7.2%，澳大利亚同西方资本主义大国贸易总额的占比也出现逐年下降的趋势。① 澳大利亚进出口贸易在疫情期间能够持续增长的最主要原因是与中国间的贸易并没有因为中澳关系的恶化而降温，中国广大的消费市场与对原材料的高度需求依旧使得澳大利亚矿产品与农产品源源不断输往中国，大量的外汇收入促进了澳大利亚经济的繁荣。随着《区域全面经济伙伴关系协定》（RCEP）的正式生效，再加上紧张的政治氛围已出现缓和，两国贸易量有望再创高峰，中国也将持续保持澳大利亚最大贸易伙伴的地位。

表5 2020~2021 财年、2021~2022 财年澳大利亚
与主要贸易伙伴的进出口总额

单位：百万澳元，%

| 国家/地区 | 2020~2021 财年 | 2021~2022 财年 | 2021~2022 财年 占比 | 2021~2022 财年 增长率 |
|---|---|---|---|---|
| 中国大陆 | 266966 | 284754 | 27.0 | 6.7 |
| 日本 | 66935 | 117156 | 11.1 | 75.0 |
| 美国 | 67545 | 76434 | 7.2 | 13.2 |
| 韩国 | 39498 | 68734 | 6.5 | 74.0 |
| 新加坡 | 28302 | 46819 | 4.4 | 65.4 |
| 印度 | 27051 | 46305 | 4.4 | 71.2 |
| 中国台湾 | 17175 | 33817 | 3.2 | 96.9 |
| 马来西亚 | 21139 | 26778 | 2.5 | 26.7 |
| 德国 | 22161 | 26535 | 2.5 | 19.7 |
| 新西兰 | 23610 | 25517 | 2.4 | 8.1 |

资料来源：澳大利亚外交和贸易部，2023 年 1 月。

---

① "Australia's Goods and Services by Top 15 Partners 2021 - 22", Australian Department of Foreign Affairs and Trade, https：//www. dfat. gov. au/trade/trade - and-investment-data-information-and-publications/trade-statistics.

# 四　总结与展望

2022年澳大利亚国内政治经济形势与对外关系均出现了新的变化。新冠疫情的反复与经济的衰退加深了澳大利亚民众对莫里森政府的不满，从而终结了保守派阵营长达9年的执政。一方面，国内的保守排外的民粹主义浪潮不会因政权轮替而迅速退却；另一方面，小党与独立候选人国会席位数的大幅增加也催化出更多的政治斗争与妥协，澳大利亚政坛将更趋多元化。而新上台的工党政府也同样面临不小的困境，疲软的国内经济仍未从疫情的阴霾中走出，多项经济指标均不乐观，澳大利亚更面临严重的通胀危机，这考验着新内阁的执政能力。阿尔巴尼斯在担任总理后也对澳大利亚的外交政策做出了调整，在巩固澳美同盟不变的大原则下，从澳大利亚的视角来看世界，优化与邻国的关系，其中最亮眼的莫过于对中澳关系的改善，两国冰封多年的高层政治互动也重新启动。但也必须指出，即便工党政府的对华立场比自由党-国家党联盟友善，但其维护的仍是澳大利亚的核心利益与价值观，在"民主""人权"等基本立场上不会轻易向中国妥协，而且阿尔巴尼斯同时受到国内保守势力的制约，再加上两国关于是否全面取消贸易限制的歧见尚未化解，中澳关系要重现2018年以前的荣景仍需更多善意与努力。

# B.3
# 2022年新西兰内政外交回顾与展望

张梦迪[*]

**摘　要：** 2022年，新西兰的国内政治和外交政策受到疫情、俄乌冲突和中美博弈的影响。新西兰开放国境并改变新冠疫情防控政策后，国内严重的通货膨胀和攀升的犯罪率问题成为主要的内政焦点。国内民众对工党政府的信心持续下降，反对党国家党的支持率反超工党。在外交方面，新西兰在强调传统的国际合作原则和太平洋国家身份认同原则的同时，重提价值观原则，预测将在人权问题上更多发声。同时，新西兰在经济问题上强调经济关系的稳定性和市场的多样化，在安全问题上虽然更加偏向传统安全伙伴，但是仍然追求安全和经济关系的平衡。总体上，新西兰外交政策更加受到稳定经济和提高政府支持率的国内政治目标的驱动。

**关键词：** 新西兰　经济复苏　平衡外交

2022年，新西兰改变了新冠疫情防控政策，民众关注点从防疫转到严峻的通货膨胀、攀升的犯罪率等议题上。执政党工党面临支持率下跌的压力。同时，随着国境的开放，新西兰的外交活动迅速恢复。政府在维护以规则为基础的国际体系和多边主义原则的基础上，

---

　* 张梦迪，新西兰惠灵顿维多利亚大学博士研究生，厦门大学新西兰研究中心兼职研究员，研究方向为经济与安全联系、中国与新西兰及太平洋岛国外交问题。

强调民主自由价值观和太平洋国家的身份认同。新西兰政府以疫情后的经济复苏为重点，与美欧亚地区的国家开展贸易外交。俄乌冲突使新西兰在安全政策方面更加偏向传统安全伙伴。

# 一　2022年新西兰内政评述

2022年，新西兰在可持续贸易指数方面排名第一，[①] 在清廉指数方面排名第二，[②] 在国际贸易和投资方面的声誉良好。然而，虽然新西兰加快了国境开放的进程，但国内面临严峻的经济问题，通货膨胀严重，犯罪率攀升。这些国内问题增大了工党政府的执政压力，提高了国家党和行动党在2023年大选中联合执政的概率。

## （一）新西兰从防疫放松到全面开放国境

传染性更强的奥密克戎变异病毒于2022年1月底传入新西兰。新西兰政府首先延续2021年应对德尔塔变异病毒的政策，即快速检测、隔离感染者和密接人员、加速接种加强针疫苗，并继续采用"红绿灯"三级警戒系统，宣布全国进入红灯警戒状态。在红灯警戒时期，个人生活、商业运行和公共设施开放大致如常，只是增加了对佩戴口罩的强制要求和对公众聚会的人数限制，政府提倡第二针疫苗已接种超过4个月的人群接种加强针。对于已接种疫苗的人群集会，人数限制为100人；而对于未接种疫苗的人群集会，人数限制为25人。政府预计于2022年1月17日开通的从澳大利亚返回新西兰的免隔离通道也随着奥密克戎变异病毒的传入而搁置。

---

① Damien O'Connor, "New Zealand Ranked First in Sustainable Trade Index", New Zealand Government, November 10, 2022, https：//www.beehive.govt.nz/release/new-zealand-ranked-first-sustainable-trade-index.

② "Corruption Perceptions Index", Transparency International, https：//www.transparency.org/en/cpi/2022.

政府随即出台"奥密克戎三阶段计划"①，逐渐放松防疫政策，在疫苗接种率和检测隔离方面为全面放开做准备。第一阶段为"清零"（stamp it out）阶段，力图保持低病例数，加强老年人和弱势群体的加强针接种，放开 5~11 岁儿童的疫苗接种。检测方法方面，将继续使用核酸检测但开始按需引入抗原检测。阳性患者隔离 14 天，密接人员隔离 10 天。当每日病例数在 1000 例及以下时处于该阶段。政府预计该阶段会持续 14 天。第二阶段为保护弱势群体阶段，力图减缓病毒传播。必要的阳性工作人员的隔离天数从 14 天缩短到 10 天，密接人员隔离 7 天，同时增加电子技术的使用以进行自我暴露风险识别，使用快速检测试剂。在 2 月初政府还将加强针的接种间隔从 4 个月缩短为 3 个月，加快了接种进程。第三阶段为大量感染阶段，缩小密接人员的定义范围，将之仅限于家庭密接人员，大量使用快速检测试剂，优先检测必要工作人员和弱势群体。新西兰在 3 月初进入了第三阶段。

工党政府在应对奥密克戎疫情发生过程中依然保持高效清晰的公众沟通方式，但也受到更多的批评。首先，工党政府在采用"红绿灯"三级警戒系统的同时又提出"奥密克戎三阶段计划"，这让公众疑惑，导致遵守率大大降低。其次，大量感染病例导致医疗系统紧张，工党政府被批评在缓解医疗工作者压力和提供 ICU 病房方面做得不够。

2022 年 2 月初，新西兰各地爆发新一轮的反疫苗强制令、反政府的抗议，新西兰开放国境的进程随着抗议的爆发加快。最主要的"占领议会"的抗议有成千上万名群众参与，持续了一个多月。最终警察通过强制手段结束抗议。在抗议发生后不久，新西兰政府宣布了新的国境开放计划。该计划决定从 2 月 27 日起逐渐开放国境，直到

---

① "Government Announces Three Phase Public Health Response to Omicron", New Zealand COVID‐19 Responses, January 26, 2022, https：//covid19. govt. nz/news‐and‐data/latest‐news/government‐announces‐three‐phase‐public‐health‐response‐to‐omicron/.

7月底完全开放国境。新计划将原先的开放时间表提前了3个月，取消集中隔离和强制接种疫苗的要求。该决定在一定程度上回应了抗议者的要求，也力图通过开放国境加速经济复苏。

## （二）严峻的经济形势

虽然新西兰政府加快开放国境的主要目的之一是复苏经济，但是效果不佳。自2月底国境逐渐开放以来，随着国际游客的增多，新西兰的旅游业、零售业、交通业、畜牧业开始复苏。2022年第二季度，零售和住宿业增长5.9%，交通、畜牧和仓储业增长19.7%。① 然而，截至2022年第三季度，新西兰的年度GDP增长率为2.7%（见表1），低于2021年的5.4%。② 新西兰中央银行预测新西兰经济将从2023年进入衰退阶段，GDP增长率低谷将为1%左右。③

新西兰的国际贸易逆差增大，但投资净流入增加。2022年第三季度货物和服务的进口量较第二季度有所上升，但出口量下降。④ 由于进口物品价格上涨，新西兰的贸易逆差在第三季度增大。10月，中国是新西兰最大的进口国和出口国，⑤ 截至9月，双边贸易逆差达

① "Monthly Economic Review", New Zealand Parliament, December 2022, https://www.parliament.nz/media/9885/monthly-economic-review-december-2022.pdf.

② "Monthly Economic Review", New Zealand Parliament, February 2023, https://www.parliament.nz/en/pb/library-research-papers/monthly-economic-review/monthly-economic-review-february-2023/.

③ "Monetary Policy Statement", Reserve Bank of New Zealand, November 2022, https://www.rbnz.govt.nz/-/media/project/sites/rbnz/files/publications/monetary-policy-statements/2022/mps-nov-22/mpsnov22.pdf.

④ "New Zealand International Trade", Stats New Zealand, https://statisticsnz.shinyapps.io/trade_dashboard/.

⑤ "Overseas Merchandise Trade: October 2022", Stats New Zealand, November 22, 2022, https://www.stats.govt.nz/information-releases/overseas-merchandise-trade-october-2022/.

到 75 亿新西兰元。① 在投资方面，新西兰第三季度的投资净流入为 9.24 亿新西兰元。然而，新西兰的财政赤字已经达到 297 亿新西兰元，② 这是自 1988 年以来的最高赤字额。

表 1　2021~2022 年新西兰经济发展情况

单位：%，亿新西兰元

| | 2021 年 | 2022 年 |
|---|---|---|
| GDP 增长率 | 5.4 | 2.7（截至 9 月） |
| 失业率 | 3.2 | 3.4（截至 12 月） |
| 通货膨胀率 | 5.9 | 7.2（截至 12 月） |
| 政府赤字 | 163 | 297（截至 9 月） |
| 利率 | 0.75 | 4.25（截至 12 月） |

资料来源：新西兰议会每月经济评论 2023 年 2 月月报。

同时，新西兰面临严峻的通货膨胀，民生问题突出。截至 2022 年 11 月，购房价格上涨 16.8%、汽油价格上涨 18.8%。截至 2022 年 12 月，全年食物价格上涨 11.3%，家庭生活成本上涨 8.2%，③ 这是 32 年来最高的通胀率。澳新银行的商业信心指数也降低到历史最低值-70，④ 该低值反映了市场对经济复苏乏力、通胀激增的悲观情绪。

---

① "Rising Import Prices Drive Increase in Trade Deficit", Stats New Zealand, December 2, 2022, https：//www.stats.govt.nz/news/rising-import-prices-drive-increase-in-trade-deficit/.

② "Annual Current Account Deficit Widens to ＄29.7 Billion", Stats New Zealand, December 14, 2022, https：//www.stats.govt.nz/news/annual-current-account-deficit-widens-to-29-7-billion/.

③ "Living Costs Increase for All Household Groups", Stats New Zealand, February 2, 2023, https：//www.stats.govt.nz/news/living-costs-increase-for-all-household-groups/.

④ "Business Outlook Survey", ANZ, December 2022, https：//www.anz.co.nz/about-us/economic-markets-research/business-outlook/.

### （三）疫情恢复期的政党政治

在经济疲软和民众对政府防疫政策丧失耐心的乌云笼罩下，工党政府被指责无法落实改革，其执政压力持续增加。工党的支持率从2022年1月起就持续下跌，跌至自2017年以来的最低点。总理阿德恩的个人支持率也从1月的高点35%降低到12月的低点29%。除了上文提到的经济形势不佳，工党政府在"三水改革"项目、公屋建设项目、新西兰电视公司（TVNZ）和新西兰广播电台（RNZ）媒体合并项目上备受指责。批评者质疑这些项目的意义，并认为工党政府浪费财政资源却无法推进项目，无法落实承诺。工党政府的执政压力主要由经济问题引起，但许多改革项目的滞后进一步打击了公众的信心。

相反，反对党国家党和行动党的表现持续向好，在2023年大选中的组阁概率上升。国家党在党派支持率上缩小与工党的差距，在5月反超工党（见表2）。国家党领导人拉克森的个人支持率也总体上升，缩小了与阿德恩的差距（见表3）。加上国家党友党行动党稳定良好的表现，两党在2023年大选中组成联合政府的概率大大提高。

**表2  2022年新西兰党派支持率民调结果**

单位：%

|  | 工党 | 国家党 | 行动党 | 绿党 | 优先党 | 毛利党 |
|---|---|---|---|---|---|---|
| 2022年1月 | 40（-1） | 32（+4） | 11（-3） | 9（-） | 2（-1） | 2（+1） |
| 2022年3月 | 37 | 39 | 8 | 9 | 2 | 2 |
| 2022年5月 | 35 | 39 | 7 | 10 | 1 | 2 |
| 2022年8月 | 33 | 37 | 11 | 9 | 3 | 2 |
| 2022年9月 | 34 | 37 | 9 | 5 | 3 | 2 |
| 2022年11月（Reid） | 32.3 | 40.7 | 10 | 9.5 | 3.3 | 1.9 |
| 2022年12月 | 33 | 38 | 11 | 9 | 4 | 2 |

资料来源：1 News-Kantar Public Polls，Newshub Reid Polls。

表3 2022年新西兰总理人选个人支持率民调结果

单位：%

| | 杰辛达·阿德恩 | 克里斯托弗·拉克森 | 大卫·西摩 | 温斯顿·彼得斯 | 克洛伊·斯沃布里克 |
|---|---|---|---|---|---|
| 2022年1月 | 35 | 17 | 6 | 1 | 1 |
| 2022年3月 | 34 | 25 | 5 | 2 | — |
| 2022年5月 | 33 | 25 | 3 | 1 | 2 |
| 2022年8月 | 30 | 22 | 5 | 2 | 1 |
| 2022年9月 | 47 | 41 | — | — | — |
| 2022年12月 | 29 | 23 | 6 | 2 | 2 |

资料来源：1 News-Kantar Public Polls。

2022年，在政党政治迅速发生变化的同时，工党和国家党也暴露了党内问题。工党议员高拉夫·夏尔马（Gaurav Sharma）控诉自己遭到党内霸凌，随后成为议会中的独立议员，最终辞职。他所在的选区西汉密尔顿在11月28日至12月10日期间补选议员，有12名候选人参选，最后国家党议员多摩·波塔卡（Tama Potaka）当选。另外，国家党前领导人西蒙·布里奇斯（Simon Bridges）在3月宣布辞职，导致他所在的选区陶兰加在5月进行补选，另一名国家党议员山姆·乌芬德尔（Sam Uffindell）当选。虽然山姆被曝出在学生时期存在霸凌室友的行为，但是他最终还是通过了国家党的审核。在党派支持率差距缩小时，党派的内部团结程度也会影响党派在各选区的表现。

（四）攀升的犯罪率

在新西兰政府降低恐怖袭击威胁的评估等级的同时，国内的犯罪率攀升。与2021年政府和公众对恐怖袭击问题的高度关注不同，新西兰安全情报机关2022年11月将恐怖袭击风险定为低风险，国内对恐怖袭击的公开讨论频率也明显降低。相较而言，新西兰的犯罪率激增。从1月到12月，抢劫、入室盗窃、偷盗犯罪案件都明显增多，全年犯罪增加了 6 万余起。①

攀升的犯罪率成为工党执政压力的另一来源。在青少年犯罪现象增加后，反对党国家党和部分公众指责工党政府太过软弱，现有法律制度不能有效威慑罪犯。

## 二 2022年新西兰外交评述

新冠疫情防控政策放松后，新西兰线下外交访问活动逐渐恢复，总理、外长和主要的部长频繁外访，重新恢复与各个国家的联系是外交重点。俄乌冲突及其影响成为新西兰外交的难点议题。整体来看，新西兰2022年仍然保持独立外交，强调集体主义原则，突出民主自由的价值观原则，强化与太平洋岛国的亲密外交关系。新西兰政府在经济上争取稳定和多元化的经贸关系，而在安全问题上更偏向传统安全伙伴。

### （一）坚持和发展独立外交并强调价值观原则

总理阿德恩在2022年7月在悉尼洛伊研究所解释新西兰的独立外交时强调三大原则，即集体主义或国际合作原则、价值观原则、太平洋国家的身份认同原则。集体主义原则沿袭新西兰的外交传统。2022年新西兰通过国际机制和多边合作提倡环保、海洋生态等传统理念，寻求在人工智能和外太空发展等新议题上的机遇。

第一，通过联合国机制，新西兰参与第一次外太空规范讨论组会，该会议讨论外太空行为规范和规则，成果将向联合国大会汇报。第二，新西兰代表提出平衡深海矿业与海洋生物多样性的议案。第三，新西

---

① "Crime Snapshot", New Zealand Police, https：//www. police. govt. nz/crime - snapshot.

兰通过联合国人权理事会支持其针对缅甸、阿富汗、埃塞俄比亚、乌克兰的人权宣言。第四，新西兰参与《禁止核武器条约》首次国家级会议和条约审议会议，推动核裁军和不扩散。第五，在 WTO 的第十二届部长级会议上，新西兰推动渔业补贴规范条约通过，促进农业贸易改革，并与其他成员达成共识，即在 2024 年以前通过全方位的 WTO 争端解决机制。第六，新西兰还通过世界银行和亚洲开发银行机制争取向太平洋岛国的优惠融资。第七，关于传统气候变化议题，在《联合国气候变化框架公约》第二十七次缔约方大会（COP27）前夕，新西兰宣布从现有的气候财政承诺中划拨 2000 万新西兰元，用于弥补发展中国家由气候变迁造成的损失和损害。① 新西兰当时是仅有的三个提出该基金的国家之一。该提议最终在 COP27 上获一致通过，即组建"损失和损害基金"用于对处于气候变迁弱势国家的援助。该基金的建立也表现出了新西兰先进的国际合作的理念及其影响力。

然而，新西兰政府通过的对俄罗斯的自主制裁法案被视为集体主义原则的一个例外。2022 年 3 月，对俄自主制裁法案通过。法案允许新西兰不通过联合国安理会决议，对俄相关人员、组织进行制裁。2021 年 9 月新西兰曾提出自主制裁法案，但因为各党派对自主制裁制度与集体主义原则的关系存在不同意见而作罢。在此次对俄制裁法案上，新西兰采用紧急程序，从法案的撰写和提出到通过，仅用了 8 天时间。虽然在对俄制裁上绕过联合国安理会，但外长纳纳娅·马胡塔（Nanaia Mahuta）强调新西兰并不会完全采用自主制裁制度。

---

① James Shaw，"New Zealand National Statement-COP27"，New Zealand Government，November 16，2022，https：//www. beehive. govt. nz/speech/new－zealand－national-statement-%E2%80%93-cop27；Nanaia Mahuta and James Shaw，"New Zealand Push for Global Action at COP27 on Climate Loss and Damage"，New Zealand Government，November 9，2022，https：//www. beehive. govt. nz/release/new-zealand-push-global-action-cop27-climate-loss-and-damage.

此外，通过区域组织，新西兰积极实现经济、环保、安全等方面的外交目标。新西兰与东盟的五年行动计划进入实施的第一年，完成88%的合作目标，共投资约4524万新西兰元用于东盟国家的疫情应对、新能源发展、灾害防治、安全和稳定等合作领域。① 新西兰与东盟在应对俄乌冲突的安全计划上也进行合作和沟通。

同时，总理阿德恩指出，当国际合作原则失效时就应采用价值观的外交原则，该原则在近年的外交讲话中并不会被刻意强调。新西兰政府认为联合国体系在俄乌冲突中是失败的，这主要是因为俄罗斯作为联合国安全理事会成员国的投票否决权。此时，新西兰在外交原则上就考虑价值观原则，包括人权、性别平等、国家主权和气候行动的价值观。预计新西兰政府将会在人权等问题上更多发声。

## （二）强化与太平洋岛国的亲密外交关系

阿德恩强调的第三个原则是太平洋国家身份认同原则。在往年的外交活动中，新西兰也强调与其他太平洋国家的亲密关系，但今年更加突出与其他太平洋国家的家人般的关系。太平洋国家身份认同原则指出，外来国家的投资必须是高质量的，任何会影响地区安全的倡议都需要经过太平洋岛国论坛，由其依照《比克塔瓦宣言》（Biketawa Declaration）和《波伊宣言》（Boe Declaration）进行商讨。新西兰延续马胡塔提出的"太平洋韧性的方法"，基于价值观，强调和支持以太平洋岛国为主人公和领导的发展，构建区域实践和支持区域制度。"太平洋韧性的方法"与2018年的"太平洋重置"不同。后者具有一定的反华意图，而前者强调太平洋岛国，以该地区的需求为核心。然而，太平洋国家身份认同原则似乎也是针对非太平洋岛国论坛成员国正增强在该地区的影响力的现状

---

① New Zealand Ministry of Foreign Affairs and Trade，*Annual Report 2021 - 2022*，p. 22，https：//www. mfat. govt. nz/assets/About - us - Corporate/MFAT - corporate - publications/MFAT-Annual-Report-2021-22. pdf.

而被再次强调的。自5月底中方外长王毅访问该地区8国后，新西兰也加强了与太平洋岛国的联系。然而，虽然新西兰强调其外交是基于其太平洋国家的地理和身份认同，但工党政府被批评对其他太平洋国家的访问次数少、援助力度不够、影响力下降。

首先，在2022年，新西兰的总理和主要部长对其他太平洋国家的访问次数屈指可数。根据新西兰政府网站公开的信息，2022年新西兰官员到访其他太平洋国家约10次，讨论的议题集中于疫情防控和经济恢复、教育、环境保护、自然灾害救援合作等方面。从2020年马胡塔任职外交部长到2022年5月底王毅部长的访问之前，她只访问过斐济一个太平洋国家，[1] 因此受到前任外长温斯顿·彼得斯（Winston Peters）等一系列前外交人员的批评。[2] 在地区竞争的风波发酵后，她和新西兰国防部长立即与所罗门群岛外长举行线上会面，延长了新西兰在所罗门群岛驻军的期限。[3] 随后马胡塔又相继访问了纽埃、汤加、巴布亚新几内亚、库克群岛。

其次，新西兰对太平洋国家的经济援助和支持有限，主要限于波利尼西亚国家。在新冠疫情期间，新西兰政府向太平洋岛国提供1.623亿新西兰元的紧急援助方案，用于应对新冠疫情。[4] 其在2022年6月宣

① Nanaia Mahuta, "Foreign Minister to Visit Fiji", New Zealand Government, March 25, 2022, https://www. beehive. govt. nz/release/foreign-minister-visit-fiji.

② Geoffrey Miller, "Nanaia Mahuta Under Pressure as Pacific's Geopolitical Great Game Heats Up", Democracy Project, May 30, 2022, https://democracyproject. nz/2022/05/30/geoffrey-miller-nanaia-mahuta-under-pressure-as-pacifics-geopolitical-great-game-heats-up/.

③ Nanaia Mahuta and Peeni Henare, "NZ Committed to Enduring Partnership with Solomon Islands", New Zealand Government, May 25, 2022, https://www. beehive. govt. nz/release/nz-committed-enduring-partnership-solomon-islands.

④ New Zealand Ministry of Foreign Affairs and Trade, *Annual Report 2021–2022*, p. 3, https://www. mfat. govt. nz/assets/About-us-Corporate/MFAT-corporate-publications/MFAT-Annual-Report-2021-22. pdf.

布，在此前 3.25 亿新西兰元的基础上，对太平洋地区增加 7500 万新西兰元的经济支持，以帮助地区国家疫情后的经济恢复。截至 6 月底，新西兰共向波利尼西亚国家提供了 29.8 万剂辉瑞疫苗。同时，波利尼西亚"卫生安全走廊"项目增进了新西兰卫生系统与 6 个波利尼西亚国家的联系。① 新西兰政府在 10 月宣布的对太平洋地区关于加强针、快速检测试剂等的额外援助也多限于波利尼西亚国家。② 在安全议题上，新西兰与斐济、汤加、所罗门群岛和瓦努阿图保持双边警察合作。在教育方面，新西兰与联合国儿童基金合作资助所罗门群岛、斐济、汤加、图瓦卢、瓦努阿图 5 个国家的早教教育。总的来看，虽然新西兰对太平洋岛国的官方援助额增加，但其占国民总收入的比例从 2018 年的 0.28% 降到 2020 年的 0.27%。③ 新西兰的前副总理彼得斯、前外长和防长格里·布朗利（Gerry Brownlee）与梅西大学讲师安娜·波尔斯（Anna Powles）也批评工党政府对太平洋地区的援助不够，近年来在该地区的参与程度降低。④

新西兰有限的援助能力也体现在汤加 2022 年 1 月的火山和海啸灾害援助中。灾害发生后，新西兰向汤加提供了 330 万新西兰元的援助，派出巡逻机参与救援。新西兰最先派出一架 P-3 巡逻机，随后

① New Zealand Ministry of Foreign Affairs and Trade, *Annual Report 2021 - 2022*, p. 25, https：//www. mfat. govt. nz/assets/About－us－Corporate/MFAT－corporate－publications/MFAT－Annual－Report－2021－22. pdf.

② Nanaia Mahuta and Aupito William Sio, "Further Pandemic Support to the Pacific", New Zealand Government, October 14, 2022, https：//www. beehive. govt. nz/release/further－pandemic－support－pacific.

③ "New Zealand's Development Assistance", New Zealand Ministry of Foreign Affairs and Trade, https：//www. mfat. govt. nz/en/aid－and－development/our－approach－to－aid/where－our－funding－goes/.

④ Ollie Neas, "Power Shifts：New Zealand Reconsiders Pacific Role as China's Influence Grows", *The Guardian*, April 1, 2022, https：//www. theguardian. com/world/2022/apr/01/power－shifts－new－zealand－reconsiders－pacific－role－as－chinas－influence-grows.

派出三艘海军舰艇和一架 C-130 运输机运送物资。澳大利亚在新西兰之后派出两架 P-8 巡逻机、一架 C-130 运输机和一架 C-17A 运输机以及阿德莱德航母。分析人士认为，虽然新西兰是地区内第一个响应的国家，但其军事援助力度比不上澳大利亚。① 再加上美国、日本、斐济和中国等提供的帮助，新西兰的援助比例和在该地区的协调力与其在该地区的重要国家身份不匹配。

最后，新西兰在太平洋地区的政治影响力有所削弱。在 2022 年太平洋岛国论坛前夕，在秘书长选举风波后，基里巴斯因不满论坛的举行日期与其国庆日冲突而退出该论坛。这反映了地区内部复杂的矛盾并非新西兰一国或其通过与澳大利亚合作可以解决的。随后在 9 月底的美国-太平洋岛国峰会上，美国承认库克群岛和纽埃的主权国家身份，这降低了这两个与新西兰签有自由联合协定的国家对新西兰的政治依赖。

然而，不可否认，新西兰与太平洋岛国间的社会文化联系仍然深厚，在环保和海洋安全问题方面具有共同的利益。各岛国人员到新西兰的季节性务工解决了斐济、萨摩亚等许多岛国的就业问题。同时，新西兰持续的奖学金和教育合作项目在新冠疫情期间也发挥了重要的促进区域文化交流的作用。在环保方面，2022 年太平洋岛国论坛通过的《2050 年蓝色太平洋大陆战略》（2050 Strategy for the Blue Pacific Continent）符合新西兰的价值观和利益。

## （三）稳定和多元的经济外交与安全外交

新西兰构建多元的经济关系既践行了其倡导的集体主义原则，也能推动疫情后的经济复苏。新西兰在 2022 年分别于 2 月 28 日和 7 月 9

① Joanne Wallis, Henrietta McNeill and Anna Powles, "Tongan Disaster Highlights Lack of Coordination in Regional Response", Australia Strategic Policy Institute, January 28, 2022, https：//www. aspistrategist. org. au/tongan-disaster-highlights-lack-of-coordination-in-regional-response/.

日与英国和欧盟签订了自由贸易协定，并于11月13日完成了《东盟-澳大利亚-新西兰自由贸易协定》的升级谈判。新西兰与英国的自由贸易协定在生效后将会逐步增加黄油、奶酪和牛羊肉等商品的免税配额直至全部免除关税。在协定全面实施后，新西兰出口英国的商品将全部免除关税，预计新西兰GDP将会增加7亿到10亿新西兰元，此过程将需要约15年。① 新西兰与欧盟的自由贸易协定在生效后将促进新西兰渔业、工程、环保和教育业的市场准入，增加新西兰企业关心的牛肉和奶制品的配额。升级的《东盟-澳大利亚-新西兰自由贸易协定》减少了通关时间等非贸易壁垒，增加环保、劳工标准、女性的经济权等新贸易理念框架。同时，《〈中新自贸协定〉升级议定书》也在2022年4月生效。经过自由贸易协定签订和升级工作，截至2022年6月，新西兰64.5%的货物与服务出口已涵盖在现有的自由贸易协定之下。②

在亚洲，新西兰还加强了与新加坡和日本等国的关系。在新冠疫情的冲击下，新西兰更加重视供应链的多样性，提倡构建"透明、公开、安全和多样的"供应链。近年来新西兰加强了与新加坡和日本的供应链安全条约。在新西兰防疫政策放松后，新西兰总理阿德恩首先访问了日本和新加坡，这体现了两个国家对新西兰的重要性。新西兰与日本近年来不仅在经济上加强联系，在安全上的合作也逐渐升级，比如两国正在协商情报共享合作条约。③

---

① "Key Outcomes", New Zealand Ministry of Foreign Affairs and Trade, https://www.mfat.govt.nz/en/trade/free-trade-agreements/free-trade-agreements-in-force/new-zealand-united-kingdom-free-trade-agreement/signature/.

② New Zealand Ministry of Foreign Affairs and Trade, *Annual Report 2021-2022*, p. 17, https://www.mfat.govt.nz/assets/About-us-Corporate/MFAT-corporate-publications/MFAT-Annual-Report-2021-22.pdf.

③ "Proactive Release", New Zealand Ministry of Foreign Affairs and Trade, May 26, 2022, https://www.mfat.govt.nz/assets/OIA/OIA-2021-22/PR-2022-0125-Japan-New-Zealand.pdf.

新西兰政府促进经济关系更加多元化的行为被认为是为减少对中国经济依赖所做的努力。新西兰-中国关系促进委员会5月发布的中新贸易报告从企业的角度指出，不应夸大政府在推动贸易市场多样化方面的作用，企业自身要衡量中国市场的危险和收益。报告也指出，除了现有的自由贸易协定，新西兰企业的可替代市场选择很少。①

新西兰在加强与其他国家的经济关系的同时，也加强了与安全伙伴的关系。新西兰重视与安全伙伴的关系贴合其对价值观原则的强调。新西兰政府认为传统的安全伙伴尤其是"五眼联盟"其他国家与新西兰一样坚持尊重人权、自由民主等价值观。

在"五眼联盟"中新西兰唯一的安全盟友澳大利亚的领导人发生更替后，两国领导人积极会晤，多次就俄乌冲突、经济挑战、地区竞争等问题进行及时沟通。澳大利亚新总理阿尔巴尼斯不仅与新西兰总理阿德恩有私人情谊，还与新西兰多个部长熟识，这种领导人间的私人联系是其他国家与新西兰的外交关系中无法达到的。除了总理之间的多次会面，澳新的外长、国防部长、贸易部长也恢复了线下的会面，频繁互访。在俄乌冲突上，新西兰也与澳大利亚保持一致的立场。

新西兰与美国的关系因为"五眼联盟"对俄乌冲突的一致立场、新西兰访美等事件被解读为两国关系进一步加强。新西兰在总理阿德恩访美前与其他12个经济体一同加入了美国主导的"印太经济框架"。拜登和阿德恩的会面是8年以来新西兰总理第一次受邀访问白宫，也是新西兰总理阿德恩第一次与美国总统拜登的线下会面。双方的交流进行了一个半小时，讨论的议题包括经济合作框架和疫情后的经济复苏、俄乌冲突、太平洋地区的安全和稳定、枪支犯罪、气候变

---

① Sense Partners, *The New Zealand-China Trade and Business Relationship 2022 Update*, New Zealand China Council, 2022, https：//nzchinacouncil. org. nz/wp - content/uploads/2022/04/China-trade-report-2022-update. pdf.

迁、科学技术领域的培训和合作。

美新关系在安全和经济问题上都呈现出准盟友式的发展。在美新联合声明中，两国指出将关注中国和所罗门群岛签订的双边安全合作框架协议。基于此，两国强调"安全和国防问题在美新战略合作关系中将比以往更重要"。① 随后阿德恩受邀于6月底参加NATO峰会，在峰会上讲话时，其也强调安全联盟的重要性。

在阿德恩访美和参加NATO峰会后，其率代表团访问英国和欧盟，除了就加深经济合作进行交流，还与英国和欧盟沟通了在俄乌冲突、南海等问题上的一致立场。新西兰欢迎英国申请加入《全面与进步跨太平洋伙伴关系协定》（CPTPP），认为英国的加入会扩大市场的开放。新西兰与英国在两国的联合声明中强调了"五眼联盟"机制是两国共同安全的主要支柱，会继续通过该机制在网络安全、人工智能、量子计算机、太空发展方面加强合作。②

可见，在俄乌冲突等安全议题上，新西兰与安全伙伴的立场保持一致。新西兰与"五眼联盟"其他国家的关系表现得比往年更紧密，比如新西兰和大部分"五眼联盟"国家共同参与了许多区域性倡议。新西兰除了加入美国领导的"印太经济合作框架"外，还加入了"蓝色太平洋伙伴"区域性倡议。该倡议由新西兰、澳大利亚、美国、英国和日本参与，有遏制中国在太平洋地区影响力的意图。然而，新西兰在政策话语中较少使用"蓝色太平洋伙伴"，更偏向于使

---

① Jacinda Ardern, "Prime Minister and President Biden Reaffirm Close NZ US Relationship", New Zealand Government, June 1, 2022, https：//www. beehive. govt. nz/release/prime－minister－and－president－biden－reaffirm－close－nz－us－relationship.

② Jacinda Ardern, "Joint Statement-Prime Ministers Jacinda Ardern and Boris Johnson", New Zealand Government, July 2, 2022, https：//www. beehive. govt. nz/release/joint－statement－%E2%80%93－prime－ministers－jacinda－ardern－and－boris-johnson.

用太平洋岛国论坛通过的战略文件中的"蓝色太平洋大陆"一词。这也体现了新西兰外交中的利益平衡，即平衡与安全伙伴的关系和自身坚持的集体主义、太平洋国家身份认同原则之间的关系。

相比较而言，中国与新西兰的关系在经济贸易方面备受期待，但是新西兰对于中新安全合作的积极性较往年有所降低。比如在新西兰外交和贸易部的年度报告中，新西兰与中国的安全关系被排在新西兰与澳、美、英、欧盟的安全关系之后，较往年报告位置靠后。但同时，工党政府支持"积极的经济关系有正向的安全溢出效应"的观点。因此，总理阿德恩和主要政客都提倡通过建立友好的贸易关系和平地解决安全问题。阿德恩表示，虽然现在的国际形势充满挑战，但她自己是"乐观主义者"。她认为，国际贸易是桥梁，是解决货物和服务贸易之外挑战的驱动力，而国际关系中不应该形成"民主"和"独裁"的对立。[①] 这体现了新西兰不愿从经济关系和安全关系，或者从中国和美国中做选择的外交理念。

## 三 评价与展望

2022 年新西兰国内经济问题、犯罪问题严峻，在 2023 年大选前，随着执政党工党支持率的持续走低，新西兰政府在大选前更注重国内问题。

在国际问题上，在传统的集体主义原则和太平洋国家身份认同原则之外，新西兰政府强调价值观原则，其被认为会在人权问题上更多发声。虽然太平洋国家仍然处于新西兰外交话语中的核心，但随着不

---

① Jacinda Ardern, "A Pacific Springboard to Engage the World: New Zealand's Independent Foreign Policy", New Zealand Government, July 7, 2022, https://www.beehive.govt.nz/speech/pacific-springboard-engage-world-new-zealand%E2%80%99s-independent-foreign-policy.

同国家对该地区的重视程度提升，新西兰的政治影响力会有一定程度的下降，但新西兰与该地区的社会文化联系依然紧密。除了强调经济关系的稳定性外，新西兰政府还追求多样的经济联系，立足欧美，扩展亚洲，与多个国家达成经济合作成果。然而，对新西兰来说，可替代中国经济市场的国家有限。在安全关系方面，在未涉及中国的安全问题上，新西兰加强了与传统安全伙伴的合作。

总的来说，在大选之前，新西兰政府会以恢复国内经济为核心，在外交政策上也会考虑国内的经济利益。新西兰在安全问题上会与美国领导的联盟基本保持一致，同时在话语上平衡自身坚持的国际合作原则。在经济关系上，基于国内恢复经济的需要，新西兰在推动经济市场和供应链多样化的同时，会着重维护和中国的良好经济关系。短期内，新西兰政府会提倡经济和安全关系的良性循环。

# B.4
# 2022年太平洋岛国地区政治和经济形势评析

吴 艳　贺礽僖*

**摘　要：** 在地区战略价值不断增加的背景下，2022年太平洋岛国地区政治和经济形势整体上仍呈现复杂态势。一方面，大国地缘政治博弈加剧、太平洋地区主义发展曲折以及部分国家政局不稳等挑战仍持续存在；另一方面，经济形势的好转及气候治理的重大进展又为该地区发展带来积极影响。面对严峻复杂的内外形势，太平洋岛国对内坚持稳定政局，发展经济，对外坚持推动双边与多边合作，在国际舞台上主动发声。尽管地区发展仍存有不确定性，但中国的"一带一路"倡议在太平洋岛国地区的持续推进，以及中国与太平洋岛国的"全面战略伙伴关系"的不断深化，为太平洋岛国地区的繁荣稳定发展注入重要力量。

**关键词：** 太平洋岛国地区　政治形势　经济形势

---

\* 吴艳，博士，广东外语外贸大学太平洋岛国战略研究中心副主任，研究方向为美国问题、太平洋岛国地区政治；贺礽僖，广东外语外贸大学国际关系学院硕士研究生，研究方向为国际发展合作。

# 一 2022年太平洋岛国地区政治形势评述

近年来，太平洋岛国地区的战略价值不断增加。而在"印太"语境下，太平洋岛国的战略价值亦进一步提升，包括美国、日本、澳大利亚在内的许多国家都将太平洋岛国纳入其"印太战略"的框架之中。① 在有关国家持续推进"印太战略"的背景下，太平洋岛国地区成为各国开展战略竞争的重点区域之一。因此，2022年，太平洋岛国地区被更深入地卷入大国的地缘政治博弈中。而在外部环境持续严峻的同时，太平洋岛国亦仍面临多方面的内部政治风险与挑战。

## （一）大国加强地区战略部署

2022年，以美国为首的西方国家继续加强在太平洋岛国地区的战略部署，开展地缘战略竞争。2月，拜登政府正式出台《美国印太战略》（*Indo-Pacific Strategy of the United States*），提出要加强与太平洋岛国的合作。当中特别提到美国要"寻求成为太平洋岛国不可或缺的合作伙伴"②。9月，美国在白宫主导召开有史以来第一次美国-太平洋岛国峰会，并同与会的太平洋岛国联合签署了《美国-太平洋伙伴关系宣言》（Declaration on U. S. -Pacific Partnership），承诺支持太平洋地区主义，共同应对气候变化、自然灾害和海洋安全等问题，加强美国与太平洋岛国的伙伴关系。③ 拜登政府还在该峰会结束时发

---

① 梁甲瑞：《后脱欧时代英国对太平洋岛国的战略调整及前景》，《国际关系研究》2022年第6期。

② *Indo-Pacific Strategy of the United States*, The White House, February 11, 2022, https：//www. whitehouse. gov/wp-content/uploads/2022/02/U. S. -Indo-Pacific-Strategy. pdf.

③ "Declaration on U. S. -Pacific Partnership", The White House, September 29, 2022, https：//www. whitehouse. gov/briefing-room/statements-releases/2022/09/29/declaration-on-u-s-pacific-partnership/.

布了《美国太平洋伙伴关系战略》（*Pacific Partnership Strategy of the United States*），这亦是美国政府有史以来第一个专门针对太平洋岛国的国家战略，反映出美国将与太平洋岛国进行更广泛、更深入的接触提升为其外交政策的优先事项。① 针对美国加快与太平洋岛国接触的一系列行为，太平洋岛国在表示欢迎的同时亦有所保留，因其无意卷入大国竞争中。时任斐济总理弗兰克·姆拜尼马拉马（Frank Bainimarama）在推特上说："太平洋需要真正的合作伙伴，而不是超级专注于权力的超级大国。"② 所罗门群岛外交部长亦直言该国不会在中国和美国的地缘政治冲突中"选边站"。③ 此外，在美国加紧与太平洋岛国接触的同时，美国的盟友亦积极配合美国在该地区的战略部署。6月，美国与英国、澳大利亚、日本和新西兰共同组成"蓝色太平洋伙伴"，以进一步密切在太平洋岛国地区的合作部署，增强在该地区的影响力。④

---

① *Pacific Partnership Strategy of the United States*, The White House, September 29, 2022, https：//www. whitehouse. gov/wp-content/uploads/2022/09/Pacific-Partnership-Strategy. pdf.

② *America's Pacific Island Summit：The Good, the Bad, and the Ugly*, Perth USAsia Centre, November 7, 2022, https：//perthusasia. edu. au/getattachment/Our - Work/America%E2%80%99s - Pacific - Island - Summit - The - Good, - the - Bad/America%E2%80%99s-Pacific-Island-Summit-The-Good, -the-Bad, -and-the-Ugly. pdf.

③ "Solomon Islands Unhappy with Indirect China References in Draft Agreement with Washington, Insists It Would Not 'Choose Sides'", PINA, October 4, 2022, https：//pina. com. fj/2022/10/04/solomon-islands-unhappy-with-indirect-china-references-in-draft-agreement-with-washington-insists-it-would-not-choose-sides/? doing_ wp_ cron = 1678890794. 5894279479980468750000.

④ "Statement by Australia, Japan, New Zealand, the United Kingdom, and the United States on the Establishment of the Partners in the Blue Pacific（PBP）", The White House, June 24, 2022, https：//www. whitehouse. gov/briefing - room/statements-releases/2022/06/24/statement-by-australia-japan-new-zealand-the-united-kingdom-and-the-united-states-on-the-establishment-of-the-partners-in-the-blue-pacific-pbp/.

## （二）地区主义发展"有喜有忧"

2022年，太平洋岛国的地区主义发展亦有喜有忧，较为曲折。作为该地区最具影响力的区域组织，太平洋岛国论坛（PIF）自成立至今一直致力于加强论坛成员之间在政治、经济和安全领域的合作与协调。然而，2021年，密克罗尼西亚岛群的有关国家因论坛秘书长选举问题而宣布要退出该论坛，这给太平洋岛国的地区主义带来了冲击。2022年2月，此事迎来转机，密克罗尼西亚岛群的有关国家决定暂缓退出太平洋岛国论坛。该决定受到太平洋岛国论坛领导人的欢迎，其承诺会让密克罗尼西亚岛群国家重新参与进来，通过合作解决分歧。[1] 同时，11月，马绍尔群岛亦宣布撤销退出论坛的决议，并重申其在论坛中的成员资格。[2] 有关国家"退群"决议的撤回，使太平洋岛国论坛的公信力和代表性得以维持，有助于其继续团结太平洋岛国，持续推动太平洋岛国在经济发展、气候变化等重要领域的合作。除此之外，10月，关岛宣布将申请加入太平洋岛国论坛。[3] 新成员的加入亦有望进一步增强太平洋岛国论坛的代表性，从而更好地凝聚地区共识，推动太平洋岛国地区主义的发展。

然而，尽管多数国家撤回了退出论坛的决定，太平洋岛国论坛仍在2022年迎来了成员的"退群"。7月，基里巴斯宣布退出太平洋岛国论坛。基里巴斯总统表示，基里巴斯退出太平洋岛国论坛是因为论

---

[1] "Pacific Islands Forum Secretariat Committed to Bringing Micronesia Back on Board", PINA, March 30, 2022, https：//pina. com. fj/2022/03/30/pacific - islands - forum-secretariat-committed-to-bringing-micronesia-back-on-board/.

[2] "Marshall Islands Confirms Membership in the Pacific Islands Forum", PINA, November 7, 2022, https：//pina. com. fj/2022/11/07/marshall-islands-confirms-membership-in-the-pacific-islands-forum/.

[3] "Guam to Join Pacific Islands Forum", PINA, October 5, 2022, https：// pina. com. fj/2022/10/05/guam-to-join-pacific-islands-forum/.

坛没有充分解决密克罗尼西亚岛群国家的关切问题。① 基里巴斯的退出对太平洋岛国的地区主义发展造成重大打击，反映出太平洋岛国的内部分歧仍然严峻，要达到团结一致仍有难度。

### （三）气候治理获得阶段性成果

长期以来，太平洋岛国都是全球气候变化最直接的受害者。气候变化带来的海平面上升、极端天气增加等问题都严重威胁到太平洋岛国地区人民的生存。因此，气候变化一向是太平洋岛国地区关注的重点问题。

建立旨在向遭受气候灾难的贫穷国家提供财政援助的"损失和损害基金"一直是太平洋岛国在气候谈判中的一个关键要求。② 早在1991 年进行《联合国气候变化框架公约》谈判时，瓦努阿图便代表小岛屿国家联盟（AOSIS）提议设立一个保险机制，将资金应用于补偿最易受害的小岛屿和低地沿海发展中国家因海平面上升而遭受的损失和损害。③ 瓦努阿图被联合国列为最易受自然灾害影响的国家，④

---

① "Kiribati Withdraws from Pacific Islands Forum in Blow to Regional Body", PINA, July 11, 2022, https：//pina. com. fj/2022/07/11/kiribati－withdraws－from－pacific－islands－forum－in－blow－to－regional－body/? doing _ wp _ cron＝1679791525. 22146105766 29638671875.

② "Pacific Leaders Celebrate COP27 Victory on Loss and Damage Fund After Decades of Advocacy", PINA, November 22, 2022, https：//pina. com. fj/2022/11/22/pacific－leaders－celebrate－cop27－victory－on－loss－and－damage－fund－after－decades-of-advocacy/.

③ Intergovernmental Negotiating Committee for a Framework Convention on Climate Change, *Negotiation of a Framework Convention on Climate Change. Elements Relating to Mechanisms. Vanuatu： Draft Annex Relating to Article 23 （Insurance） for Inclusion in the Revised Single Text on Elements Relating to Mechanisms （A/AC. 237/WG. II/ Misc. 13） Submitted by the Co－chairmen of Working Group II*, December 17, 1991, https：//newsroom. unfccc. int/sites/default/files/resource/docs/a/wg2crp08. pdf.

④ "Vanuatu", Unite Nations Sustainable Development Group, https：//unsdg. un. org/un－in－action/vanuatu.

其作为代表首先提出有关方案，反映出处在气候变化影响前沿的太平洋岛国亦必须走在面对气候变化问题的前列。然而，尽管几十年来太平洋岛国一直呼吁要建立"损失和损害基金"，国际社会却始终未能就有关问题达成一致。

2022 年，在《联合国气候变化框架公约》第二十七次缔约方大会（COP27）上，太平洋岛国多年来在设立"损失和损害基金"方面的积极努力终于取得了阶段性成果。各国就建立用于补偿脆弱国家因气候变化引发的灾害而遭受的损失和损害的资助机制达成了一致，太平洋岛国呼吁多年的"损失和损害基金"终于建立。"损失和损害基金"的建立，不仅有利于包括太平洋岛国在内的气候脆弱国家应对气候变化带来的危机，也有助于重建发达国家与发展中国家间多年来因该问题一直未有进展而愈发脆弱的互信。太平洋岛国领导人亦将"损失和损害基金"的建立视作太平洋岛国在应对气候变化问题上来之不易的重大胜利。斐济总理弗兰克·姆拜尼马拉马在推特上写道："从心底里，非常感谢我们坚持不懈的太平洋谈判代表，他们使我们在 COP27 上获得了损失和损害基金。"马绍尔群岛气候特使凯西·杰特尼尔-基吉纳（Kathy Jetnil-Kijiner）亦将这一突破称作太平洋国家的"一次胜利"。①

然而，基金的建立仅仅是迈出了第一步。在 COP27 的有关决议中，有关出资量、如何保证资金到位以及资金机制运行的时间线等具体运作细节问题仍有待商榷。同时，西方国家也明确表示，该基金的重点是关注损失和损害，不包括与气候相关的法律责任与赔偿条款，并且要求对

---

① "Pacific Leaders Celebrate COP27 Victory on Loss and Damage Fund After Decades of Advocacy", PINA, November 22, 2022, https：//pina. com. fj/2022/11/22/pacific - leaders-celebrate - cop27 - victory - on - loss - and - damage - fund - after - decades - of - advocacy/.

气候脆弱国家的界定有更明确的标准。[1] 简言之，要将"损失和损害基金"落到实处，真正让需要帮助的国家获得资金，仍有长路要走。

### （四）部分国家大选生乱致使政局不稳

2022年，多个太平洋岛国均进行了大选。部分国家平稳完成选举并顺利过渡到新政府，但仍有部分国家在大选问题上出现较大争议。2022年8月，瓦努阿图总理请求总统考虑由于政治不稳定而解散议会，然而该请求却遭到了瓦努阿图反对党的极力反对。[2] 同时，瓦努阿图财政部亦表示，如果议会解散并提前举行选举，国家将在财政上付出沉重代价。[3] 尽管如此，瓦努阿图最终仍决定解散议会，提前进行大选。瓦努阿图选举委员会证实，瓦努阿图提前选举的总预算为1.5亿瓦图（约合120万美元）。[4] 由于是提前进行选举，这笔费用并不包括在瓦努阿图当年的财政预算中，这无疑给瓦努阿图的财政带来了沉重负担。此外，所罗门群岛政府亦在8月寻求推迟选举，并迅速于9月通过宪法修正案并推迟选举。尽管政府宣称推迟大选的原因是政府没有财力同时举办两项重大活动，即大选和太平洋运动会，因为该国仍未从新冠疫情和2021年11月骚乱的负面影响中恢复，[5]

---

① 顾佰和、王琛、盛煜辉等：《COP27：成果、挑战与展望》，《气候变化研究进展》2023年第1期，第127~132页。

② "'Don't Dissolve Parliament'：Vanuatu Opposition", PINA, August 17, 2022, https：//pina. com. fj/2022/08/17/dont–dissolve–parliament–vanuatu–opposition/.

③ "Vanuatu Snap Election Will Require VT100 Million Budget", PINA, August 17, 2022, https：//pina. com. fj/2022/08/17/vanuatu – snap – election – will – require – vt100–million–budget/? doing_ wp_ cron＝1678717256. 0866980552673339843750.

④ "VT150 Million for Vanuatu Snap Election", PINA, October 5, 2022, https：// pina. com. fj/2022/10/05/vt150–million–for–vanuatu–snap–election/.

⑤ "Solomon Islands PM Clarifies Intention of Constitutional Amendment Bill", PINA, September 9, 2022, https：//pina. com. fj/2022/09/09/solomon – islands – pm – clarifies–intention–of–constitutional–amendment–bill/.

但这一决定仍引发巨大争议。所罗门群岛反对党领袖马修·威尔（Matthew Wale）更是直言"选举经费不应成为延长议会任期的借口"，并指责所罗门群岛政府妄图"夺权"。①

部分国家的大选争议甚至演变成为暴力袭击。2022 年 7 月，巴布亚新几内亚发生与选举有关的暴力事件。两派候选人的支持者在巴布亚新几内亚首都莫尔斯比港的一个计票中心外持攻击性武器发生冲突，造成人员受伤。② 同时，巴布亚新几内亚警方称，截至 2022 年 7 月，该国已经记录了十几起与选举有关的死亡事件。③ 选举引发的暴力事件严重冲击了巴布亚新几内亚的社会稳定，亦使民众对选举的认可度有所下降。

选举乱象的频发，反映出部分太平洋岛国政党矛盾的激化以及社会的撕裂，反映出近年来部分国家由经济低迷、失业率增加和贫富差距扩大引发的社会动荡仍在持续，内部政治风险加剧。

## 二 2022年太平洋岛国地区经济形势评述

2022 年，随着疫苗接种率的提高及各国逐渐放松防疫措施，新冠疫情给经济带来的负面影响有所消退。对内，各国政府积极实行振

---

① "Election Funding Should No Longer Be an Excuse；Wale Says Solomon Islands MPs Should Reject Bill to Extend Parliament"，PINA，September 8，2022，https：//pina. com. fj/2022/09/08/election-funding-should-no-longer-be-an-excuse-wale-says-solomon-islands-mps-should-reject-bill-to-extend-parliament/.

② "PNG Police Condemns Election Related Violence in Port Moresby"，PINA，July 25，2022，https：//pina. com. fj/2022/07/25/png - police - condemns - election - related-violence-in-port-moresby/.

③ "Election Machete Attack Puts PNG Capital on High Alert"，PINA，July 26，2022，https：//pina. com. fj/2022/07/26/election-machete-attack-puts-png-capital-on-high-alert/.

兴产业的措施以推动国内生产恢复；对外，自7月起，多个太平洋岛国陆续重新开放边境，以提振作为支柱产业的旅游业，促进经济发展。从数据来看，相关措施取得一定成效（见表1）。

表1　2019～2022年太平洋岛国年度GDP增长率

单位：%

| 国家 | 2019年 | 2020年 | 2021年 | 2022年 |
| --- | --- | --- | --- | --- |
| 库克群岛 | 5.3 | -5.2 | -29.1 | 10.5 |
| 密克罗尼西亚联邦 | 2.7 | -3.8 | -1.2 | 2.2 |
| 斐济 | -0.6 | -17.2 | -4.1 | 11.7 |
| 基里巴斯 | -0.5 | -0.5 | 1.5 | 1.8 |
| 马绍尔群岛 | 6.6 | -2.2 | -3.3 | -1.2 |
| 瑙鲁 | 1.0 | 0.7 | 1.6 | 1.2 |
| 纽埃 | 5.6 | — | — | — |
| 帕劳 | -1.9 | -9.7 | -17.1 | 4.6 |
| 巴布亚新几内亚 | 4.5 | -3.5 | -0.2 | 3.5 |
| 萨摩亚 | 4.5 | -3.1 | -7.1 | -5.3 |
| 所罗门群岛 | 1.7 | -3.4 | -0.5 | -4.2 |
| 汤加 | 0.7 | 0.5 | -2.7 | -2.0 |
| 图瓦卢 | 13.9 | 1.0 | 1.5 | 2.5 |
| 瓦努阿图 | 3.2 | -5.0 | 1.0 | 2.0 |

资料来源：Asia Development Bank，*Development Outlook*，September 2022。

亚洲开发银行的数据显示，2022年多数太平洋岛国基本实现经济增长，反映出多国国内经济正呈现出良好复苏态势。以斐济为例，根据斐济统计局的数据进行分析，其实现较为显著的经济增长主要有以下几方面原因。一是斐济国内生产的恢复。2022年斐济第三季度工业生产指数为113.2，同比增长7.1%，环比增长6.9%，主要增长出现在制造业指数方面，其中糖、冷冻家禽、肉类及鱼类罐头、矿产及石材、肥料、农用化学品、油漆及清漆的生产指数增长带动了整体增长。① 二是斐济国内批发和零售贸易的增长。2022 年斐济第三季度的总销售额为 14.863 亿美元，同比增长 63.9%，环比增长 14.0%，食物、饮料和烟草的增长较为显著。② 三是斐济旅游业的复苏。2022 年斐济旅游业强劲复苏，总收入达 14.993 亿美元，较 2021 年增加了 14.628 亿美元，恢复到疫情前收入的72.6%。③ 简言之，随着新冠疫情的缓解，太平洋岛国的国内经济亦得到了一定的恢复。但是，需要注意的是，俄乌冲突的持续给太平洋岛国地区经济恢复的前景带来不确定性。2022 年俄乌冲突的爆发与持续导致全球燃料价格高企，运输成本的上升和进口价格的上涨加大了太平洋岛国地区的通货膨胀压力，而高通胀可能通过降低购买力和消费支出来限制经济增长，从而对该地区的经济复苏构成风险。④

此外，国际援助一直是太平洋岛国收入的主要来源之一。而在世界主要大国和中等强国对太平洋岛国地区愈发重视的背景下，2022 年相关国家对太平洋岛国的援助金额亦在不断提高。在新西兰 2021～2024 年的拨款预算中，截至 2022 年 11 月，分配至太平洋地区的金

---

① "Industrial Production Index-September 2022", Fiji Bureau of Statistics, December 22, 2022, https：//www. statsfiji. gov. fj/latest－releases/establishment－surveys/industrial－production－index. html.

② "Wholesale & Retail Trade Statistics-September 2022", Fiji Bureau of Statistics, December 20, 2022, https：//www. statsfiji. gov. fj/latest－releases/establishment－surveys/wholesale－retail－trade－1. html.

③ "Fiji's Earnings from Tourism-Annual 2022", Fiji Bureau of Statistics, March 6, 2023, https：//www. statsfiji. gov. fj/latest－releases/tourism－and－migration/earnings－from－tourism. html.

④ "Pacific Returns to Positive Growth as Vaccinations, Border Reopenings Strengthen Economies in 2022 — ADB", PINA, April 6, 2022, https：//pina. com. fj/2022/04/06/pacific－returns－to－positive－growth－as－vaccinations－border－reopenings－strengthen－economies－in－2022－adb/? doing_ wp_ cron = 1679789842. 9003450870513916015625.

额已由原定的 13.53 亿新西兰元提高至 15.49 亿新西兰元。① 而在 2022 财政年度，美国对太平洋岛国的援助总额达 2.9 亿美元，与 2021 财政年度相比亦有所增加。②

## 三　2022年中国与太平洋岛国的发展合作

2018 年，习近平主席同太平洋岛国领导人集体会晤，一致同意将双方关系提升为相互尊重、共同发展的全面战略伙伴关系，开启了中国同岛国关系的新篇章。近年来，双方关系获得了前所未有的发展。③ 2022 年，双方在政治、经济、可持续发展等多个领域又取得如下丰硕成果。

### （一）政治合作深入推进

一是高层交往互动频繁。2022 年，习近平主席同瓦努阿图总统摩西就中瓦建交 40 周年互致贺电，一致提出要以建交 40 周年为新起点，推动两国关系不断发展。④ 习近平主席亦于 11 月在泰国曼谷出席亚太经合组织第二十九次领导人非正式会议期间会见巴布亚新几内亚总理

---

① "Our Planned Aid Expenditure", New Zealand Ministry of Foreign Affairs and Trade, https：//www.mfat.govt.nz/en/aid-and-development/our-approach-to-aid/where-our-funding-goes/our-planned-aid-expenditure/.

② U.S. Foreign Assistance Data, https：//foreignassistance.gov.

③ 《王毅谈中国发展同太平洋岛国关系的"四个坚持"》，中华人民共和国外交部，2022 年 5 月 27 日，https：//www.mfa.gov.cn/web/wjbzhd/202205/t20220527_ 10693325.shtml。

④ 《习近平同瓦努阿图总统摩西就中瓦建交 40 周年互致贺电》，中华人民共和国驻瓦努阿图共和国大使馆，2022 年 3 月 27 日，http：//vu.china-embassy.gov.cn/zwgx_0/sbwl/202210/t20221020_10786920.htm。

马拉佩，双方均提到愿继续进一步发展两国关系，深化多领域合作。① 时任外交部长王毅亦在 5 月应邀访问南太平洋地区，对所罗门群岛、基里巴斯、萨摩亚、斐济、汤加、瓦努阿图、巴布亚新几内亚、东帝汶八国进行了正式访问，并主持召开了第二次中国-太平洋岛国外长会，加强了中国同太平洋岛国的互利合作和友好交流。② 二是重要领域合作深化。2022 年 4 月，中国与所罗门群岛正式签署双边安全合作框架协议。双方将在维护社会秩序、保护人民生命和财产安全、人道主义援助、自然灾害应对等领域开展合作。该协议旨在促进所罗门群岛的社会稳定和长治久安，反映出中所两国关系不断深化，政治互信不断增强，双边合作不断拓展。③ 三是现有合作机制持续完善。中国-太平洋岛国政党对话会是双方加强战略沟通、增进政治互信、促进务实合作的重要平台。7 月 14 日，中共中央对外联络部以视频连线方式成功举办第二届中国-太平洋岛国政党对话会。与会的太平洋岛国政党领导人高度评价在以习近平同志为核心的中共中央坚强领导下，中国在抗击新冠疫情、消除绝对贫困等方面取得的举世瞩目成就，认为中国的成功经验为太平洋岛国实现繁荣和发展提供了重要借鉴。同时还感谢中方在基建、抗疫等方面提供的宝贵支持和帮助，表示将继续坚定奉行一个中国政策，同中国共产党加强党际交流合作和互学互鉴，推动"一带一路"倡议、全球发展倡议等和本国发展战

---

① 《习近平会见巴布亚新几内亚总理马拉佩》，中华人民共和国外交部，2022 年 11 月 18 日，https：//www. mfa. gov. cn/web/zyxw/202211/t20221118_ 10977850. shtml。

② 《王毅将访问南太岛国和东帝汶并主持召开第二次中国-太平洋岛国外长会》，中华人民共和国外交部，2022 年 5 月 24 日，https：//www. mfa. gov. cn/web/zyxw/202205/t20220524_ 10691792. shtml。

③ 《2022 年 4 月 19 日外交部发言人汪文斌主持例行记者会》，中华人民共和国外交部，2022 年 4 月 19 日，https：//www. mfa. gov. cn/web/wjdt_ 674879/fyrbt_ 674889/202204/t20220419_ 10669711. shtml。

略对接，共同应对气候变化等迫切挑战，助力太平洋岛国实现可持续发展，携手构建人类命运共同体。①

## （二）经济合作切实推进

一是合作平台建设陆续推进。在现有的中国–太平洋岛国应对气候变化合作中心、减贫与发展合作中心和应急物资储备库三个合作平台的基础上，2022 年 5 月，中方又宣布将建立中国–太平洋岛国农业合作示范中心、防灾减灾合作中心以及太平洋岛国菌草技术示范中心。② 以上合作平台目前都在稳步推进建设。4 月，中国–太平洋岛国应对气候变化合作中心在山东聊城正式启用；5 月，中国–太平洋岛国农业合作示范中心经国务院批准在江苏设立；7 月，中国–太平洋岛国减贫与发展合作中心启用仪式在福州举行。这些合作平台都是针对岛国度身定制的，紧贴岛国实际，旨在推动中国同太平洋岛国合作的提质升级，造福岛国人民。③

二是"一带一路"合作扎实推进。中国与包括巴布亚新几内亚、基里巴斯和瓦努阿图在内的 10 个建交岛国均签署了共建"一带一路"合作谅解备忘录。2022 年，中国亦不断落实推进与太平洋岛国在"一带一路"倡议下的有关合作。6 月，中国进出口银行融资支持的巴布亚新几内亚国家数字电视改造项目启动实施。该项目是中国进

---

① 《第二届中国–太平洋岛国政党对话会举行》，中共中央对外联络部，2022 年 7 月 14 日，https：//www.idcpc.gov.cn/bzhd/wshd/202207/t20220714_149303.html。

② 《中国关于同太平洋岛国相互尊重、共同发展的立场文件》，中华人民共和国外交部，2022 年 5 月 30 日，https：//www.mfa.gov.cn/web/ziliao_ 674904/tytj_ 674911/202205/t20220530_ 10694631.shtml。

③ 《践行大小国家一律平等外交理念　助力太平洋岛国加快发展振兴——王毅国务委员兼外长就出访南太岛国接受中央媒体采访》，中华人民共和国外交部，2022 年 6 月 5 日，https：//www.mfa.gov.cn/web/wjbzhd/202206/t20220605_ 10698766.shtml。

出口银行在南太平洋地区支持的首个广播电视类项目，建成后将丰富巴新人民的精神文化生活，助力巴新迈入广电数字化时代。① 11月，中国援助基里巴斯拖驳船项目顺利交接，该项目是中基共建"一带一路"、落实全球发展倡议的重要合作成果，并与"基里巴斯二十年发展规划"精神高度契合，将显著提升基里巴斯各岛屿间的互联互通水平，改善粮油等物资短缺、椰干运输不畅等实际困难，打通经济发展、民生改善的瓶颈，为基人民带来实实在在的益处。② 12月，由中国土木工程集团有限公司承建的瓦努阿图马勒库拉岛公路二期项目部分路段举行交接仪式。在交接仪式上，瓦努阿图基础设施与公共事业部长巴赛莱米表示，该项目的交接仪式具有里程碑意义，基础设施的不断改善将推动马勒库拉岛加强与外界的联通，扩大经贸合作。他还感谢中国政府长期以来在基础设施、紧急救灾和抗击疫情等领域对瓦的支持与帮助，这促进了瓦基础设施建设，为瓦经济社会发展做出积极贡献。③

## （三）可持续发展合作紧密推进

一是在医疗卫生合作领域。自新冠疫情发生以来，中国政府多次向太平洋岛国提供抗疫物资、援助新冠疫苗、提供专项抗疫援助资金等。2022年2月，中国政府援助的抗疫物资抵达巴布亚新几内亚，

---

① 《进出口银行融资支持的巴布亚新几内亚国家数字电视改造项目启动实施》，中国一带一路网，2022年6月12日，https://www.yidaiyilu.gov.cn/xwzx/hwxw/251492.htm。
② 《中国援助基里巴斯拖驳船项目举行交接仪式》，中华人民共和国驻基里巴斯共和国大使馆，2022年11月21日，http://ki.china-embassy.gov.cn/sghd/202211/t20221121_10978793.htm。
③ 《驻瓦努阿图大使李名刚访问马勒库拉岛》，中华人民共和国驻瓦努阿图共和国大使馆，2022年12月16日，http://vu.china-embassy.gov.cn/chn/sgdt/202212/t20221216_10991212.htm。

巴新卫生部长杰塔·王表示，中方的此次援助非常及时，物资采购、运输十分迅速，将为巴新克服当前新一轮疫情发挥重要作用。① 4月，中国政府援助瓦努阿图的第三批新冠灭活疫苗等物资运抵瓦首都维拉港。中国援助的疫苗对瓦努阿图推进疫苗接种工作意义重大，增强了瓦努阿图方面的防疫能力。② 9月，中国对密克罗尼西亚联邦新冠肺炎防疫现汇援助交接仪式在密卫生部举行。中方给予密方"雪中送炭"的现汇援助，将对密方抗击新冠疫情发挥重要作用。③ 此外，中国政府亦向多个太平洋岛国派遣医疗队，在当地提供免费救助。12月，中国援所罗门群岛医疗队在所罗门群岛西部省首府吉佐开展义诊。这是医疗队抵达所罗门群岛后开展的第三次义诊。所罗门群岛西部省卫生局局长博阿拉表示，中国医疗队的到来，解决了吉佐民众的高质量求医需求，同时，医疗队的医疗培训也有效提升了当地医务工作人员的能力。④

二是在防灾减灾领域持续给予太平洋岛国援助。2022年1月，汤加火山爆发并引发海啸等严重灾害，中国政府在第一时间便向汤加交付了首批应急救援物资。该批物资亦是灾害发生后汤加政府收到的

---

① 《曾凡华大使出席中国政府援助抗疫物资交接仪式》，中华人民共和国驻巴布亚新几内亚独立国大使馆，2022年2月5日，http：//pg. china-embassy. gov. cn/xwdt/202202/t20220205_ 10639161. htm。
② 《中国援助新冠疫苗运抵瓦努阿图》，中华人民共和国驻瓦努阿图共和国大使馆，2022年4月25日，http：//vu. china－embassy. gov. cn/chn/sgdt/202210/t20221012_ 10782189. htm。
③ 《黄峥大使向密联邦卫生部部长萨莫移交防疫现汇援助》，中华人民共和国驻密克罗尼西亚联邦大使馆，2022年9月8日，http：//fm. china－embassy. gov. cn/zmgx/202209/t20220908_ 10763729. htm。
④ 《援所罗门群岛中国医疗队在所西部省开展义诊》，中华人民共和国驻所罗门群岛大使馆，2022年12月1日，http：//sb. china-embassy. gov. cn/sgxw/202212/t20221201_ 10983946. htm。

首批应急救援物资。①

三是在人文交流领域，2022年中国分别与汤加和基里巴斯签署中文教育合作谅解备忘录，为当地民众提供中文学习课程和中国文化体验活动，增进双方语言文化交流和理解。②

# 结　语

2022年，太平洋岛国地区的政治和经济形势整体上仍呈现复杂态势。一方面，随着新冠疫情带来的负面影响有所减退，太平洋岛国地区整体经济形势趋向好转，但俄乌冲突的持续为其经济复苏带来一定的不确定性，同时地区政治形势仍存有不稳定因素；另一方面，大国在太平洋岛国地区的地缘政治博弈持续激化，这给太平洋岛国的内政外交和地区秩序稳定均带来一定影响。面对复杂严峻的国际与地区形势，太平洋岛国积极参与双边与多边合作，在国际舞台上保持活跃，并在全球气候治理领域取得重要进展。与此同时，中国与太平洋岛国的"全面战略伙伴关系"不断深化发展，在维护地区和平稳定、推动实现可持续发展和促进国际公平正义等多方面均起到积极作用，成为推动太平洋岛国地区繁荣稳定发展的重要力量。

---

① 《中国驻汤加使馆向汤加政府交付首批应急食品援助》，中华人民共和国驻汤加王国大使馆，2022年1月20日，http：//to. china-embassy. gov. cn/sgxw/202201/t20220120_ 10631044. htm。

② 《中国与基里巴斯签署中文教育合作谅解备忘录》，中外语言交流合作中心，2022年7月1日，http：//www. chinese. cn/page/#/pcpage/article? id = 1152；《中国与汤加签署中文教育合作谅解备忘录》，中华人民共和国驻汤加王国大使馆，2022年12月21日，http：//to. china-embassy. gov. cn/sgxw/202212/t20221221_ 10993017. htm。

# 对 外 关 系
Foreign Relations

## B.5
## 2021～2022年澳大利亚与法国关系发展现状与挑战

谷名飞　马笑非[*]

**摘　要：** 澳大利亚是法国在"印太地区"的重要合作伙伴，但2021年爆发的AUKUS事件给澳法关系发展造成严重影响，对双方在地区事务、国防工业、贸易投资领域的合作也产生重要溢出效应。进入2022年后，在内部沟通协调以及外部（美国）压力的影响下，澳法关系出现缓和、改善的趋势，军事安全合作是双方优先推动的合作领域，而如何走出2021年"潜艇危机"的负面影响成为澳法交涉的重点。在未来一段时期，澳法关系仍是机遇与挑战并存的，特别是两国在对华态度及

* 谷名飞，博士，中山大学国际关系学院副教授，研究方向为欧洲政治与外交、法国国别问题、地缘政治问题、南海争端等；马笑非，中山大学国际关系学院硕士研究生，研究方向为欧盟对外政策及地缘政治问题。

"印太战略"走向问题上的分歧将影响双方关系进一步深化。

**关键词：** 澳法关系　AUKUS　潜艇危机　法国"印太战略"

澳大利亚与法国是美国全球同盟体系中至关重要的成员，同时作为"印太地区"的利益攸关方在该地区有着多领域的合作，长期以来两国关系一直保持稳健的发展态势。然而，2021年、2022年对于澳法来说却是变局多生的两年，两国关系经历了从"打得火热、形势向好"到"唇枪舌剑、跌至冰点"再到"冰释前嫌、裂痕难消"的起落转变。

2021~2022年，澳大利亚与法国关系的重大转折是在中美战略博弈进一步加剧的背景下发生的，其间"澳英美三边安全伙伴关系"（以下简称AUKUS）的建立使向来发展平稳、形势向好的澳法关系遭遇裂痕，两国关系明暗难辨、前景不明。

因此，本报告将回顾2021~2022年澳法关系的最新发展状况，梳理AUKUS事件（及由此引发的"潜艇危机"）的进程，探讨其造成的后续影响将会对未来的澳法关系造成怎样的挑战。这将有助于理解澳大利亚和法国各自的对外战略走向，对于观察南太平洋地区局势发展趋势、理解和研判中国在该地区面临的风险挑战具有重要意义。

## 一　澳法双边关系的基本框架

1788年1月，来自法国的拉佩鲁兹（La Perouse）探险队抵达澳大利亚博特尼湾（Botany Bay），自此拉开了法国与澳大利亚互动的序幕。澳法之间的外交接触在 1901 年澳大利亚成立联邦并取得自治后日渐增多。在两次世界大战期间，澳大利亚派兵援助盟国在欧洲西线的战事，超过 45000 名澳大利亚士兵在法国领土上丧生，① 战争中的互助情谊为双边关系打下了基础。

法属新喀里多尼亚与澳大利亚诺福克岛的距离不到 700 公里，一直以来澳法双方在太平洋地区均存在直接利益，同时这也是双边互动的焦点。随着 21 世纪后"印太地区"国家的崛起，"印太"概念逐渐出现在日本、澳大利亚等国的官方文件中。澳大利亚和法国均意识到"印太地区"正逐渐取代亚太地区成为全球地缘政治的中心。②

因此，在 2012 年 1 月 19 日，澳法两国联合发表《澳法战略伙伴关系声明》，强调密切双边合作对解决共同关心的重大国际安全问题、促进"印太地区"安全稳定具有重要战略意义。③ 近年来，"印太地区"地缘政治环境发生复杂变化，再加之在全球化的影响下该地区已然成为世界经济增长引擎，法国和澳大利亚在 2017 年发布《澳法加强战略伙伴关系联合声明》（以下简称《联合声明》），未来两国政府将会基于共同利益展开合作，以政治合作、国防合作、印太合作、安全和情报合作、经济合作、能源资源合作、运输和基础设施合作、环境和气候问题合作、创新领域合作、国际发展问题合作为优先事项，力图促进一个通过国际规范与国际

---

① Romain Fathi, "Do 'the French' Care about Anzac?", The Conversation, April 11, 2019, https：//theconversation.com/ friday－essay－do－the－french－care－about－anzac－110880.

② 赵青海：《"印太"概念及其对中国的含义》，《现代国际关系》2013 年第 7 期，第 16 页。

③ Australian Department of Foreign Affairs and Trade, "Joint Statement of Strategic Partnership between Australia and France", http：//dfat. gov. au/geo/france/Pages/joint－statement－of－strategic－partnership－between－australia－and－france. aspx.

法来实现稳定的"印太地区"。① 其中,澳法之间的"未来潜艇计划"(FSP)是两国国防工业合作中的重点项目。随后,2018年5月2日,双方推出《澳法关系愿景声明》(以下简称《愿景声明》),突出强调彼此的共同点——双方均是充满活力的民主国家并坚定地致力于维护基于规则的多边秩序。在《联合声明》的基础上,澳法提出抵制保护主义并建立双边贸易与投资部长级对话来扩大和深化经济联系与合作,主要包括迅速启动欧澳自贸协定谈判和推进"未来潜艇计划"。除了强调传统安全问题外,《愿景声明》着重聚焦于数字时代的网络安全问题和澳大利亚航天局成立后的澳法航空航天合作。②

在以上框架之下,澳大利亚与法国的合作领域主要集中于三个方向。首先,安全与防务领域是澳法双边合作的核心内容。自2006年12月14日签署《关于防务合作和部队地位的协定》以来,两国一直致力于加强双边防务合作和维持国际和平、安全、稳定与繁荣,联合打击恐怖主义、海盗、人口贩卖、洗钱等严重的有组织跨国犯罪活动,尤其是在"印太地区"。澳大利亚和法国定期参加联合军事演习,两国军队在太平洋进行了合作,包括紧急救灾、打击非法捕鱼的行动。2002年,法国率先响应澳大利亚号召,参加东帝汶国际部队,试图阻止东帝汶独立;2013年,法国出兵马里打击叛乱部队,澳皇家军队为法国提供后勤保障;③ 2018年,法国积极斡旋,以帮助澳大

---

① Australian Department of Foreign Affairs and Trade, "Joint Statement of Enhanced Strategic Partnership between Australia and France", https://www.dfat.gov.au/geo/france/joint-statement-of-enhanced-strategic-partnership-between-australia-and-france.

② Australian Department of Foreign Affairs and Trade, "Vision Statement on the Australia-France Relationship", https://www.dfat.gov.au/geo/france/vision-statement-on-the-australia-france-relationship.

③ Colonel Rupert Hoskin, "France and Australia: Realising Our Potential as Like-minded Strategic Partners", Australian Department of Defence, November 2016, http://www.defence.gov.au/.

利亚与东帝汶解决东帝汶海域油田纠纷。

其次，国防工业领域是近年澳法双边合作的焦点。历史上澳大利亚一直依赖欧美主导国家，难以在安全供给上自我独立，导致缺乏对自身国防战略产业的投资和发展。而法国是澳大利亚越来越重要的直接投资和技术来源，尤其是在国防工业领域。2006 年澳法后勤支援协定的启动标志着法国为澳大利亚提供法属太平洋领土努美阿（Noumea）基地的基础设施和后勤支援保障。① 随着近年澳法战略合作全面深化，2016 年 12 月 20 日澳大利亚最终与法国签订了购买 12 艘"梭鱼"级常规动力潜艇的"世纪订单"，该合同价值高达 340 亿欧元（约合 550 亿澳元）。② 为了支持澳大利亚的"未来潜艇计划"，两国政府之间建立了一个法律约束框架，相关协议确认澳大利亚承诺与法国DCNS 公司建立长期合作伙伴关系以设计和建造澳大利亚未来的潜艇并借此提高澳大利亚工业水平。法国政府在与法方技术和信息转让、出口管制、供应安全以及工业合作有关的重要承诺方面提供正式担保，这对澳大利亚建立和保持全面的、持久的地区优势和自力更生的潜艇力量至关重要。③ 这一"潜艇订单"是澳大利亚历史上最昂贵的一个国防采购项目，同时也标志着澳法两国战略合作达到了历史最高水平。

最后，环境和气候治理领域是澳法双边合作中的迫切合作领域。由于印度洋和太平洋上的岛屿国家受全球气候变暖、气候变化造成的

① 高建：《澳法加强印太合作的原因、表现及挑战》，《国际研究参考》2018 年第 4 期，第 19 页。

② Romain Fathi, "Why the Australia-France Submarine Deal Collapse was Predictable?", The Conversation, September 24, 2021, https://theconversation.com/why-the-australia-france-submarine-deal-collapse-was-predictable-168526.

③ Australian Department of Foreign Affairs and Trade, "Framework Agreement between the Government of Australia and the Government of the French Republic Concerning Cooperation on the Future Submarine Program", https://info.dfat.gov.au/Info/Treaties/Treaties.nsf/AllDocIDs/8CDDEEFE7783DA90CA2580C80016D141.

极端天气和生态系统退化等问题的影响格外严重,澳大利亚和法国作为南太平洋地区的利益攸关方对气候变化造成的安全威胁相当敏感。在《愿景声明》中,双方重申对《巴黎协定》的共同承诺,并强调在COP24上最终确定《巴黎协定》实施指南和及时实施国家自主贡献方案的重要性。未来双方将以各自成功案例——澳大利亚的清洁能源金融公司(Clean Energy Finance Corporation)和法国的综合绿色金融议程(Comprehensive Green Finance Agenda)——为标杆动员私营企业进行气候融资,促进全球经济朝低排放、更具气候适应性的方向过渡。同时,澳大利亚与法国均在珊瑚礁科学领域处于世界领先地位,双方同意通过"国际珊瑚礁倡议"(ICRI)密切合作,包括开展一项长达三年且共同资助的太平洋珊瑚礁复原力研究,以补充法国和澳大利亚目前在太平洋开展的珊瑚礁管理能力建设活动。除此之外,双方还计划在国际民航组织和海事组织内部实现空运和海运的温室气体减排战略。①

## 二 2021~2022年澳法关系最新变化

2021~2022年澳法关系的发展状况,显然要比历史上任何一个时期都跌宕起伏、引人注目。一般而言,澳大利亚和法国作为世界上的中等强国,其双边关系对国际体系、国际秩序的影响是无法与大国间关系相比拟的。同时,澳法之间在贸易与投资上的相互依赖关系也并不显著。

根据澳大利亚外交和贸易部的数据统计,2021年澳大利亚对法投资总额为640.5亿澳元,在澳大利亚对外投资总额中排第10名;

① Australian Department of Foreign Affairs and Trade, "Vision Statement on the Australia-France Relationship", https://www.dfat.gov.au/geo/france/vision-statement-on-the-australia-france-relationship.

同年，法国对澳投资总额为433.94亿澳元，在法国对外投资总额中排第14名。2021年澳大利亚与法国的商品和服务贸易中，出口总额约为26.1亿澳元，在澳对外出口贸易中排第21名；进口总额约为69.67亿澳元，在澳进口贸易中排第15名（见表1）。

**表1　2021年澳法双边投资贸易数据**

| 2021年澳大利亚-法国双边投资 | | | |
|---|---|---|---|
| 澳大利亚对法投资（百万澳元） | 排名（名） | 法国对澳大利亚投资（百万澳元） | 排名（名） |
| 64050 | 10 | 43394 | 14 |
| 2021年澳大利亚与法国的商品和服务贸易 | | | |
| 出口总额（百万澳元） | 排名（名） | 进口总额（百万澳元） | 排名（名） |
| 2607.9 | 21 | 6967.0 | 15 |
| 2021年法国的全球商品贸易关系 | | | |
| 主要出口目的地 | 份额（%） | 排名（名） | 主要进口来源地 | 份额（%） | 排名（名） |
| 澳大利亚 | 0.6 | 34 | 澳大利亚 | 0.1 | 52 |

资料来源：Australian Department of Foreign Affairs and Trade，https：//www. dfat. gov. au/sites/default/files/fran-cef. pdf（访问时间：2023年1月29日）。

由此可见，澳法关系发展稳健，一直保持着"不冷不热"的状态，双边互动主要还是集中于在南太平洋的安全和防务合作上。然而，2021~2022年，两国关系因潜艇合同而日渐热络，又因AUKUS建立造成的"潜艇危机"急转直下，再随着澳大利亚新政府的上台和俄乌冲突的爆发而逐步缓和，双边关系的变动也对澳法在许多领域的合作产生了溢出效应。

## （一）"印太事务"合作

接续着2018年《愿景声明》的热度和2019年"潜艇订单"的最终敲定，2021年6月，澳大利亚总理莫里森应邀前往巴黎会见法国总统马克龙。2021年7月，法国正式出台新版《法国印太战略》，将澳大利亚定义为法国在"印太地区"的主要合作伙伴。

2021 年上半年法国和澳大利亚的热切互动在 8 月 30 日两国首次建立外交与国防（2+2）部会咨商架构中达到高潮。在会议文件中，关于"印太合作"的内容相比之前有了新的陈述和重点。其一，两国首次提出在法国最新的"印太战略"框架下增加两国合作机会并欢迎欧盟在其即将出台的《欧洲联盟印太合作战略》框架内积极参与地区论坛，发挥合作伙伴的作用。其二，两国重申致力于与印度在海上安全和安保、海洋和环境问题以及多边参与方面开展三边合作。其三，澳大利亚支持法国参加由澳美举行的"护身军刀 2023"（Exercise Talisman Sabre 2023）系列军事演习，以增加两军合作的实操经验。①

澳法双方基于"印太事务"展开如此热烈的合作与法国 2021 年出台的"印太战略"有很大关系。对法国来说，推行《法国印太战略》绕不开在"印太地区"有着重大战略利益、对"印太事务"有着重大影响力的域内国家——澳大利亚。2018 年 5 月 2 日，法国总统马克龙在悉尼花园岛演讲中首次提出"法国印太战略"的概念，经过多次演讲、会议细化和深化后，法国最终在 2021 年 7 月正式推出《法国印太战略》，意图建立一个"巴黎—新德里—堪培拉轴心"。

法国是唯一一个在"印太地区"拥有 13 个海外省份和地区、165 万人口以及世界上第二大专属经济区（1020 万平方公里）的欧盟国家，同时与"印太地区"国家保持紧密的经贸关系②，它确实是

① ELYSEE, "Inaugural Australia-France 2 + 2 Ministerial Consultations", July 1, 2022, https：//www. elysee. fr/en/emmanuel-macron/2022/07/01/joint-statement-by-france-and-australia.

② 根据 IMF 的统计，2019 年法国约 18% 的进口来自"印太地区"（不包括中国的进口约为 8.7%），约 14% 的出口流向"印太地区"（不包括中国的出口约为 10%）。与"印太地区"的贸易额占法国商品贸易总额（除欧盟以外）的 1/3 以上。法国在"印太地区"的直接投资约占其 2019 年全球投资的 8%（不包括在中国的直接投资约为 6%），达 1130 亿欧元。

"印太地区"的利益攸关方。

在法国看来，随着中美战略博弈持续加剧，"印太地区"的局势愈发不稳定，任何摩擦都有可能破坏该地区的安全稳定，致使法国国家利益受损。一方面，美国特朗普政府的上台导致"印太地区"多边主义消退，造成单边主义、地区霸权主义抬头，增加单个国家行为的不可预测性。另一方面，中国与共建国家在"一带一路"倡议下在沿线多国港口城市建设基础设施，这将连通非洲、中亚的内陆走廊和海陆空战略交叉点，但使法国认为其"印太地区"地缘战略空间受到挤压；法国对中国在吉布提多哈雷港的保障基地也心存警惕，认为中国海陆联动再加上中俄在波罗的海的联合军事演习都将造成"印太地区"战略环境变化，打破既往该地区的军事平衡。

因此，崇尚"戴高乐主义"的马克龙政府亟须寻找域内可靠的潜在合作者来维持其"印太战略"。澳大利亚是非常合适的选择之一，法国也将澳大利亚和印度这两个战略伙伴看作其"印太战略"的关键支柱。澳法两国在南太平洋的安全和防务合作已经持续多年，双方累积了不少合作经验，再加上"潜艇订单"的催化升温，法国推行其"印太战略"离不开澳大利亚的支持。

但随后不久发生的 AUKUS 事件使澳法之间的"印太事务"合作以及法国的"印太战略"尴尬起来，而澳大利亚单方面撕毁与法国的"百亿潜艇订单"，更令法国感到被侮辱和轻视。于是，在 2022 年 2 月发布的最新版本"印太战略"中，由于澳大利亚在没有事先咨询或警告的情况下就决定终止与法国的信任伙伴关系，法国将澳从其战略伙伴名单上除名，仅在个案基础上寻求与澳大利亚的双边合作。①

---

① France Diplomatie, "France's Indo-Pacific Strategy", https：//www. diplomatie. gouv. fr/IMG/pdf/fr_ a4_ indopaci fique _ 022022_ dcp_ v1-10-web_ cle017d2 2. pdf.

## （二）国防工业技术合作

国防工业是澳法两国之间的重点合作领域，合作主要是法国将先进的国防工业技术向澳大利亚转移，两国在该领域展开重要合作与澳大利亚在国防上自力更生的能力弱有很大关系。鉴于视澳美同盟为安全基石的传统，澳大利亚习惯性"搭（安全盟友的）便车"。在澳大利亚看来，当前本国国防开支约为国内生产总值（GDP）的2%，如果没有美国的保护，就算半数GDP用于国防开支也难以抵御外部威胁。① 因此，一直以来澳大利亚对于自身国防战略产业的投资和发展是比较欠缺的。除此之外，法国在"印太地区"的军事存在可以为澳大利亚进行后勤补给援助。目前，法国在太平洋和印度洋上分布着覆盖整个区域的5个高级指挥部，这些军事存在构成了法国在该地区的防御行动的基石，其通过参加大量联合行动和训练在执行合作方面发挥核心作用，为地区安全稳定和支持战略伙伴做出贡献。② 所以，澳大利亚若想振兴本国国防力量离不开法国的支持。

近年来澳法两国在国防工业技术领域最令人瞩目的项目就是"未来潜艇计划"了。由于澳大利亚柯林斯级常规动力潜艇将于2040年退役，于是澳大利亚从2007年就开始着手潜艇的更新迭代工作。在竞标过程中，法方针对澳大利亚地缘环境——漫长的海岸线和广阔的海域——特意设计出的"梭鱼"级核动力潜艇的常规动力版，凭借着吨位最大、续航能力最强、唯一能发射巡航导弹且可在日后升级为核动力潜艇的优势，击败了同时竞标的日本"苍龙"级潜艇和德

---

① 郭春梅：《澳大利亚国家安全战略：理念、实践与评估》，《国家安全研究》2022年第5期，第82页。

② France Diplomatie, "France's Indo-Pacific Strategy", https://www.diplomatie. gouv.fr/IMG/pdf/fr_a4_indopaci fique _ 022022_ dcp_ v1-10-web_ cle017d22. pdf.

国 216 型潜艇。① 由此，法国先进的国防工业技术和产业支持可以帮助澳大利亚提升其自力更生的国防水平。

好景不长，2021 年的 AUKUS 事件使得"未来潜艇计划"告吹，澳法两国的国防工业技术合作陷入停滞当中。直到 2022 年 5 月，澳大利亚阿尔巴尼斯政府上台后积极推动两国关于"潜艇订单"的和解事宜，双方最终达成谅解，澳方根据合同对法国海军集团赔偿 5.55 亿欧元。自此至今，澳法双方在国防工业技术领域的合作再无进展。

## （三）贸易投资合作

虽然澳法两国在贸易与投资上的相互依赖关系并不显著，但澳大利亚与欧盟有着非常活跃的经贸往来，而法国在欧盟内部的话语权使法国在欧澳自贸协定谈判过程中有着相当大的影响力。

2021 年，欧盟是澳大利亚第二大外国投资来源地（7630 亿美元）和第四大外国直接投资来源地（1210 亿美元），也是澳大利亚第三大外国投资目的地（3690 亿美元）与第四大外国直接投资目的地（570 亿美元）。② 欧澳贸易往来的确非常频繁，但是欧盟对于外来进口产品征收的高关税仍然限制着澳大利亚的出口产品进入广阔的欧洲市场。比如，澳大利亚出口到欧盟的矿物与金属的关税高达 12%，木材与纸张的关税为 10%，化工产品的关税则为 7%。除此之外，澳大利亚出口到欧盟的农产品，包括牛肉、羊肉、糖、奶酪和大米，都在欧盟关税配额方面受到严重限制。因此，澳大利亚希望在商品方面，通过与欧盟的自贸协定谈判实现农业关税的全面自由化、取消欧

---

① 张召忠：《澳大利亚三百多亿美元买潜艇》，中华网，2019 年 2 月 20 日，https：//3g. china. com/act/news/1000/ 20190220/ 35259795. html。

② Australian Department of Foreign Affairs and Trade, "Australia-European Union Free Trade Agreement Fact Sheet", https：//www. dfat. gov. au/trade/agreements/ negotiations/aeufta/australia-european-union-fta-fact-sheet.

盟对澳大利亚工业制成品征收的关税；在服务方面，通过与欧盟建立专业许可与资格承认框架，为澳大利亚的熟练专业人员进入欧洲劳动力市场提供可能性；在投资方面，为澳大利亚企业进入欧盟寻求更多准入，推动澳企进入全球供应链等。

欧澳自贸协定谈判在2018年7月2日开始第1轮谈判，之后一直在有序进行中。2021年的"潜艇危机"发生后，法国将暂停欧澳自贸协定谈判作为对澳大利亚毁约的报复，原定于10月举行的第12轮欧澳自贸协定谈判被推迟到11月，紧接着被第二次推迟，欧澳直到2022年2月才重新启动新一轮的谈判。目前，随着澳法关系的缓和，欧澳自贸协定谈判也逐步回归正轨。俄乌冲突对欧澳自贸协定谈判的重启发挥了相当大的推动作用，欧盟为了摆脱对俄罗斯的能源和原材料依赖，决定从澳大利亚采购锂、钴和铁矿石等关键原料，欧澳自贸协定有望在2024年最终敲定。

## 三 AUKUS事件对澳法关系的影响

2021~2022年澳法关系剧烈变化的源头，就是AUKUS的建立引发的澳法"潜艇危机"，这使得澳法关系急转直下，跌至冰点。

2021年9月15日，美国、英国和澳大利亚三国领导人宣布建立AUKUS。作为其现行合作示范项目，美英将向澳大利亚提供核潜艇技术，帮助澳方组建核潜艇编队。[①] 这意味着澳法之间的"百亿潜艇订单"被澳大利亚单方面撕毁，由此引发了自法国在太平洋进行核试验以来澳法之间最严重的外交危机。9月17日，法国总统马克龙召回了法国驻澳大利亚和美国大使。这是法澳、法美关系史上首次召

---

① 高乔：《澳法"伤愈"有待时日》，《人民日报》（海外版）2022年11月24日，第6版。

回大使事件，可见法国对于澳大利亚、美国"背刺"行为的愤怒。美国国务院发言人普赖斯同日对媒体说，美方高度重视与法国的关系，希望今后与法国就此问题继续展开高层讨论。澳大利亚方面则表示，对法国召回其驻澳大使的决定感到遗憾。① 法国驻澳大使让-皮埃尔·泰博在离开澳大利亚前对澳方的"背叛行为"表示"（澳大利亚）故意使法国'失明'18 个月"②。10 月 6 日，法国外长勒德里昂宣布驻澳大使泰博即将返回堪培拉，其返澳的两大任务是"重新定义"两国关系并在澳大利亚终止与法国潜艇采购合同的过程中"捍卫法国利益"。③ 除此之外，10 月 1 日，欧盟官员宣布原定于 10 月举行的第 12 轮欧澳自贸协定谈判也已被推迟。原本参与欧澳自贸协定谈判的澳贸易部长特汉表示理解法国对取消签订合同的反应，但澳大利亚有人是从自身国家利益出发来行动的，他认为该事件不该给欧盟与澳大利亚的自贸协定谈判蒙上阴影。④

澳大利亚和美国均试图挽回与法国的双边关系，法国对此反应不一。法美关系相对乐观一些，在进行了两次总统间通话后，2021年 10 月 29 日，美国总统拜登与法国总统马克龙在罗马举行的 G20峰会之前进行了双边会晤，拜登表示"这件事（AUKUS 的建立）做得不够优雅。用英语来说就是'笨拙'"。但同时，他也表示美国并没有意识到与澳大利亚分享核潜艇技术会让法国措手不及，

---

① 赵萌:《法国与美国、澳大利亚突然爆发"外交战"》,《世界知识》2021 年第 19 期，第 52~53 页。

② Leonie Cater, "French Ambassador Likens Submarine Deal Cancellation to 'Treason'", Politico, September 18, 2021, https://www.politico.eu/article/france-ambassador-australia-jeanpierre-thebault-submarine-contract-strategic-partnership-treason/.

③ 达乔:《法大使返澳"重新定义"》,《环球时报》2021 年 10 月 8 日，第 2 版。

④ Colin Packham, "Australia Says EU Has Postponed Free Trade Talks for Second Time", Reuters, October 22, 2021, https://www.reuters.com/world/europe/australia-says-eu-postpones-trade-talks-second-time-2021-10-22/.

"我的印象是，法国早在很久以前就被告知这笔交易没有通过"。①
在会晤结束后，马克龙向记者暗示两国关系有所改善，两位领导人
也发布了一份长声明，其中包括美国承认"更强大、更有能力的欧
洲防御的重要性"。②

澳法关系则跌至冰点，甚至引发了两国领导人之间、两国媒体
之间的"唇枪舌剑"，而法国在2022年2月发布的最新版本"印太
战略"中将澳大利亚从战略伙伴名单上除名，似乎已经给AUKUS
事件后的澳法关系盖棺定论，双方之间因失信而破裂的关系似乎难
以转圜。但两国关系在两个月后的澳大利亚大选结果公布后迎来转
机。2022年5月21日，在澳大利亚第47届联邦选举中，莫里森败
选，阿尔巴尼斯成为新任总理。随后在25日的法国外交部答记者问
中，记者提问在阿尔巴尼斯政府上台后法国和澳大利亚有什么新的
可能性，法方表示已经准备好与澳大利亚新当局展开对话。③ 阿尔
巴尼斯政府上台后积极修补已经恶化的澳法关系，阿尔巴尼斯于26日
就与法国总统马克龙通了电话，澳外交部长黄英贤表示希望通过制定
两国之间基于信任的雄心勃勃的路线图，毫不拖延地重建双边关系。④

---

① Annie Linskey, Rick Noack, and Seung Min Kim, "Biden Calls Handling of Defence Deal That Upset France 'Clumsy'", *The Washington Post*, October 29, 2021, https://www.washingtonpost.com/world/europe/biden-macron-rome/2021/10/29/cea87bc4-339f-11ec-8036-7db255bff176_ story.html.

② "United States-France Joint Statement", The White House, October 29, 2021, https://www.whitehouse.gov/briefing-room/statements-releases/2021/10/29/united-states-france-joint-statement/.

③ France Diplomatie, "Q&A from the Press Briefing", May 25, 2022, https://www.diplomatie.gouv.fr/fr/dossiers-pays/australie/evenements/article/australia-q-a-from-the-press-briefing-25-05-22.

④ France Diplomatie, "Entretien de Catherine Colonna avec son homologue," June 1, 2022, https://www.diplomatie.gouv.fr/fr/dossiers - pays/australie/evenements/article/australie-entretien-de-catherine-colonna-avec-son-homologue-01-05-22.

2022 年 6 月，澳大利亚宣布与法国海军集团达成支付 5. 55 亿欧元（约 5. 85 亿美元）的和解协议，将此作为对破坏与法国签订的潜艇合同的补偿。① 先前暂停的欧盟与澳大利亚的自贸协定谈判也已经重启。2022 年 7 月 1 日，澳大利亚总理阿尔巴尼斯与马克龙在巴黎进行会晤，双方在会后发表了联合声明，未来澳法将致力于在相互信任和尊重的基础上建立更紧密、更牢固的双边关系。两国也制定了以防务与安全、恢复力和气候行动、教育和文化为三大支柱的新合作议程。② 2022 年 11 月 G20 巴厘岛峰会期间，马克龙与阿尔巴尼斯再次会面，两人互动融洽。马克龙再次重申了法国对"印太地区"的承诺，表示法国在"印太战略"框架下决心走出 AUKUS 建立的阴影。

总的来看，澳大利亚新政府的上台似乎为澳法关系重启带来一丝生机，双方关系的确在回暖当中。但是，从双方发布的新合作议程来看，双方合作的领域、深度有大幅删减和缩水，可见覆在两国关系之上的冰霜已经溶解，但若要真正弥补裂痕，双方还需要付出更多诚意。

事实上，澳法两国在对"潜艇订单"的定位上从一开始就存在着冲突。在法国看来，与澳大利亚的"潜艇订单"不仅意味着军售收益、就业岗位的增加，更重要的是它能帮助法国更好地塑造其"印太地区利益相关方"的国家身份，从而使法国也可凭借与澳大利亚在"印太战略"下的良好互动提升其地区地位与声望。除此之外，这也是马克龙本人参与下一届大选的重要政绩依凭。澳大利亚毁约转

---

① "Aukus: Australia to Pay € 555m Settlement to French Firm", BBC News, June 12, 2022, https://www.bbc.com/news/world–australia–61770012.amp.

② ELYSEE, "Joint Statement by France and Australia", July 1, 2022, https://www.elysee.fr/en/emmanuel–macron /2022/07/01/joint–statement–by–france–and–australia.

而参加 AUKUS，对法国来说是轻视其在"印太地区"扮演的重要角色。① 而在澳大利亚看来，无论是购买常规动力潜艇还是核动力潜艇，都只是一场国防交易。澳大利亚副总理巴纳比·乔伊斯直率地揭示了这种观点："我们没有破坏埃菲尔铁塔。这是一份合同。"② 对澳大利亚来说，对 AUKUS 和法国"潜艇订单"的定位是不同的，一个是国家安全战略，另一个只是交易，前者甚至可以包含后者；但在法国看来，二者是非此即彼的替换选项，二者意味着不同的国家安全战略——是否需要法国存在的"印太战略"。"潜艇危机"爆发的原因就在于此，莫里森政府低估了法国对"潜艇订单"的期望和定位，没有充分认识到其在潜艇合同上的反悔是对法国声望和地位的侮辱。在莫里森政府看来，澳大利亚只是以其典型的务实方式找到了更好的交易罢了。

## 四 澳法关系发展的前景与挑战

经历了双边关系的起起落落，目前澳大利亚与法国似乎已经决定要一起走出"潜艇危机"，重新建立双方的信任与合作关系。此时的澳法关系回暖从根本上来说是因为法国与澳大利亚对彼此的价值需求与共同利益为未来双边关系重新起航提供了动力与机遇。

首先，澳法双方的让步和妥协发挥了积极作用。一方面，马克龙在"潜艇危机"发生后将澳大利亚毁约行为的责任个人化，在指责莫里森是"骗子"的同时，表示"我非常尊重你们的国家，我对你

---

① Eglantine Staunton, *Humanitarian Intervention and the Responsibility to Protect*, Manchester: Manchester University Press, 2020.

② Rod McGuirk, "Australia to Macron: 'We Didn't Deface the Eiffel Tower.'", AP News, November 1, 2021, https://apnews.com/article/europe-france-australia-united-states-emmanuel-macron-d0b274ee77d8a35cb28f08ed704ff010.

们的人民充满敬意和友谊"，① 将法国的愤怒停留在领导人层面而不上升为两个国家之间的冲突，这实际上为双边关系回暖留下余地。一旦不久后的大选中莫里森下台，法国可以以较低的政治成本迅速转变政策，缓和两国关系。另一方面，澳大利亚新总理阿尔巴尼斯在上台前就曾指责莫里森政府的"背叛行为"，在其上台后积极地修复澳法关系，这既是为了与前任政府的政治操作划清界限，也是考虑到澳大利亚与法国在南太平洋的合作，以及澳大利亚与欧盟的关系。因此，尽快修复澳法关系对阿尔巴尼斯政府来说至关重要。

其次，国际体系中的外部压力使法国需要尽快修复与澳大利亚的关系。2022 年初爆发的俄乌冲突对世界政治格局产生重要影响，一方面，在美国的全球战略中，"印太地区"和对华战略仍是重点，在这个基本格局下澳大利亚对美国的重要性只会不断增加。而法国如果想要在"印太地区"和南太平洋地区维护它的利益，就离不开美国的支持，法国也就不可能与美国的重要地区盟友澳大利亚过于疏远，这客观上要求两国改善关系。另一方面，乌克兰素来有"世界粮仓"的称号，但俄乌冲突的爆发致使大量粮食滞留在乌境内，造成世界粮食价格上涨。而 2022 年澳大利亚小麦产量连续三年接近历史最高水平，可以部分缓解西方国家的粮食担忧。2022 年澳法领导人的巴黎会晤中，澳大利亚明确表示将支持法国领导的"粮食和农业韧性行动"倡议（FRAM）。

目前看来，虽然澳法关系出现改善的趋势，但 AUKUS 事件与

---

① Kylie Stevens, Georgie Moore, and Dominic Giannini, "Bitter Ex-PM Malcolm Turnbull Is Called a 'Tosser' after Turning Up in Glasgow and Accusing Scott Morrison of Being a Habitual LIAR during Extraordinary Rant about Australia's Submarine Deal", *Daily Mail*, November 2, 2021, https：//www. dailymail. co. uk/news/article - 10158227/amp/ Former - Australian - Prime - Minister - Malcolm - Turnbull-launches-scathing-attack-Scott-Morrison. html.

"潜艇危机"就像是一根引线，它所牵出的美国盟友之间的信任问题以及法国"印太战略"、欧盟"战略自主"与AUKUS之间的矛盾已然成为未来两国关系发展的主要挑战。

首先，澳大利亚在建立AUKUS和撕毁"潜艇订单"方面展现出的"单边主义"极大地伤害了法国对澳的信任，甚至会在澳大利亚其他盟友心中留下"堪培拉不可信任"的印象。作为违反潜艇合同的一方，澳大利亚有责任谨慎处理整个危机，让法国的反应仅限于失望，而不是感到不被尊重和信任。但这种自满已经在澳法关系中留下不信任的种子，并有可能成为所谓"民主联盟"的内部挑战。

其次，法国"印太战略"与AUKUS在关于如何遏制中国在"印太地区"日益增长的影响力的路线上存在张力。法国试图在"印太地区"寻求中美以外的"第三条路线"，扮演中美之外的第三个主要力量，从而维护法国在该地区的众多利益。而澳大利亚选择依赖强大的盟友（美国）来应对由中国崛起造成的所谓"安全威胁"。因此，澳法两国各自选择的战略——法国"印太战略"与AUKUS之间本身就存在张力，甚至在实现目标的路径上对立且矛盾，这势必会对未来两国关系发展构成挑战。

最后，AUKUS对欧洲"战略自主"的催化作用会加大法国与澳大利亚之间的隔阂。AUKUS的出现不仅意味着美国战略重心的转移，也意味着美国全球地缘战略的调整——回归海权国家联盟，法国和欧盟对美国的战略价值相比于冷战时期大幅缩水。法国与欧盟虽然也随之出台各自的"印太战略"，但始终无法跻身美国现有同盟体系的核心圈层。通过"潜艇危机"，法国意识到自身在美国全球盟友体系中的位置已然发生变化，从而增强了法国推动欧盟"战略自主"的决心。一个是更具大陆性的、被边缘化的欧盟，一个是由海权国家组成的盎格鲁-撒克逊同盟，虽然都是美国的盟友，但盟主的"区别对待"会增加盟友之间因为比较而产生的隔阂与同盟离心力。

# 结　论

澳法关系建立在一战时法国的西线战场上,历经近一个世纪的平稳发展,却在2021~2022年发生了突变,本以为可以增进两国合作关系的"潜艇订单"却成了双边关系遇冷的最大动因。未来澳法关系的发展是机遇与挑战并存的,二者虽同属于美国全球同盟体系,但彼此之间存在的战略分歧仍然会减缓双边关系深化的进程。

"潜艇危机"是表征性的,澳法关系的变动也是表征性的,它们揭露的是国际力量格局变动背景下世界地缘政治结构的重组。在评估AUKUS对澳法关系可能造成的影响时需要保持清醒的头脑,澳法间的外交危机或许会暂时性地对双边关系产生负面影响,但是当对国家利益的考量重新回归战略决策时,只要法国坚持继续推进其"印太战略",它就会不可避免地加强对"印太地区"的承诺并巩固与该地区国家的伙伴关系,其中自然也包括澳大利亚。

# B.6
# 2022年澳大利亚和印度关系
# 回顾与展望

吴孟克[*]

**摘　要：** 2022年，澳大利亚和印度的关系延续了强化的势头。两国在政治、经济、安全和民间交往方面的合作稳步发展，特别是建立了年度元首会晤机制和签署了《澳印经济合作与贸易协定》。然而，两国在战略目标方面仍存在分歧。在对待国际体制机制变迁问题上，澳大利亚是美国的"核心盟友"，倾向于维护既有国际体制机制，印度则主张"改革的多边主义"。这使两国在许多重要国际问题的认知上存在分歧，例如乌克兰问题。澳印经济与移民关系的发展将使两国关系获得更大独立性，但也可能带来风险。

**关键词：** 全面战略伙伴关系　四方安全对话　印度　澳大利亚

## 一　澳印全面战略伙伴关系继续强化

2022年，美国拜登政府基本完成了对外政策调整，美国致力于

---

[*] 吴孟克，复旦大学国际关系与公共事务学院博士研究生，研究方向为印度国内政治和外交状况。

重振"实力地位"的霸权护持战略已经全面铺开。基于此，美国对其盟伴体系进行了调整，试图以"四方安全对话"（QUAD）为大安全架构，建立多层次、有针对性、灵活的"对华统一战线"。澳大利亚是这一体系中的"核心盟国"，印度则被确定为"化伴为盟"的重要对象。① 在这一过程中，澳大利亚逐渐通过将中国确认为"威胁"摆脱了战略焦虑，并与美国对华遏制打压战略高度绑定。② 印度致力于通过与美国等西方国家的深度战略合作，为印度争取到最宽裕的战略选择空间。③ 澳大利亚拉拢印度成为美国在大国竞争体系中的"准同盟"的需要与印度通过多头结盟培育"战略自主"能力的目的相互耦合，推动澳印战略伙伴关系 2022 年在 QUAD 框架下继续强化。

第一，政治合作与政策协调继续深化。自澳大利亚与印度在 2020 年6 月将两国关系升级为全面战略伙伴关系以来，两国建立了一系列战略对话与政策协调平台，这使得两国关系的机制化显著增强。2022 年，澳印在各平台上的沟通与合作稳步推进，两国关系机制化继续深化。

一是宣布建立年度元首会晤机制。2022 年 3 月 21 日，时任澳总理莫里森（Scott Morrison）与印总理莫迪（Narendra Modi）举行线上峰会，这是两国自 2020 年 6 月以来首次举行的峰会。双方发布了联合声明，并签署了一系列合作协议，④ 涵盖经贸、重要矿物资源、科技、人员交流、教育、地区热点问题等多个领域，为两国合作与政策

---

① 赵明昊：《盟伴体系、复合阵营与美国"印太战略"》，《世界经济与政治》2022 年第 6 期，第 36~37 页。
② 许少民、李琦：《澳大利亚战略视野下的 AUKUS 抉择》，《战略决策研究》2023 年第 2 期，第 95~96 页。
③ 胡仕胜、王君：《印度国家安全战略：诉求、成因与实践》，《国家安全研究》2022 年第 4 期，第 51 页。
④ "Joint Statement：India-Australia Virtual Summit"，Ministry of External Affairs, Government of India，March 21，2022，https：//mea. gov. in/bilateral-documents. htm? dtl/35008/.

协调定调。在峰会上，莫里森宣布澳将向印度归还29件印度在遭受殖民统治时期被掠走的文物，两国元首还宣布建立年度元首会晤机制。① 在5月举行的第47届澳大利亚联邦议会选举中，工党战胜执政的自由党-国家党联盟，获得多数席位，阿尔巴尼斯出任澳总理。工党政府基本延续了上一届政府的对印政策。阿尔巴尼斯在5月23日出任总理后的第二天就赴日本东京出席了QUAD峰会，并在峰会期间与莫迪会见。两国元首重申将继续维持澳印关系发展势头。②

二是就重大国际和地区问题进行政治合作。在乌克兰问题方面，印澳两国在确保美国不被欧洲事务牵扯太多精力并保持对"印太"地区的投入上具有共同利益。如莫里森在3月线上峰会的开场白中就表示，在乌克兰危机升级的背景下，"印太"国家更应该关注本地区，以确保类似事件不在"印太"地区上演。③ 在"澳英美三边伙伴关系"方面，印度在9月26~30日国际原子能机构（IAEA）大会有关AUKUS的议题上支持了澳大利亚方面的立场。④ 在涉华议题方面，两国在3月的联合声明中表示支持"印太"地区"飞跃与航行自由"的"权利"，并强调要根据《联合国海洋法公约》（UNCLOS）等国

① "Prime Minister Shri Narendra Modi and Prime Minister of Australia H. E. Mr. Scott Morrison Hold 2nd India Australia Virtual Summit", Ministry of External Affairs, Government of India, March 21, 2022, https：//mea. gov. in/press－releases. htm? dtl/35004/prime+minister+shri+narendra+modi+and+prime+minister+of+australia+he+mr+scott+morrison+hold+2nd+india+australia+virtual+summit.

② "PM Modi Meets Australian Counterpart Anthony Albanese, Leaders Take Stock of Bilateral Ties", *The Indian Express*, May 25, 2022, https：//indianexpress. com/article/india/pm-modi-quad-summit-anthony-albanese-7934323/.

③ "Modi, Morrison Want Quad to Remain Focused on Indo-Pacific", Outlook India, March 21, 2022, https：//www. outlookindia. com/international/modi － morrison － want-quad-to-remain-focused-on-indo-pacific-news-187916.

④ Rajeswari Pillai Rajagopalan, "At IAEA, India Supports AUKUS", *The Diplomat*, October 3, 2022, https：//thediplomat. com/2022/10/at － iaea － india － supports － aukus/.

际法解决争端，反对以武力改变地区现状，反对商讨中的"南海行为准则"对任何利益相关方合法权利构成"歧视"。在5月QUAD峰会通过的联合宣言中，四国表示反对任何"单边改变地区现状"的行为。① 此外，澳印两国还在不同场合就缅甸和阿富汗问题共同表态，如在3月的联合声明中敦促缅政府"立即停止对平民的暴力行为"，要求阿富汗问题各相关方秉持"反恐和保护人权"的原则。

三是在全球治理方面加强协调，试图通过提供公共产品提高两国影响力。在海洋合作方面，澳大利亚和印度于2020年发布了关于"印太"地区海洋合作共同愿景的联合宣言，两国建立印澳"印太两洋倡议"合作伙伴关系。② 2022年5月，在澳印两国参加的QUAD峰会上，四方领导人宣布建立"印太海域态势感知伙伴关系"（IPMDA），将在五年内通过整合各方现有系统和投资新系统在"印太"海域建立起情报搜集与共享体系，并增强联合进行海上人道主义救援和渔业执法等的能力。③ 这一年，澳印两国还提出要加强在太平洋岛国地区的合作，如在3月峰会上提出在抗灾基础设施联盟（CDRI）和国际太阳

---

① "Quad Joint Leaders' Statement", The White House, May 24, 2022, https://www.whitehouse.gov/briefing-room/statements-releases/2022/05/24/quad-joint-leaders-statement/.

② "Joint Declaration on a Shared Vision for Maritime Cooperation in the Indo-Pacific between the Republic of India and the Government of Australia", Australian Department of Foreign Affairs and Trade, https://www.dfat.gov.au/geo/india/joint-declaration-shared-vision-maritime-cooperation-indo-pacific-between-republic-india-and-government-australia.

③ "FACT SHEET: Quad Leaders' Tokyo Summit 2022", The White House, May 23, 2022, https://www.whitehouse.gov/briefing-room/statements-releases/2022/05/23/fact-sheet-quad-leaders-tokyo-summit-2022/. 有关"印太海域态势感知伙伴关系"的技术问题，可参见 Jasmin Alsaied, "How to Make the Indo-Pacific Partnership for Mari-time Domain Awareness Work", *The Diplomat*, October 11, 2022, https://thediplomat.com/2022/10/how-to-make-the-indo-pacific-partnership-for-maritime-domain-awareness-work/。

能联盟（ISA）这两个印度发起的国际组织下援助太平洋岛国，澳大利亚宣布分别向这两个国际组织注资 1000 万澳元。①

在网络空间治理合作方面，澳大利亚与印度于 2020 年 6 月签署了关于网络安全和网络空间关键技术合作的框架协议。2022 年 2 月，两国举行了网络安全外长对话会，印外长苏杰生（S. Jaishankar）与澳外长佩恩（Marise Payne）出席。会后两国外长发布了联合声明，宣布澳印将致力于根据国际法推动构建开放、安全、自由、易得、稳定、和平和可互相操作的网络空间，并促进提升网络相关技术与供应链的安全性、弹性和可信任性。② 这一年，两国又宣布建立了澳印通信技术合作联合工作组。③ 在网络空间治理领域，两国还有澳印网络安全联合工作组与澳印网络政策对话会两个合作机制。

此外，在构建地区小多边机制方面，澳印两国还推动澳大利亚-印度-印尼三国机制升级，三国外长在 10 月第 77 届联合国大会期间进行了首次面对面会晤。④ 三国讨论了加强在环印度洋联盟（IORA）等国际机制内进行海洋合作、共同发展海洋经济以及区域人道主义救援合作等方面的议题。

---

① "List of Documents Announced/Signed during India-Australia Virtual Summit", Ministry of External Affairs, Government of India, https：//mea. gov. in/bilateral-documents. htm? dtl/35006/list + of + documents + announcedsigned + during + indiaaustralia+virtual+summit.

② "Joint Statement on the Inaugural India-Australia Foreign Ministers' Cyber Framework Dialogue", Australian Government, February 12, 2022, https：//www. foreignm inister. gov. au/minister/marise-payne/media-release/joint-statement-inaugural-india-australia-foreign-ministers-cyber-framework-dialogue.

③ "Australia-India Joint Working Group on Information Communications Technologies Meets for the First Time", Australian Government, August 31, 2022, https：//www. internationalcybertech. gov. au/Australia-India-Joint-Working-Group-on-ICT.

④ Premesha Saha, "The Australia-India-Indonesia Trilateral Finally Takes Off", Observer Research Foundation, October 4, 2022, https：//www. orfonline. org/expert-speak/the-australia-india-indonesia-trilateral-finally-takes-off/.

第二，军事安全合作稳步推进。自 2014 年印澳两国签署防务框架合作协议以来，两国军事安全合作不断密切。在 2021 年的印澳外交和国防部长"2+2"会谈中，防务合作被确定为两国关系的"核心支柱"。① 2022 年，两国在这一领域的合作维持了之前的势头。

在增强互相可操作性方面，两国稳步推进军事联演联训。在军事领域增强互相可操作性（interoperability）是美国在 QUAD 框架内的重要关切之一，其也成为澳印军事安全合作的重点之一。2020 年澳印签署的《相互后勤支援协定》就属于这一方面的重要条约。2022年 3 月，两国宣布将开展"澳印拉瓦特将军青年军官交换项目"（General Rawat India-Australia Young Defence Officers' Exchange Program），旨在增进两国军官的彼此了解，促进两军的专业交流。② 在军演方面，10 月 30 日至 11 月 1 日，澳大利亚海军舰艇到访印度，11 月 2~3 日，两国海军举行了联合演练。③ 这也是澳大利亚在该年面向 15 个国家举行的"印太奋进 2022"（IPE22）联合军演的一部分。④ 11 月 8~15 日，印澳两国又参与了由日本主办的"马拉巴尔"大规模海上联合演习，演习区域从日本南部延伸到菲律宾附近海域，

① "Joint Statement on Inaugural India-Australia 2+2 Ministerial Dialogue（11 September 2021, New Delhi）", Ministry of External Affairs, Government of India, September 11, 2021, https：//www. mea. gov. in/bilateral － documents. htm？dtl/34250/Joint ＿ Statement＿ on ＿ Inaugural＿ IndiaAustralia＿ 22＿ Ministerial＿ Dialogue＿ 11＿ September＿ 2021＿ New＿ Delhi.

② "General Rawat India-Australia Young Defence Officers' Exchange Program 2023", Australian High Commission, New Delhi, March 2, 2023, https：//india. highcom mission. gov. au/ndli/pa0123. html.

③ "Maritime Partnership Exercise with Royal Australian Navy Conclude in the Bay of Bengal", Ministry of Defence, Government of India, November 5, 2022, https：//pib. gov. in/PressReleasePage. aspx？PRID＝1873957.

④ "Indo-Pacific Endeavour Returns to Australia", Australian Department of Defence, December 2, 2022, https：//www. defence. gov. au/news － events/releases/2022 － 12-02/indo-pacific-endeavour-returns-australia.

主要内容包括反潜、防空、联合海上补给等。① 11月28日至12月11日，澳印两军在印度拉贾斯坦邦开展"澳印两军联训2022"（Austra-Hind 2022）联合军事演习，澳军参演部队为第二师第13旅，印军参演部队为多格拉联队（Dogra Regiment）。据组织方的介绍，该演习主要演练连排级联合战术行动，意在增强沙漠荒原环境下两军多兵种联合作战能力和两军互相可操作性。两国计划将该演习机制化，每年由澳印轮流主办。②

在反恐和军工联合科研制造方面，两国取得了新的进展。相较于增强互相可操作性方面结盟对抗色彩较浓的军事合作，印度更重视通过QUAD框架下的合作在反恐和军工科研制造方面获得利益，培育其"战略自主"能力。在反恐方面，2022年5月5日，第十三次澳印反恐联合工作组会议召开，两国同意将在联合国、二十国集团（G20）等一系列国际平台上推进反恐议程。在军工联合科研制造方面，2022年6月，澳防长马尔斯访印并与印防长拉杰纳特·辛格（Rajnath Singh）会晤，双方发表联合声明，宣布澳印两国将成立国防科研与材料联合工作组。③ 当下，印度莫迪政府正在艰难推动本国国防供应本土化转型。④ 在这一过程中，印度希望澳大利亚为其供应稀有矿产资源，如制造芯片所需的稀土。

--------

① 《"马拉巴尔2022"大规模海上联合演习结束　梁永春：美国想借"四方机制"编织一张"空中反潜网"》，央广网，2022年11月18日，https：//military. cnr. cn/jsrp/20221118/t20221118_ 526065811. shtml。

② "India, Australia's Joint Military Exercise Austra-Hind 2022 Kicks Off in Rajasthan", Outlook India, November 28, 2022, https：//www. outlookindia. com/business/india－australia－s－joint－military－exercise－austra－hind－2022－kicks－off－in－rajasthan－news－240638.

③ "Joint Statement on Enhancing Defence Cooperation, New Delhi, India", Australian Government, June 22, 2022, https：//www. minister. defence. gov. au/statements/2022-06-22/joint-statement-enhancing-defence-cooperation-new-delhi-india.

④ 王瑟：《印度政府的国防本土化战略进展如何》，《世界知识》2022年第11期。

第三，经济关系取得突破。近年来，全球供应链的稳定遭遇新冠疫情与俄乌冲突爆发等的连续冲击，世界经济的脆弱性被充分暴露。安全和韧性方面的因素，成为国家和企业推动供应链重构的重要考量。① 考虑到印度在经济禀赋方面与中国存在相近之处，特别是人口规模都超过 10 亿，印度在全球供应链调整中也被一些声音认为是"替代中国"的可选项。这使得澳印经济合作被赋予了一定的地缘政治含义。②

一方面，自贸协定早期收获协议生效。2022 年 4 月 2 日，两国签署了《澳印经济合作与贸易协定》（AusInd ECTA），这一协定是正在谈判中的自贸协定"全面经济合作协定"（CECA）的早期收获协议，其在2022 年 12 月 29 日正式生效。③ 与印度的经济合作被澳大利亚视作"摆脱对中国依赖"的重要选项。印度也试图通过炒作自己为"中国替代选项"的方式获得产业和科技红利。然而，近年来印度国内贸易保护主义力量不断增强，④ 这使印度转向了更加可控的"一对一"自贸协定谈判。⑤与澳大利亚达成的贸易协定有助于印度向其他自贸协定谈判对象释放积极信号。

---

① 张宇燕：《全球经济走势和基本因素分析》，《理论学习与探索》2022 年第 1期，第 7~8 页。

② "Australia Flags Democracies' Trade Swing from China to India", AP News, August 9, 2021, https: //apnews. com/article/business – china – india – australia – global – trade-a7c2f5b4e610a9455604fad 472b72571.

③ "Australia-India ECTA Benefits for Australia（Overview）", Australian Department of Foreign Affairs and Trade, https: //www. dfat. gov. au/trade/agreements/in – force/ australia-india-ecta/outcomes/australia-india-ecta-benefits-australia-overview.

④ Arvind Subramanian et al., "India's Inward（Re）Turn: Is It Warranted? Will It Work?", Ashoka Centre for Economic Policy, October 2020, https: //www. ashoka. ed u. in/policy-paper-indias-inward-return-is-it- warranted-will-it-work/.

⑤ 毛克疾：《印度缘何"反常"密集推进自贸协定谈判》，《世界知识》2022 年第 10 期。

根据《澳印经济合作与贸易协定》，澳大利亚对印货物出口总价格的约90%的货物的关税将被削减，其中85%立即生效，剩下的在最多十年内逐渐削减。澳一些对印出口的农产品还将获得免税配额，如原棉、橙子、梨等。印度对澳货物出口总价格的约96.4%的货物的关税将被立即削减至零，剩下3.6%将在五年内被逐渐削减。在服务贸易领域，澳将获得印方103个部门的准入，印将获得澳135个部门的准入。[①] 该协定还有原产地、争端解决和避免双重征税条款。总体来看，这是一份有利于印方的贸易协定。印度对澳产品开放的领域主要是原材料和中间产品领域，印国内利益团体关注的牛奶及乳制品、小麦、稻米等重要农产品市场未向澳开放，且印方许多关税细目没有被削减至零。印却获得了澳方几乎全部产品关税的立即免除，包括大部分劳动密集型产品。2021年，澳印两国服务与货物贸易总额约为27.5亿美元，[②] 而根据印度方面的预测，在这一协定的助推下两国贸易额有望在2035年前达到45亿~50亿美元。[③] 除此之外，澳

① 参见 "India-Australia ECTA in Force from December 29, 2022: Key Benefits", India Briefing, January 12, 2023, https://www.india-briefing.com/news/india-australia-ecta-enters-into-force-from-december-29-2022-heres-how-it-will-benefit-india-26818.html/; "Australia Ratifies Landmark Free Trade Agreement with India", India Briefing, November 23, 2022, https://www.india-briefing.com/news/australia-india-free-trade-agreement-ratified-sectors-opportunities-26486.html/; "Australia-India ECTA Benefits for Australia (Overview)", Australian Department of Foreign Affairs and Trade, https://www.dfat.gov.au/trade/agreements/in-force/australia-india-ecta/outcomes/australia-india-ecta-benefits-australia-overview。

② "India Australia Trade", India Brand Equity Foundation, https://www.ibef.org/indian-exports/india-australia-trade.

③ PIB Mumbai, "India Australia Economic Cooperation and Trade Agreement: A Win-Win for India and Australia", Ministry of Commerce & Industry, Government of India, January 8, 2023, https://pib.gov.in/PressReleasePage.aspx?PRID=1889525.

大利亚与印度都在 2022 年 5 月加入了美国主导的"印太经济框架"（IPEF）谈判，虽然印度于 9 月退出了该框架内四大支柱之一的贸易支柱谈判。①

另一方面，两国继续加强高新技术领域合作。拜登政府上台以后，美国推出了对华"小院高墙"的科技竞争策略，包括在国际上组织所谓的"民主科技联盟"以形成对华科技围堵。② 美国也力推其盟伴体系内各方的合作，试图实现所谓的"高墙互通"，澳大利亚与印度的高新技术合作也在这一框架内展开。印度方面试图从澳大利亚获得先进技术和稀有资源，以促进其新能源、芯片、汽车制造等高新技术产业的发展。2022 年 2 月，澳印两国举行能源对话会，签署了共同发展新能源与可再生能源的意向书，包括联合生产太阳能和绿色氢能产品。③ 在 3 月的峰会上，两国签署谅解备忘录，宣布印度采矿部主管的企业坎尼吉·比达什（Khanij Bidesh India Ltd）将与澳关键矿物开发促进办公室（CMFO）共同在澳开采关键矿物，如锂和钴。④

第四，民间交往机制建设取得进展。随着印度裔澳大利亚人数量的快速增加，包括移民、留学和旅游在内的民间交往领域在澳印两国

---

① "India Stays out of 'Trade Pillar' at Indo-Pacific Meet", *The Hindu*, September 10, 2022, https：//www.thehindu.com/business/Industry/india－not－part－of－ipefs－trade－pillar－broader－consensus－yet－to－emerge－among－nations/article65873087.ece.

② 赵明昊：《统合性压制：美国对华科技竞争新态势论析》，《太平洋学报》2021 年第 9 期，第 12~14 页。

③ "Australia-India to Collaborate on New and Renewable Energy Technology", Australian Government, February 16, 2022, https：//www.dcceew.gov.au/about/news/australia-india-to-collaborate-on-new-and-renewable-energy-technology.

④ PIB Delhi, "India's Efforts to Attain Self-Reliance in Critical and Strategic Minerals：India and Australia to Collaborate in Lithium and Cobalt Identification Projects", Ministry of Mines, Government of India, March 29, 2022, https：//pib.gov.in/PressReleaseIframePage.aspx? PRID＝1810948.

关系中的位置快速攀升。根据澳外交和贸易部的数据，2021 年印度裔澳大利亚公民人数达到约 976000 人，已经成为澳第二大少数族群。印北部地区广泛使用的旁遮普语成为澳使用人数增加最快的语言。① 在印度人大量向澳大利亚移民的历史进程中，高等教育部门的地位非常重要。有研究文章指出，澳大利亚高等教育部门面向全球留学市场进一步开放的改革，极大地提升了澳对印度移民的吸引力。② 媒体引用澳驻印贸易投资参赞处数据报道，截至 2022 年 6 月，印赴澳留学学生人数达到 52186 人，而澳方认为这一数字将在 2023 年回到疫情前 2019 年的高峰。③

印度一直试图与澳大利亚达成协议，以便利其公民赴澳求学、工作，相关努力在 2022 年取得一定进展。在 3 月的峰会上，两国签署了"移民与人员往来伙伴关系协定"的意向书以及澳印彼此学历互认的工作安排书。在联合声明中，双方表示将尽早完成"移民与人员往来伙伴关系协定"谈判，将成立专门工作组以在六个月内初步建立两国学历互认机制。澳大利亚还将在印度班加罗尔开设新的领事馆，并建立澳印关系中心，以促进两国关系，加强与在印的印度裔澳大利亚人的协作，以促进澳印两国人文交流。④ 除此之外，根据该年

---

① "India Country Brief", Australian Department of Foreign Affairs and Trade, https：//www. dfat. gov. au/geo/india/india－country－brief.

② Robin Jeffrey, "Pillar of Changed Relationship? Australia's New Indian Diaspora", ISAS, June 5, 2020, https：//www. isas. nus. edu. sg/papers/pillar－of－changed－relationship-australias-new-indian-diaspora/#_ ftn2.

③ "Number of Indian Students Going to Australia for Higher Studies Inching towards Pre-Covid Levels：Data ", *The Indian Express*, December 7, 2022, https：//indianexpress. com/article/education/indian-students-going-to-australia-for-higher-studies-inching-towards-pre-covid-levels-data-8305954/.

④ "Request for Submissions：Shaping the Centre for Australia-India Relations", Australian Department of Foreign Affairs and Trade, https：//www. dfat. gov. au/geo/india/bolstering-our-ties-india/request-submissions-shaping-centre-australia-india-relations.

生效的《澳印经济合作与贸易协定》，澳大利亚将给予印度公民一系列签证方面的便利，包括给予印在澳高校毕业生最多 4 年的工作签证、给予企业派遣赴澳大利亚印籍人员最多 4 年的签证等。

然而，印度裔在澳大利亚数量的增加也为两国关系增加了风险。例如，主要来自印度旁遮普邦的信奉锡克教的移民已经成为澳增长最快的移民团体，至 2021 年已经达到约 210400 人。[①] 这就将印度本土的锡克教徒与印度教徒矛盾带到了澳大利亚。2022 年，分布在多个英语国家的、支持印度北部旁遮普邦一带独立并建立所谓"卡利斯坦"（Khalistan）国的"锡克教正义组织"（Sikhs for Justice）开始在澳大利亚锡克教移民中发起所谓的"卡利斯坦公决"（Khalistan Referendum）。[②] 据媒体报道，这一组织已经在美国、英国、加拿大、爱尔兰等国发起过类似活动。

## 二 澳印两国在重大国际问题认知上存在分歧

综合上文分析，可以看出在 2022 年澳印关系深化的势头不减。不过，观察该年两国在一系列重大国际问题上的政策，可以发现明显的认知分歧。这主要是由两国在当前国际体系改革调整趋势中站位的不同所导致的。

2022 年，世界格局进入深度调整期。现有国际体系越来越不能

---

① "Sikhs and Sikhism in Australia: A Brief Synopsis", Asia Samachar, August 29, 2022, https://asiasamachar.com/2022/08/29/sikhs-and-sikhism-in-australia-a-brief-synopsis/.

② "What Is the 'Khalistan Referendum' and Where Does Australia Stand on the Issue?", SBS Punjabi, January 20, 2023, https://www.sbs.com.au/language/punjabi/en/podcast-episode/what-is-the-khalistan-referendum-and-what-is-the-australian-governments-stand-on-the-issue/p9cepjlz7.

满足全球治理的需要。当下变革的趋势则主要是降低美西方在国际体系中的主导性，提升其他国家的参与度及决策与行动的影响力。① 在这种大趋势下，形成了以美国为主要代表的保守派和以中国、俄罗斯为代表的改革派，其他国家的站位都在保守与改革之间。美国等西方国家坚决反对改变既有的国际体系。拜登政府就否认美国的衰弱，从"美国具有长期优势"这一认知出发制定其外交战略。② 俄罗斯则认为，地缘政治变迁、地区大国崛起等因素已经使得西方霸权难以为继，因此俄选择以军事力量促进多极化趋势发展。③ 中国强调要以全人类共同价值引领建设新型国际关系和构建人类命运共同体的实践。④ 习近平主席指出："中国将坚决维护联合国宪章宗旨和原则，倡导国际上的事大家商量着办，推动国际秩序和国际体系朝着更加公正合理的方向发展。"⑤

澳大利亚已经基本站到了美国一边，而印度当下虽然选择与美国等西方国家发展紧密关系，却倾向于改革现有国际体系。澳大利亚方面，近年来，澳政界对中美管控战略博弈的信心逐渐下降，因而产生了战略焦虑。在这种背景下，澳逐渐开始通过煽动对华的战略恐惧以抵消战略焦虑带来的不确定性和矛盾性，进而实现自我身份界定与本

---

① 张蕴岭：《百年变局下的中国与世界》，《人民论坛·学术前沿》2022 年第 19 期，第 7~8 页。

② 肖河：《避险与威慑——美国对华竞争的复合逻辑》，《当代美国评论》2022 年第 3 期，第 12~15 页。

③ 李勇慧：《乌克兰危机背景下俄罗斯对外战略调整及基本走势》，《俄罗斯东欧中亚研究》2023 年第 1 期，第 64~65 页。

④ 徐步：《全人类共同价值的理论内涵及实践路径》，《现代国际关系》2022 年第 7 期，第 2~3 页。

⑤ 《加强政党合作，共谋人民幸福》，载《习近平谈治国理政》（第四卷），外文出版社，2022，第 428 页。

体安全。以推动建立 AUKUS 为标志，澳正式拥抱对华遏制政策。① 印度方面，其对外战略始终以维护"战略自主"为准绳。莫迪政府当下的国家安全战略主要是以与美国等西方国家深度战略合作为抓手，持续推动"战略自主"能力建设。② 这种逻辑也使得印度在与美国等西方国家合作时，始终避免承担过多的军事安全义务，特别是要防止中印全面对抗。在试图借助其他"印太"伙伴的力量以在军事上"平衡"中国时，印度更注重争取在经济、产业和科技等方面的实惠。此外，印度鼓吹所谓的"改革的多边主义"（Reformed Multilateralism），要求现有国际机制"更加反映国际力量对比现实"。③ 上述立场差异集中反映在了澳印两国在一系列重大国际问题上的政策方面。

在俄乌冲突的处理方面，澳对俄出台严厉制裁措施，印则竭力维持印俄伙伴关系。2022 年 2 月 15 日，俄罗斯对乌克兰发起"特别军事行动"。乌克兰危机升级后，澳大利亚迅速出台了对俄制裁措施，并向乌克兰提供了军事援助。根据澳政府发布的消息，截至 2023 年 2 月 24 日，澳已经对俄施加了 1000 多项制裁，为乌克兰提供了武器、弹药和无人机，并为乌军人员提供了训练。④ 印度则始终避免在

---

① 许少民、李琦：《澳大利亚战略视野下的 AUKUS 抉择》，《战略决策研究》2023 年第 2 期，第 91~96 页。

② 胡仕胜、王君：《印度国家安全战略：诉求、成因与实践》，《国家安全研究》2022 年第 4 期，第 33 页。

③ Debasis Bhattacharya, "India's Global Leadership: Revamped Agenda and Reformed Multilateralism Impacting Emerging World Order", Vivekananda International Foundation, February 10, 2023, https://www.vifindia.org/article/2023/february/10/indias-global-leadership-revamped-agenda-and-reformed-multilateralism-impacting-emerging-world-order.

④ "Australia Stands with Ukraine with Additional Military Support and Sanctions", Australian Government, February 24, 2023, https://www.foreignminister.gov.au/minister/penny-wong/media-release/australia-stands-ukraine-additional-military-support-and-sanctions.

国际场合谴责俄罗斯。此外，印度还极力阻止其参与的国际机制发表谴责俄罗斯的声明，如印度阻止了QUAD就俄乌冲突谴责俄罗斯。[①]分析人士指出，这是因为印度在军事装备上依赖俄供应，且印试图阻止俄"过度倒向中国"。[②] 除此之外，印度还大量购买廉价俄罗斯石油和化肥，成为俄油最大买家之一，收获大量经济红利。[③] 2022年，印自俄进口额达到约373亿美元，是2021年的近4倍。[④]

澳印在一些重要国际问题上的认知分歧使得两国对待双方合作的态度也有较大差异。澳大利亚是美国亚太同盟体系的重要组成部分，而印度则是一个具有很强独立性的行为体。澳在发展与印关系时，更多希望将印度进一步纳入美国的全球战略体系内。而印度方面则希望通过与澳合作培育本国"战略自主"能力，同时尽量避免承担不必要的义务。

但必须看到的是，在中短期内，两国诉求的耦合使其深层次分歧尚不至于暴露：澳印都有使美国不被其他区域过度吸引，而将注意力集中于"印太"地区的需求，以及"平衡"中国的需要；在经济方面，澳大利亚希望开拓印度的市场，印度则更希望从澳获得科技、劳

---

① Michael Kugelman，"What India's Fence-Sitting on the Ukraine War Means for the Quad"，Australian Institute of International Affairs，April 15，2022，https：// www. internationalaffairs. org. au/australianoutlook/what－indias－fence－sitting－on－ the-ukraine-war-means-for-the-quad/.

② Lauren Frayer，"A Year into the Ukraine War, the World's Biggest Democracy Still Won't Condemn Russia"，NPR，February 20，2023，https：//www. npr. org/ 2023/02/20/1156478956/russia-india-relations-oil-modi-putin.

③ Harikishan Sharma，"India-Russia Trade Soars to Record High as Imports of Oil and Fertiliser Drive Surge"，*The Indian Express*，October 21，2022，https：//indianex press. com/article/india/india-russia-trade－soars－to－record－high－as－imports－of－ oil-and-fertiliser-drive-surge-8221831/.

④ "India's Russian Imports Soar 400% as U. S. Offers Little Resistance"，Nikkei Asia，February 17，2023，https：//asia. nikkei. com/Economy/Trade/India－s－Russian－ imports-soar-400-as-U. S. -offers-little-resistance.

务输出、稀有矿产资源和燃料等方面的红利。而自 2020 年建立全面战略伙伴关系以来，两国的关系机制化已经取得了较大进展，两国已经建立了年度元首会晤机制、外长对话框架、外交和国防部长"2+2"会谈等一系列外交平台。这也将赋予两国关系一定的动能，使其在可预见的未来持续深化。值得注意的是，虽然近年来澳印关系深化受到中美关系格局和美国调整全球盟伴体系的较大影响，澳印日益密切的经济和移民关系也将赋予其双边关系越来越强的独立性，但正如信奉锡克教的移民群体将锡克教徒与印度教徒矛盾带入澳所显示的那样，双边关系的紧密也可能带来风险性因素。

# B.7
# 2022年澳大利亚与印度尼西亚
# 关系发展研判

吴耀庭 *

**摘　要：** 2022 年，澳大利亚与印尼的双边关系有所发展，具体体现在四个方面。一是双边高层互动频繁，二是围绕着经济复苏的经济合作有所增加，三是愈发重视非传统安全的合作，四是公共外交活动得以突破疫情的限制。2022年澳大利亚与印尼双边关系的发展，呈现出四个特点。首先是多边外交舞台在双边关系中的重要性进一步凸显，其次是政冷经热的现象进一步凸显，再次是冲突与合作并存，最后是澳大利亚新旧政府间的对印尼政策转向明显。

**关键词：** 澳大利亚　印尼　双边关系

　　2022 年新冠疫情依旧肆虐，全球治理危机依旧存在，加之俄乌冲突这一"黑天鹅事件"，国际政治局势更为混乱。同时，部分国家在年初调整疫情防控政策，线下外交活动逐渐复苏。在此背景下，澳大利亚与印尼试图在全球治理挑战和危机中维持双边关系的稳定。一方面，澳大利亚在外交政策上追随美国，在多个国际事件

---

* 吴耀庭，中山大学国际关系学院博士研究生，研究方向为澳大利亚与印尼的关系。

中"站队";另一方面,印尼试图扮演作为"调停者"的中等强国角色,借用自身国际影响力,提供调和舞台,深刻地体现出其外交政策中的"不结盟"思想。澳大利亚与印尼在国际外交舞台上所扮演的角色各有千秋。同时,澳大利亚与印尼在政治交流、经济合作、非传统安全合作等领域的活动得以恢复。双边关系在分歧中稳步前行。本报告将重点回顾2022年澳大利亚与印尼双边关系的发展,分析其特点,同时对未来澳大利亚与印尼关系的发展加以研判。

# 一 澳大利亚与印尼关系的发展

2022年,部分国家调整其防疫政策。澳大利亚是较早一批调整防疫政策的国家,印尼也部分地开放巴厘岛等地以缓解旅游经济对经济发展的影响。在这一新形势下,澳大利亚与印尼的双边关系在既有分歧中稳步前行。

## (一)政府高层互动频繁

自印尼独立后,澳大利亚与印尼政府高层间的互动频繁。政府高层间的互动,是澳大利亚与印尼维持双边关系的重要外交活动。自新冠疫情发生以来,两国间的政府高层多通过线上形式进行交谈。

在2020~2022年,受限于多方面的因素,两国政府高层间线下互动的次数少。2022年6月,澳大利亚政府换届,新任总理阿尔巴尼斯上台。随着疫情政策的调整和国际局势的变化,澳大利亚新政府调整其对印尼的政策,试图获取印尼更多的支持。2022年6月5日,澳大利亚总理阿尔巴尼斯选择将印尼作为其任期内第一个出访的国家。在三天的访问时间里,阿尔巴尼斯与印尼总统就政治交流、经济、人文、技术、公共卫生等方面的合作达成了多项共识。①
不仅两国首脑进行了会谈，两国间重要部门的官员也都进行了商
谈。在这次双边会谈中，尽管澳大利亚与印尼都提及关于俄乌冲突
的立场问题，但澳大利亚处理地更为巧妙。在会谈中，澳大利亚承
诺新任政府不会给予印尼压力，会支持印尼作为 G20 峰会东道主的
相关工作。②

　　自阿尔巴尼斯访问印尼后，澳大利亚与印尼的双边互动更加频
繁。2022 年 7 月，澳大利亚新任外交部长黄英贤前往印尼进行访问，
参加 G20 外长会议和中等强国合作体外长会议，重点关注到印尼政
府所面临的粮食危机。③ 2022 年 9 月，澳大利亚众议员蒂姆·瓦茨借
G20 数字经济部长会议召开之机访问印尼，与印尼就数字经济项目合
作展开讨论。④ 2022 年 9 月，澳大利亚助理贸易部长、参议员蒂姆·
艾尔斯访问印尼，与印尼就旅游经济合作进行会谈。⑤ 澳大利亚与印
尼政府多个部门高级官员间进行互访，会谈的重点依旧放在经济合作

① Prime Minister of Australia, "Joint Communiqué: Indonesia-Australia Annual Leaders' Meeting", June 6, 2022, https://www.pm.gov.au/media/joint-communique-indonesia-australia-annual-leaders-meeting.

② Allan Gyngell, "A New Australian Foreign Policy Agenda under Albanese", East Asia Forum, July 31, 2022, https://www.eastasiaforum.org/2022/07/31/a-new-australian-foreign-policy-agenda-under-albanese/.

③ Australian Department of Foreign Affairs and Trade, "Visit to Singapore and Indonesia", July 5, 2022, https://www.foreignminister.gov.au/minister/penny-wong/media-release/visit-singapore-and-indonesia.

④ Australian Department of Foreign Affairs and Trade, "Visit to Indonesia", August 31, 2022, https://ministers.dfat.gov.au/minister/tim-watts/media-release/visit-indonesia.

⑤ Australian Department of Foreign Affairs and Trade, "Visit to Indonesia for the G20 Tourism and Agriculture Ministerial Meetings", September 25, 2022, https://ministers.dfat.gov.au/minister/tim-ayres/media-release/visit-indonesia-g20-tourism-and-agriculture-ministerial-meetings.

上，特别是合作解决由国际危机造成的粮食危机。不仅两国外长间进行互访，澳大利亚、印尼高级官员也通过其他多边渠道进行交流。2022年9月，澳大利亚、印尼和东帝汶三国外长进行会面，在经济合作、妇女权益等方面达成合作意向。[①]

G20峰会是2022年印尼政府最为重要的外交活动，印尼政府利用这一多边外交舞台，积极发挥其作为中等强国的国际影响力。印尼总统佐科与多国首脑进行会面。2022年11月，佐科与澳大利亚总理阿尔巴尼斯再次会面，就地区合作、经济合作等进行会谈。[②] 不到半年的时间内，澳大利亚与印尼国家首脑进行了两次会面，这在之前都很少见到。

### （二）经济复苏是双边经济合作的重点

自2020年新冠疫情发生后，印尼的经济受到影响，旅游经济遭受重创，进出口贸易也受到影响。随着防疫政策的调整，澳大利亚与印尼在2022年开始将合作的重点之一放在经济复苏上。澳大利亚与印尼就多个经济合作项目达成协议，同时也逐渐恢复因疫情暂停的项目。除了两国政府首脑达成的合作意向以及经济部门高级官员的经济外交活动外，两国社会团体、跨国公司等都充当着两国经济往来的主力。

在双边层面，澳大利亚与印尼高层达成多项经济合作协议。2022年12月19日，澳大利亚与印尼经济部门签署澳大利亚-印度尼西亚经济发展伙伴关系的交换文书，以支持印尼关键经济领域发展，包括

---

① Kementerian Luar Negeri Republik Indonesia, "Pertemuan Trilateral Indonesia-Australia-Timor Leste: Tiga Menlu Perempuan Bahas Masa Depan Kawasan", September 21, 2022, https://www.kemlu.go.id/portal/id/read/4002/berita/pertemuan-trilateral-indonesia-australia-timor-leste-tiga-menlu-perempuan-bahas-masa-depan-kawasan.

② Kementerian Luar Negeri Republik Indonesia, "Presiden Jokowi Apresiasi Dukungan Australia untuk G20 Indonesia", November 15, 2022, https://www.kemlu.go.id/portal/id/read/4149/berita/presiden-jokowi-apresiasi-dukungan-australia-untuk-g20-indonesia.

数字经济、税务改革以及气候能源经济等领域，使其从新冠疫情的重创中恢复。① 在多边层面，澳大利亚与印尼共同加入多个多边协议。2022 年 9 月 9 日，澳大利亚、印度尼西亚等共 13 个国家启动"印太经济框架"谈判。② 此外，在 G20、东盟等多边外交舞台上，印尼与澳大利亚达成多个多边经济合作协议。

除了达成经济合作协议外，澳大利亚与印尼的贸易活动也逐渐恢复。佐科与阿尔巴尼斯在会谈中提到澳大利亚与印尼 2021 年的贸易总额达到 126.4 亿美元，较 2020 年增长 76.84%。③ 2022 年 3 月，印尼驻珀斯总领事前往澳大利亚哈尔科钓具公司进行访问，以促进澳大利亚与印尼间的贸易活动。④ 基于澳大利亚与印尼在 2019 年签订的《印度尼西亚-澳大利亚全面经济伙伴关系协定》，澳大利亚政府寻求解决印尼所面临的粮食危机的方案，⑤ 并消除贸易壁垒，推动对澳大

---

① "Indonesia, Australia Seal Deal for Broader Economic Cooperation", Vietnam Plus, December 19, 2022, https：//en. vietnamplus. vn/indonesia－australia－seal－deal－for－broader－economic－cooperation/245740. vnp.

② Australian Department of Foreign Affairs and Trade, "Indo-Pacific Economic Framework Negotiations Have Commenced", September 12, 2022, https：//www. trademinister. gov. au/minister/don－farrell/media－release/indo－pacific－economic－framework－negotiations－have－commenced.

③ Kementerian Luar Negeri Republik Indonesia, "Presiden Jokowi Apresiasi Dukungan Australia untuk G20 Indonesia", November 15, 2022, https：//www. kemlu. go. id/portal/id/read/4149/berita/presiden－jokowi－apresiasi－dukungan－australia－untuk－g20－indonesia.

④ Kementerian Luar Negeri Republik Indonesia, "Belajar dari Halco Tackle, Perusahaan Asal Australia yang Berinvestasi di Indonesia", Maret 2, 2022, https：//www. kemlu. go. id/portal/id/read/3378/berita/belajar－dari－halco－tackle－perusahaan-asal-australia-yang-berinvestasi-di-indonesia.

⑤ Kyle Springer, "Australia Has A Solution to Indonesia's Soaring Food Prices", Lowy Institute, January 18, 2022, https：//www. lowyinstitute. org/the－interpreter/australia-has-solution-indonesia-s-soaring-food-prices.

利亚所需的印尼农产品实施零关税，以此促进澳大利亚与印尼间的贸易。① 2022 年 9 月，澳大利亚财长查默斯与印尼财长穆莉亚妮达成协议，澳大利亚将会向印尼投资 3.4 万亿澳元，以推进印尼关键经济领域的改革。② 11 月，澳大利亚-印尼商业理事会会议在澳大利亚达尔文召开，超过 250 名澳大利亚与印尼的企业高管就农业、旅游、医疗保健、教育和数字经济等领域的商业合作进行交流。③

### （三）非传统安全领域合作的强化

自印尼独立后，两国就因为地理上的临近，无法避免传染病、恐怖主义等非传统安全威胁对两个国家的共同影响。在冷战时期，因为印尼天花疫情严重，澳大利亚一方面对印尼进行援助，另一方面加大对印尼游客的审查力度。④ 在 2022 年，关于传染病防治的国际合作是澳大利亚与印尼非传统安全合作的重点内容。2022 年也是巴厘岛爆炸案 20 周年，澳大利亚与印尼在反恐上也加强了合作。此外，澳大利亚与印尼在多个非传统安全方面展开合作。

在关于传染病防治的国际合作上，关于新冠疫情治理的国际合作仍是澳大利亚与印尼合作的一部分。截至 2022 年 6 月，澳大利亚共

---

① Nicola Samuel Surah, "The Significance of I-A CEPA for Indonesia's Agriculture Industry Enhancement and Trade Relations with Australia", Modern Diplomacy, December 11, 2022, https：//moderndiplomacy. eu/2022/12/11/the-significance-of-i-a-cepa-for-indonesias-agriculture-industry-enhancement-and-trade-relations-with-australia/.

② Dominic Giannini, "Australia, Indonesia Sign Economic Pledge", The New Daily, September 19, 2022, https：//thenewdaily. com. au/news/national/2022/09/19/australia-indonesia-sign-economic-pledge/.

③ "Strengthening Business Ties with Indonesia", Mirage News, November 2, 2022, https：//www. miragenews. com/strengthening-business-ties-with-indonesia-886650/.

④ 吴耀庭：《印度尼西亚传染病防治与世界卫生组织的角色——以天花防治为例》，《东南亚研究》2022 年第 1 期，第 31 页。

向印尼提供840万剂新冠疫苗。① 除了新冠疫苗外，澳大利亚还向印尼提供部分防护物资。进入2022年，印尼不仅饱受新冠疫情的困扰，还受到口蹄疫等传染病的影响。在澳大利亚总理阿尔巴尼斯访问印尼后，两国间关于口蹄疫防治的合作有所加强。阿尔巴尼斯承诺向印尼提供口蹄疫防治技术和产品，以应对印尼国内的口蹄疫疫情。② 2022年8月，澳大利亚与印尼达成一份价值1000万美元的公共卫生合作协议，并在8月26日将第一批约100万剂口蹄疫疫苗送至印尼。③ 10月31日，澳大利亚再次向印尼提供300万剂口蹄疫疫苗。④ 澳大利亚重视印尼方面的口蹄疫疫情，很大原因在于印尼的疫情会直接影响到澳大利亚国内畜牧业的发展，会给养牛业造成800亿美元的损失。⑤ 澳大利亚在对印尼进行援助的同时，也加强了针对印尼方面的检疫措施。这些措施包括在机场要求抵达澳大利亚的印尼旅客走过卫

① Prime Minister of Australia, "Joint Communiqué: Indonesia-Australia Annual Leaders' Meeting", June 6, 2022, https://www.pm.gov.au/media/joint-communique-indonesia-australia-annual-leaders-meeting.

② Andi Jatmiko and Niniek Karmini, "Australia, Indonesia Commit to Fight Foot-and-Mouth Disease Outbreak", *The Diplomat*, July 14, 2022, https://thediplomat.com/2022/07/australia-indonesia-commit-to-fight-foot-and-mouth-disease-outbreak/.

③ Australian Department of Foreign Affairs and Trade, "Foot and Mouth Vaccine Doses Arrive in Indonesia", August 26, 2022, https://www.foreignminister.gov.au/minister/penny-wong/media-release/foot-and-mouth-vaccine-doses-arrive-indonesia.

④ Australian Department of Foreign Affairs and Trade, "Second Delivery of FMD Vaccines Arrive in Indonesia", October 31, 2022, https://www.foreignminister.gov.au/minister/penny-wong/media-release/second-delivery-fmd-vaccines-arrive-indonesia.

⑤ Chris Barrett, "'Indonesia Inc': How Australia Can Rebuild Much-needed Trust with Jakarta Chris Barrett", *The Sydney Morning Herald*, August 6, 2022, https://www.smh.com.au/world/asia/indonesia-inc-how-australia-can-rebuild-much-needed-trust-with-jakarta-20220805-p5b7lb.html.

生脚垫，以及对来自印尼的肉类进行随机抽查。①

2022 年是巴厘岛爆炸案 20 周年，借此契机，澳大利亚与印尼展开多次反恐联合演习。巴厘岛爆炸案对两国关系造成波动，但同时也加强了两国间的反恐合作。② 2022 年 4 月，印尼国家反恐局和澳大利亚外交部在悉尼举行了第 8 次反恐合作磋商会议。③ 7 月，澳大利亚与印尼在堪培拉和巴厘岛举行关于反恐合作的会议。④ 在这一特殊的时期，反恐合作是两国纪念巴厘岛爆炸案逝世者的重要方式之一。

除了反恐合作，澳大利亚与印尼同样在应对自然灾害领域进行联合演习。2022 年 11 月，澳大利亚国防军和印尼国家武装部队完成年度联合指挥所演习，重点内容是执行人道主义援助和救灾行动，以应对突发自然灾害对两个国家的影响。⑤ 演习的区域在印尼巴厘岛，模

---

① "Australia Raises Guard against Foot and Mouth Disease after Indonesia Cases", Reuters, July 20, 2022, https：//www.reuters.com/world/asia–pacific/australia–raises–guard–against–foot–mouth–disease–after–indonesia–cases–2022–07–20/.

② Irine Hiraswari Gayatri, "Australia and Indonesia's Cooperative Relationship on Terrorism", Australian Institute of International Affairs, November 4, 2022, https：//www.internationalaffairs.org.au/australianoutlook/australia–and–indonesias–cooperative–relationship–on–terrorism/.

③ Irine Hiraswari Gayatri, "Australia and Indonesia's Cooperative Relationship on Terrorism", Australian Institute of International Affairs, November 4, 2022, https：//www.internationalaffairs.org.au/australianoutlook/australia–and–indonesias–cooperative–relationship–on–terrorism/.

④ Irine Hiraswari Gayatri, "Australia and Indonesia's Cooperative Relationship on Terrorism", Australian Institute of International Affairs, November 4, 2022, https：//www.internationalaffairs.org.au/australianoutlook/australia–and–indonesias–cooperative–relationship–on–terrorism/.

⑤ "Australia and Indonesia Complete Humanitarian Assistance Training", ADM, November 15, 2022, https：//www.australiandefence.com.au/defence/general/australia–and–indonesia–complete–humanitarian–assistance–training.

拟了火山突然爆发的情景，这一演习重点考验两国部分的应急救灾能力。①

海洋经济是澳大利亚与印尼重要的经济基础。在 2022 年，澳大利亚与印尼在维护海洋资源安全、促进海洋开发方面进行多项合作。10 月，澳大利亚与印尼达成一项打击非法、未报告、无管制捕捞行动的合作协议，建立公共宣传活动、监督执法和保障船员权益三个小组，以推进协议的进行。② 根据这一项协议，12 月 22 日，澳大利亚遣返 8 名侵犯澳大利亚水域的印尼渔民。③ 11 月 3 日，澳大利亚国家科学局展示处理海洋塑料垃圾方面的新成果，与印尼教育、文化等部门进行海洋塑料垃圾治理合作。④

### （四）人文交流活动与公共外交的推进

自印尼独立后，澳大利亚与印尼的公共外交是双边关系发展中的另一轨道，对时常陷入低谷的两国关系起到缓和的作用。最为重要的例子是冷战时期的科伦坡计划，通过该计划，印尼学生前往澳大利亚留学，成为双边人文交流的重要纽带，该计划也是澳大利亚公共外交

---

① "Australia, Indonesia Partner to Sharpen Disaster Relief Training", Defence Connect, November 23, 2022, https://www.defenceconnect.com.au/key-enablers/11031-australia-indonesia-partner-to-sharpen-disaster-relief-training.

② Aristyo Rizka Darmawan, "Sustainable Catch: Better Indonesia-Australia Cooperation on Fishing", Lowy Institute, October 10, 2022, https://www.lowyinstitute.org/the-interpreter/sustainable-catch-better-indonesia-australia-cooperation-fishing.

③ Iman Firdaus, "Ditahan dan Disidang oleh Australia, Delapan Nelayan NTT Akhirnya Dikembalikan ke Indonesia", *Kompas*, Desember 22, 2022, https://www.kompas.tv/article/360888/ditahan-dan-disidang-oleh-australia-delapan-nelayan-ntt-akhirnya-dikembalikan-ke-indonesia.

④ Petir Garda Bhwana, "Australia, Indonesia Show Innovations to Tackle Plastic Waste", *Tempo*, November 3, 2022, https://en.tempo.co/read/1652569/australia-indonesia-show-innovations-to-tackle-plastic-waste.

的重要环节。① 2014 年澳大利亚政府推出新科伦坡计划，该计划再次成为公共外交的重要一环，促使大量印尼留学生前往澳大利亚。② 新冠疫情发生后，因为印尼关闭其国门，澳大利亚与印尼的人文交流几乎中断。进入 2022 年，随着疫情防控措施的调整，澳大利亚与印尼的人文交流逐渐恢复，公共外交的重要性再次凸显。

在 2022 年，比较重要的公共外交活动就是纪念巴厘岛爆炸案逝世者的相关活动。自 8 月起，澳大利亚与印尼在两国多个地方开展纪念活动，澳大利亚外交部公开联系方式，邀请两国遇难者家属参加一系列纪念活动。③ 10 月 12 日，澳大利亚总理、外交部长在澳大利亚两地参加纪念活动，助理外交部长蒂姆·瓦茨前往印尼巴厘岛出席纪念活动。④

澳大利亚、印尼政府部门、非政府组织都承担着两国公共外交的责任。来自印尼西帝汶省的农民瓦卢万加接受澳大利亚非政府组织合作计划的帮助，学习种植技术并取得成效。⑤ 2022 年 4 月 7 日，印尼驻澳大利亚达尔文领事馆官员访问澳大利亚的格雷小学，向学生

---

① 张绍兵：《冷战视野下的科伦坡计划——以澳大利亚为中心》，《历史教学问题》2017 年第 2 期，第 28~34 页。

② 韦红、姜丽媛：《公共外交视角下的澳大利亚新科伦坡计划及其对中国的启示》，《东南亚纵横》2019 年第 5 期，第 3~9 页。

③ Australian Department of Foreign Affairs and Trade, "Commemorative Services to Mark 20th Anniversary of Bali Bombings", August 27, 2022, https://www.foreign-minister.gov.au/minister/penny-wong/media-release/commemorative-services-mark-20th-anniversary-bali-bombings.

④ Australian Department of Foreign Affairs and Trade, "20th Anniversary of the 2002 Bali Bombings", October 12, 2022, https://www.foreignminister.gov.au/minister/penny-wong/media-release/20th-anniversary-2002-bali-bombings.

⑤ Australian Department of Foreign Affairs and Trade, "Enabling Sustainable Livelihoods in Indonesia", https://www.dfat.gov.au/development/who-we-work-with/ngos/ancp/news/enabling-sustainable-livelihoods-indonesia.

展示印尼语言和文化，包括印尼的传统舞蹈。① 澳大利亚与印尼大学间的联系在 2022 年也更为密切，多个联合研究项目得以立项。② 前往澳大利亚留学的印尼学生，也赞同澳大利亚的教育模式和生活方式。③ 澳大利亚出口谷物创新中心则在 2022 年 11 月推出一项知识交流计划，制定在线学习计划，提高面粉加工行业工人的效率。④ 历史文化的交流也是公共外交的突破性进展之一。2022 年 7 月，澳大利亚-印尼博物馆（AIM）举办历史联合展览，利用历史文化推动人民思考两国有史以来的联系，以此促进两国间的文化认同。⑤

## 二 2022年澳大利亚与印尼关系特点

通过对 2022 年澳大利亚与印尼双边关系进行梳理，可以发现其鲜明的特点。这些特点既有先前一直伴随着澳大利亚与印尼关系发展

① Kementerian Luar Negeri Republik Indonesia， "Kenalkan Budaya Indonesia Sedini Mungkin Kepada Masyarakat Australia, KRI Darwin Gandeng Sekolah Dasar di Palmerston"， April 12, 2022, https：//www. kemlu. go. id/portal/id/read/3507/ berita/kenalkan-budaya-indonesia-sedini-mungkin-kepada-masyarakat-australia- kri-darwin-gandeng-sekolah-dasar-di-palmerston.

② "Indonesia Will Take A Big Step on the Global Stage This Year-Are Australians Paying Enough Attention？"， The Conversation, January 19, 2022, https：// theconversation. com/indonesia-will-take-a-big-step-on-the-global-stage-this- year-are-australians-paying-enough-attention-174866.

③ "Why Australia Will Work Harder to Build Ties with Indonesia"， BBC News, August 5, 2022, https：//www. bbc. com/news/business-62078999.

④ Arvin Donley， "Grains Australia Launches Program in Indonesia"， World-Grain, November 17, 2022, https：//www. world - grain. com/articles/17744 - grains - australia-launches-program-in-indonesia.

⑤ Tunggul Wirajuda， "Tracing Indonesian-Australian Ties through Historical Objects"， *The Jakarta Post*， July 27, 2022, https：//www. thejakartapost. com/culture/2022/ 07/26/tracing-indonesian-australian-ties-through-historical-objects. html.

的，也有 2022 年在国际环境等因素影响下新出现的。在这一年中，澳大利亚与印尼的双边关系呈现出以下几个特点。

### （一）多边外交舞台在双边关系中的重要性进一步凸显

在印尼外交政策的传统中，多边外交舞台是印尼政府最为重视的领域之一。[①] 苏加诺时期，印尼是万隆会议和不结盟运动的主导国。苏哈托时期，印尼政府推动建立东盟，并为其成为地区性重要的国际组织做出重要贡献。基于印尼的外交传统，在澳大利亚与印尼的双边关系中，澳大利亚不可避免地被纳入印尼的多边外交轨道中。

2022 年是印尼借助国际多边外交舞台发挥国际影响力的重要一年。在传统的多边外交舞台上，印尼在东盟、中等强国合作体等传统国际组织框架下进行外交活动。除传统外交舞台外，作为 G20 轮值主席国的印尼，借助 G20 峰会发挥作为"调停者"的角色作用。

G20 成为澳大利亚与印尼双边外交活动的重要舞台。澳大利亚外交部长、助理贸易部长以及多名高级官员访问印尼，都借助 G20 峰会的活动，与印尼方就双方深入合作达成意向。特别是在澳大利亚新任政府总理上台并访问印尼后，两国借助多边外交舞台达成多项合作协议。

澳大利亚政府认为 G20 会成为解决粮食危机和能源安全危机的关键点，而印尼受这两个危机的影响最深。[②] 因此，澳大利亚借助

---

[①] 毕世鸿、屈婕：《"印太"视阈下印度尼西亚外交内在逻辑探析——基于"中等强国"行为模式的视角》，《印度洋经济体研究》2020 年第 6 期，第 23 页。

[②] Australian Department of Foreign Affairs and Trade, "Visit to Singapore and Indonesia", July 5, 2022, https：//www. foreignminister. gov. au/minister/penny－wong/media-release/visit-singapore-and-indonesia.

G20，试图持续改善其与印尼的关系，特别是在前任政府强硬的政策实行后。同时，澳大利亚坚定地支持印尼作为 G20 轮值主席国的工作，也没有反对印尼试图邀请俄罗斯参加 G20 峰会的想法。① 借助 G20，澳大利亚初步达到改善双边关系的目的。

与大多数发展中国家一样，印尼的旅游业、农业等多个行业，都遭到严重的损失。印尼外长蕾特诺声明："会尽力维护 G20 的正常运转，关注发展中国家的利益。"② 借助 G20 的舞台，印尼政府高层与澳大利亚进行谈判，谈判内容都涉及印尼最紧要的国家利益。作为 G20 峰会的东道主，印尼通过这一多边舞台将自身外交政策完整地展示在澳大利亚面前。③

2022 年，澳大利亚与印尼双边关系的特点在于：多边外交舞台成为双边关系的基础。这既是传统双边关系的鲜明特点，也是新国际局势下的不得已之举。G20 峰会不是最为重要的国际峰会，但在新冠疫情、国际冲突等全球危机的影响下显得格外重要。G20 峰会成为澳大利亚与印尼在 2022 年下半年的双边关系最为关键的纽带。尽管在以往的双边关系中，多边外交舞台上的外交活动是澳大利亚与印尼双边关系的重要组成部分，但如 2022 年将 G20 作为双边关系关键这样的则少见。

---

① Australian Department of Foreign Affairs and Trade，"Visit to Singapore and Indonesia"，July 5，2022，https：//www. foreignminister. gov. au/minister/penny－wong/media－release/visit-singapore-and-indonesia.

② Kementerian Luar Negeri Republik Indonesia，"Pertemuan Trilateral Indonesia-Australia-Timor Leste：Tiga Menlu Perempuan Bahas Masa Depan Kawasan"，September 21，2022，https：//www. kemlu. go. id/portal/id/read/4002/berita/perte muan－trilateral－indonesia-australia-timor-leste-tiga-menlu-perempuan-bahas-masa-depan-kawasan.

③ Premesha Saha，"The Australia-India-Indonesia Trilateral Finally Takes Off"，Observer Research Foundation，October 4，2022，https：//www. orfonline. org/expert-speak/the-australia-india-indonesia-trilateral-finally-takes-off/.

### （二）政冷经热现象愈发明显

政冷经热的现象，在澳大利亚与印尼双边关系的历史中并不少见。在冷战时期，澳大利亚对印尼进行大规模的援助，但双方在政治立场以及处理方式上时常有冲突。在 2022 年，这种现象愈发明显，特别是在国际局势持续动荡的情况下。

在过去的一年里，澳大利亚与印尼经济合作的热度不减。首先是澳大利亚向印尼提供经济援助，以助力印尼的经济改革。其次是根据《印度尼西亚-澳大利亚全面经济伙伴关系协定》，双方在两国重要的进出口产品方面达成深度合作。最后是澳大利亚深度地参与到印尼的经济复苏之中。印尼是澳大利亚最希望开拓的海外市场之一，两国的"经热"促进两国贸易的发展。2022 年成为疫情后澳大利亚与印尼经济深度合作重要的一年。

但 2022 年，澳大利亚与印尼双边关系在政治上的热度远远低于经济上的热度。澳大利亚新任政府上台前，澳大利亚与印尼的关系因俄乌冲突而陷入短暂的低谷。莫里森政府抵制俄罗斯参加 G20 峰会，这与印尼政府试图通过邀请俄罗斯参加 G20 峰会调解俄乌冲突的意图背道而驰。莫里森政府的强硬态度使 2022 年上半年澳大利亚与印尼几乎没有政治上的互动。阿尔巴尼斯政府上台后，不再对印尼政府进行过多的干涉。[1]阿尔巴尼斯主动访问印尼，澳大利亚高层也表示支持印尼作为 G20 峰会东道主的工作，两国政治上的互动才得以恢复。值得注意的是，澳大利亚新任政府与印尼政府高层间的多次互访中，涉及国际冲突事件的部分较少，两国在交流中也尽量避免立场和"站队"问题。尽管澳大利亚是美国在太平洋地区的重要盟友，但澳大利亚无意将印尼拉入同一战线。

---

[1] Allan Gyngell, "A New Australian Foreign Policy Agenda under Albanese", East Asia Forum, July 31, 2022, https：//www.eastasiaforum.org/2022/07/31/a - new-australian-foreign-policy-agenda-under-albanese/.

阿尔巴尼斯政府试图改变疫情以来双边经济合作不温不火的情况，试图更为深度地参与印尼市场。但政治上的低热度是双边关系发展中无法被忽视的。在阿尔巴尼斯访问印尼前，印尼对澳大利亚在政治上的信任度已经急剧下降。洛伊研究所的调查数据显示，在过去十年里，印尼对澳大利亚的信任度已经下降20%。① 在澳大利亚莫里森政府与美国、英国签署相关核潜艇协议，阿尔巴尼斯继续推动相关协议后，印尼政府对此表达不满。印尼外交部前部长马蒂·纳塔莱加瓦就表示："对于印尼而言，亟须明白的是，澳大利亚新任政府在亚太地区的政策及其目的是什么。"②

因此，在分析2022年澳大利亚与印尼双边关系的特点时，对"政冷经热"的现象需要加以注意。双边关系在政治上的低热度贯穿全年，并可能直接影响到两国经济协议的推进。"政冷经热"的现象也在印尼外交部的报告中有所体现，在全年关于澳大利亚的报告中，印尼大篇幅地谈论经济合作，而很少提及两国在政治上的联系。

## （三）多领域合作加深，但冲突不可避免

在2022年澳大利亚与印尼的双边关系中，合作是绕不开的话题。传统领域的合作进一步深入，特别体现在经济上。非传统安全领域的合作扩大。关于传染病防治的合作，不再局限于新冠疫情防控，已经涉及口蹄疫等传染病的防治。打击非法捕捞等海上犯罪行为，也是双方在2022年合作的内容之一。澳大利亚与印尼的公共外交逐渐恢复到

---

① Su-Lin Tan, "Indonesians Are Increasingly Wary of Australia, But Its New Leader Wants to Change That", CNBC, June 15, 2022, https：//www.cnbc.com/2022/06/15/indonesia-increasingly-wary-of-australia-albanese-wants-to-change-it.html.

② Su-Lin Tan, "Indonesians Are Increasingly Wary of Australia, But Its New Leader Wants to Change That", CNBC, June 15, 2022, https：//www.cnbc.com/2022/06/15/indonesia-increasingly-wary-of-australia-albanese-wants-to-change-it.html.

疫情前，人文交流成为两国认知彼此的重要渠道。自 2022 年 1 月起，澳大利亚游客就是印尼旅游业最重要的组成部分。① 印尼旅游业的进一步复苏，离不开澳大利亚游客的支持。

与此同时，澳大利亚与印尼的冲突也时刻警醒着两国政府高层。这些冲突不仅仅体现在潜在的价值观和立场的冲突上，更体现在其他方面。首先，印尼刑法的修正案规定对婚前或婚外性行为者重罚甚至处以死刑，这让澳大利亚政府和游客颇为担忧。尽管印尼高级官员澄清这一规定不会对游客产生影响，但两国的价值观冲突已经不可避免。② 特别是澳大利亚游客对印尼旅游业的重要性，使得这一冲突被摆上台面。其次，澳大利亚与印尼存在领土争端，印尼渔民与澳大利亚海警之间的冲突频发。在 2022 年，澳大利亚海警共抓获多名印尼渔民，对其处以巨额罚款，原因是这些渔民侵犯澳大利亚水域。③ 特别是沙子岛争端，是澳大利亚与印尼爆发冲突的原因之一。最后，两国关于反恐的合作，在 2022 年末也出现分歧。2022 年 12 月，巴厘岛爆炸案的主谋之一奥马尔·帕特克被印尼政府释放，这让澳大利亚怀疑印尼本土极右翼势力的兴起是否会对澳大利亚人造成威胁。④

① Kanchan Nath, "Australia Is the Largest Source Market for Indonesia", TD, September 14, 2022, https://www.traveldailymedia.com/australia-is-the-largest-source-market-for-indonesia/.

② Mahinda Arkyasa, "Sandiaga Uno Rebuts Rumor of Australia's Travel Warning for Indonesia", *Tempo*, December 19, 2022, https://en.tempo.co/read/1670108/sandiaga-uno-rebuts-rumor-of-australias-travel-warning-for-indonesia.

③ Iman Firdaus, "Ditahan dan Disidang oleh Australia, Delapan Nelayan NTT Akhirnya Dikem-balikan ke Indonesia", *Kompas*, Desember 22, 2022, https://www.kompas.tv/article/360888/ditahan-dan-disidang-oleh-australia-delapan-nelayan-ntt-akhirnya-dikembalikan-ke-indonesia.

④ "How the Bali Bombings Transformed Our Relations with Indonesia", The Conversation, October 11, 2022, https://theconversation.com/how-the-bali-bombings-transformed-our-relations-with-indonesia-192011.

澳大利亚多次对这些冲突表示关切，但都被印尼政府加以回绝。澳大利亚游客、商人对印尼的未来表示怀疑，这也会直接影响到澳大利亚与印尼的合作。在2022年，澳大利亚与印尼在多领域的合作，无法掩盖在事实上的冲突。澳大利亚与印尼也无法及时地解决这些冲突，合作是否能达到效果就无法预料。

### （四）澳大利亚对印尼政策转向明显

2022年6月是澳大利亚与印尼双边关系的转折点。阿尔巴尼斯政府上台，对于对印尼政策进行大幅度的修正。如前文所述，澳大利亚不对印尼作为G20轮值主席国的工作进行干涉。澳大利亚对印尼政府的政策转变体现在两个方面。一是给予印尼政府尊重，不以强硬的政策应对G20等印尼重视的多边外交舞台。二是澳大利亚政府高层主动示好印尼，包括前往印尼访问、给予印尼援助等。澳大利亚政府的政策调整，使得2022年下半年澳大利亚与印尼的关系得到改善，也缓和了地区局势。

## 三 澳大利亚与印尼关系展望

在传统认知中，双边关系以综合实力更强的一方为主导国，例如美国与澳大利亚的关系。但在澳大利亚与印尼的双边关系中，印尼却是更为强势的一方。[①] 无论如何，澳大利亚与印尼的双边关系，始终是两国外交事务中的优先事项之一。一方面，澳大利亚政府换届并试图改善其与印尼的关系。就目前亚太局势而言，澳大利亚因追随美国对中国进行遏制，导致中澳关系恶化并很难在短时间内得到缓解。由于中国是澳大利亚重要的进出口贸易对象国，中澳关系的恶化，让阿

---

① 汪诗明：《20世纪澳大利亚外交史》，北京大学出版社，2003，第131页。

尔巴尼斯政府不得不寻找替代市场，因此更好地开发印尼市场成为澳大利亚与印尼关系的重点。另一方面，印尼政府试图扮演中等强国与国际冲突调停者的角色。依靠不结盟政策以及多边外交舞台上的出色表现，印尼在国际局势混乱的今天有了一席之地。G20峰会的成功举办，体现了国际社会对印尼角色的认可。澳大利亚与印尼的双边关系中，两国都无法说服对方站在美国或中立阵营中，这与历史、现实紧密联系。

综上所述，可以从两个方面展望澳大利亚与印尼关系的发展。第一，在澳大利亚与印尼的双边关系中，经济优先于政治的大方向不会改变。展望未来，澳大利亚与印尼的经济合作，主要分为传统经济和新兴经济两方面。在传统经济上，农产品贸易、旅游经济等依然会是双方经济合作的重点。在新兴经济上，关于数字经济合作的协议是G20峰会期间澳大利亚与印尼达成的协议，数字经济合作将会是两国合作的新方向。在可再生能源方面，两国之间也有合作的潜力。在绿色氢的合作上，澳大利亚向印尼提供相应能源，这是双方合作的新方向。[1] 总之，随着时代的发展，澳大利亚与印尼的经济合作范围会进一步扩大。

第二，政治立场的差异会影响到两国合作项目的深度开展。混乱的国际局势在未来很长一段时间内继续存在。澳大利亚是美国阵营坚定的支持者，印尼则是重要的中立国之一。"政冷"的情况会长期存在于澳大利亚与印尼的双边关系中。从2022年阿尔巴尼斯政府对印尼政府的政策来看，澳大利亚主动调整，去适应印尼的立场和态度。2023年是阿尔巴尼斯政府任职的第一个完整年份，澳大利亚会再次调整对印尼政策，以更好地维护澳大利亚的地区利益。就印尼而言，澳大利亚政府政策的调整是否会博得印尼政府的信任，会被打上问号。印尼政府担忧澳大利亚

---

[1] "Australia, Indonesia Interested in Hydrogen Cooperation with Germany-Report", Renewables Now, June 10, 2022, https：//renewablesnow.com/news/australia-indonesia-intere sted-in-hydrogen-cooperation-with-germany-report-787742/.

与美英两国签署的核潜艇协议，督促澳大利亚遵守核不扩散的国际规则。同时，澳大利亚对印尼刑法修正案的意见也会被视作澳大利亚对印尼内政的干涉。"政冷"的情况不可避免。

第三，公共外交继续是澳大利亚与印尼双边关系的发展纽带。随着大部分国家调整疫情防控政策和入境政策，澳大利亚与印尼的公共外交将会复兴。澳大利亚政府主导的新科伦坡计划支持印尼学生前往澳大利亚。澳大利亚-印尼中心等非政府组织人员可以自由来往澳大利亚、印尼各地，承担着公共外交的任务。印尼的旅游外交，也会让更多的澳大利亚游客认识印尼。总而言之，公共外交复苏，甚至有望回到疫情前水平。

展望阿尔巴尼斯政府的新任期和佐科政府第二个任期的最后两年，澳大利亚与印尼的双边关系会持续出现"政冷经热"的特点。公共外交依然是两国外交的重要组成部分，并对两国关系的发展起到缓和的作用。但是，澳大利亚与印尼的双边关系是否会良性发展，在后疫情时代的不确定性下，需要加以观察。

# 结　语

2023年，国际局势愈发复杂，澳大利亚与印尼双边关系的发展，受到地区内外国际局势的影响。对于澳大利亚与印尼的双边关系，可以从两方面进行分析。一方面，澳大利亚与印尼的双边关系是太平洋地区局势的重要组成部分。无论是在历史上还是在现在，双方都将双边关系视为外交事务中不可或缺的一部分。另一方面，域外大国想要参与到太平洋事务中，不能忽视这两个国家在地区局势中的作用。因此，澳大利亚与印尼双边关系的走势，特别是澳大利亚与印尼在外交原则上的分歧，会对今后的双边关系的发展产生何种影响，需要进一步观察。

# 专题报告

Special Reports

# B.8
# 2021~2022年大洋洲国家对外
# 经贸合作进展与展望

徐秀军　江思羽*

**摘　要：** 2021年以来，大洋洲国家的对外贸易强劲复苏，贸易规模连续两年创历史新高。其中，2021年大洋洲国家的对外贸易总额约为8337.47亿美元，较上年增长24.1%；2022年货物贸易总额为8470.33亿美元，较上年增长17.5%。同时，大洋洲国家对外投资合作总体表现较好，但仍未恢复至疫情前水平。在对华经贸合作方面，总体呈现良好发展态势，双方贸易与投资保持增长，但不同国家之间存在差异。随着中澳关系回暖、RCEP红利持续释放以及共建"一带一路"合作持续深化，大洋洲国

* 徐秀军，法学博士，中国社会科学院世界经济与政治研究所研究员，研究方向为国际政治经济学、亚太区域合作等；江思羽，法学博士，中国社会科学院世界经济与政治研究所助理研究员，研究方向为国际政治经济学等。

家对外经贸合作将面临更积极的因素，在不考虑重大突发性事件的情况下，将保持较好发展态势。

**关键词：** 大洋洲国家 对外贸易 国际投资

# 一 对外贸易

## （一）对外贸易大幅增长

2021年以来，大洋洲国家的对外贸易强劲复苏，并连续两年创历史新高。尤其是《区域全面经济伙伴关系协定》（RCEP）于2022年1月1日正式生效，为该地区主要经济体澳大利亚和新西兰的对外贸易增长注入了新的动力。

根据联合国贸易和发展会议（UNCTAD）的统计数据①，2021年大洋洲国家的对外贸易总额约为8337.47亿美元，较上年增长24.1%。由于2021年全球疫情形势的严峻和大洋洲国家普遍采取的较为严格的入境管理政策，大洋洲国家的服务贸易总额较2020年有所下降，由2020年的1155.34亿美元减少至2021年的1128.18亿美元，同比下降2.4%。分国家类别来看，2021年发达国家的对外贸易额约为8102.50亿美元，较上年增长24.5%；发展中国家对外贸易额约为234.97亿美元，同比增长12.5%。

根据UNCTAD的统计数据，2021年大洋洲国家的货物贸易总额约为7209.29亿美元，同比增长29.6%。其中，货物进口总额为

---

① 统计数据不包括马绍尔群岛、密克罗尼西亚联邦、瑙鲁、帕劳、图瓦卢、库克群岛和纽埃的服务贸易额，但因为此七国的服务贸易额占比很小，对总值的影响很小，造成的计算误差可忽略不计。

3188.48 亿美元，较上年增长 24.5%，增速较上年增加 30.7 个百分点。发达国家货物进口总额为 3110.20 亿美元，较上年增长 24.9%，增速较上年增加 30.6 个百分点；发展中国家货物进口总额为 78.28 亿美元，较上年增长 10.3%，增速较上年增加 31.8 个百分点。2022 年延续了 2021 年的增长态势。2022 年大洋洲国家的货物贸易总额为 8470.33 亿美元，同比增长 17.5%。其中，货物进口总额为 3721.47 亿美元，较上年增长 16.7%，创近十年来的最高水平。发达国家货物进口总额为 3634.44 亿美元，较上年增长 16.9%；发展中国家货物进口总额为 87.03 亿美元，较上年增长 11.2%（见图 1）。

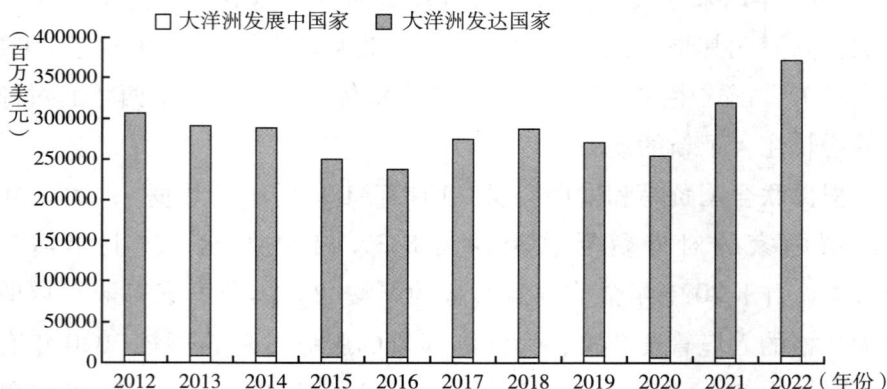

**图 1  2012～2022 年大洋洲国家的货物进口总额**

资料来源：UNCTAD 数据库，2023 年 5 月。

从出口来看，2021 年大洋洲国家的货物出口总额为 4020.81 亿美元，较上年增长 34.0%，增速较上年增加 41.4 个百分点。其中，发达国家货物出口总额为 3896.41 亿美元，较上年增长 34.7%，增速较上年增加 41.6 个百分点；发展中国家货物出口总额为 124.40 亿美元，较上年增长 15.2%，增速较上年增加 33.3 个百分点。2022 年大洋洲国家的货物出口总额为4748.86亿美元，较上年增长18.1%，达到2012年以来的最高值。其中，发达国家货物出口总额为4578.37亿美元，较上年增长17.5%；发展中国家货物出口总额为170.49亿美元，较上年增长37.0%（见图2）。

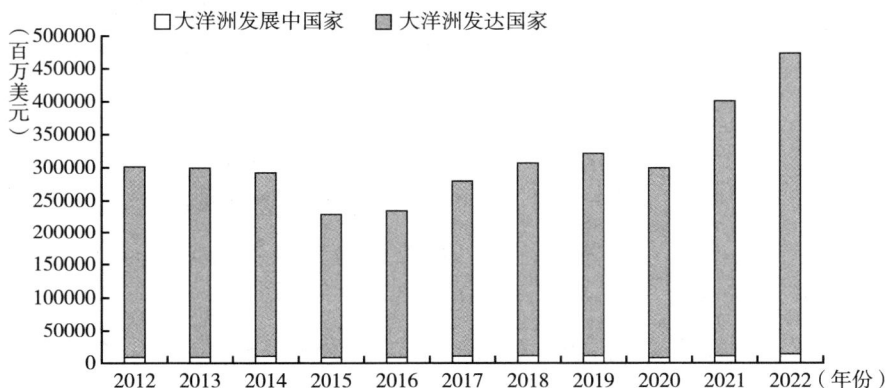

**图2　2012～2022年大洋洲国家的货物出口总额**

资料来源：UNCTAD数据库，2023年5月。

分国别来看，澳大利亚和新西兰在大洋洲国家对外贸易中占据绝大部分份额，其贸易的强劲复苏成为大洋洲国家对外贸易增长的主要动力。2021年，澳新两国贡献了大洋洲国家对外贸易总额的约97.2%。澳大利亚统计局数据显示，2021年澳大利亚货物与服务贸易进出口总额为9171.49亿澳元，较2020年增长近14.7%，增速较上年增加28.0个百分点，但服务贸易和货物贸易呈现分化趋势。2021年澳大利亚货物贸易总额为8024.95亿澳元，较上年增长近20%。其中，出口额达到4582.73亿澳元，较上年增长25.6%；进口额为3442.22亿澳元，较上年增长12.9%。这使得澳大利亚的货物贸易顺差显著扩大至1140.51亿澳元，较上年增长超过90%。相反，2021年澳大利亚服务贸易总额因受到新冠疫情的影响而下滑至1146.54亿澳元，较2020年减少约

12%。其中，服务出口额为 595.89 亿澳元，较上年减少 16.2%；进口额为 550.65 亿澳元，较上年减少 6.8%。这使得该年澳大利亚服务贸易顺差明显缩小至 45.24 亿澳元，较上年减少 62.4%。澳大利亚进出口复苏的强劲势头在 2022 年得以延续。2022 年澳大利亚货物与服务贸易进出口总额达到 12011.80 亿澳元，较 2021 年增长 31%，其中货物贸易总额突破 10000 亿澳元，较上年增长 28.5%；服务贸易总额也止跌回升至 1699.48 亿澳元，较上年增长 48.2%，增速提升 60.2 个百分点。2022 年澳大利亚出口额为 6707.58 亿澳元，同比增长 29.5%，进口额为 5304.22 亿澳元，同比增长 32.8%，贸易顺差额继续扩大至 1403.36 亿澳元，同比增长 18.3%，但其中服务贸易由顺差转为逆差，差额扩大至 211.48 亿澳元。①

　　新西兰的对外贸易也表现较好。新西兰统计局数据显示，2021 年新西兰的对外贸易总额较上年增长 8%，达到 1626.5 亿新西兰元，其中出口额约为 771.8 亿新西兰元，进口额约为 854.7 亿新西兰元，该年新西兰贸易逆差额为 82.9 亿新西兰元。具体来看，2021 年新西兰货物出口额为 632.9 亿新西兰元，较上年增长 6%。但是，同期新西兰服务出口额仅为 138.9 亿新西兰元，较上年减少了 25%，仍较疫情前水平低约 49%。这使得 2021 年新西兰的出口额较上年总体下降了 1%。2021 年强劲的国内消费需求和商业投资显著推高了新西兰的货物进口额，达到 661 亿新西兰元，较上年增长 22%，比疫情前水平高出约 8%。② 根据 UNCTAD 统计数据，2022 年新西兰的货物进出口总额为 999.08 亿美元，较上年增长 5.6%。其中，货物进口额为 542.56 亿美元，同比增长 8.8%；货物出口额为 456.52 亿美元，同比增长 2%。因此，2022 年新西兰贸易逆差额进一

①　数据来自澳大利亚统计局，https：//www.abs.gov.au/statistics/economy/international-trade/international-trade-goods-and-services-australia/mar-2023。

②　数据来自新西兰外交和贸易部，https：//www.mfat.govt.nz/en/trade/mfat-market-reports/an-overview-of-new-zealands-trade-in-2021/。

步扩大至 86.04 亿美元，较 2020 年的 50.79 亿美元增长了 69.4%。

2021 年，太平洋岛国的对外贸易也呈现明显的复苏态势。根据 UNCTAD 数据，2021 年太平洋岛国货物进出口总额约为 202.68 亿美元，较上年增长 13.3%。其中，进口额约为 78.28 亿美元，较上年增长 10.3%；出口额约为 124.40 亿美元，较上年增长 15.2%。对外贸易强劲复苏的态势延续到 2022 年。2022 年太平洋岛国货物进出口总额约为 257.54 亿美元，较上年增长 27.1%。其中，进口额约为 87.04 亿美元，较上年增长 11.2%；出口额约为 170.50 亿美元，较上年增长 37.1%（见表1）。

### （二）澳新对华贸易持续复苏

随着经济复苏，2021 年以来中澳贸易显著回暖。澳大利亚统计局数据显示，2021 年中澳货物贸易总额约为 2691.71 亿澳元，较上年增长 16.5%。其中，澳大利亚对华货物出口额约为 1779.48 亿澳元，较上年增长 21.4%；澳大利亚自华货物进口额约为 912.23 亿澳元，较上年增长 8.1%。这使得 2021 年澳大利亚对华货物贸易顺差显著扩大至 867.25 亿澳元，较上年增长 39.5%。2022 年中澳货物贸易总额约为 2844.26 亿澳元，较上年增长 5.7%。但当年澳大利亚对华货物出口额有所减少，为 1728.17 亿澳元，较上年降低 2.9%；澳大利亚自华货物进口额显著提升，达 1116.09 亿澳元，较上年增长 22.3%。这使得 2022 年澳大利亚对华货物贸易顺差明显缩小至 612.08 亿澳元，较上年降低 29.4%。① UNCTAD 统计数据显示，2021 年澳大利亚出口结构为矿石和金属（44%）、燃料（29%）、食品类（11%）、制成品（8%）和其他（7%）。② 2022 年，澳大利亚向中国出口排名前三的产

---

① 数据来自澳大利亚统计局，https：//www.abs.gov.au/statistics/economy/international-trade/international-trade-goods-and-services-australia/mar-2023。

② 数据来自 UNCTAD 官网，https：//unctadstat.unctad.org/CountryProfile/GeneralProfile/en-GB/036/index.html。

表1 2020~2022年太平洋岛国货物进出口情况

单位：百万美元

| | 出口额 | | | 进口额 | | | 进出口总额 | | |
|---|---|---|---|---|---|---|---|---|---|
| | 2020年 | 2021年 | 2022年 | 2020年 | 2021年 | 2022年 | 2020年 | 2021年 | 2022年 |
| 巴布亚新几内亚 | 9288.46 | 10885.21 | 15193.28 | 3289.10 | 3382.63 | 3188.98 | 12577.56 | 14267.84 | 18382.26 |
| 斐济 | 826.24 | 815.34 | 1084.62 | 1730.55 | 2115.65 | 2983.51 | 2556.79 | 2930.99 | 4068.13 |
| 基里巴斯 | 9.27 | 9.13 | 11.45 | 132.88 | 175.70 | 105.58 | 142.16 | 184.82 | 117.04 |
| 马绍尔群岛 | 44 | 46 | 43 | 74 | 81 | 94 | 118 | 127 | 137 |
| 密克罗尼西亚联邦 | 50 | 76 | 134 | 207 | 197 | 223 | 257 | 273 | 357 |
| 瑙鲁 | 72 | 121 | 117 | 46 | 43 | 35 | 118 | 164 | 152 |
| 帕劳 | 6.75 | 1.95 | 2.72 | 149.49 | 156.01 | 211.11 | 156.24 | 157.97 | 213.83 |
| 萨摩亚 | 37.24 | 28.84 | 38.56 | 311.57 | 368.24 | 435.17 | 348.81 | 397.08 | 473.72 |
| 所罗门群岛 | 378.71 | 371.11 | 333.31 | 479 | 556 | 644 | 857.71 | 927.11 | 977.31 |
| 汤加 | 15.40 | 15.83 | 16.43 | 228.86 | 246.37 | 196.86 | 244.26 | 262.21 | 213.29 |
| 图瓦卢 | 0.05 | 0.33 | 0.05 | 33.83 | 34.16 | 34.30 | 33.88 | 34.49 | 34.35 |
| 瓦努阿图 | 46.16 | 53.85 | 63.69 | 300.65 | 339.46 | 412.74 | 346.80 | 393.31 | 476.44 |
| 库克群岛 | 19.51 | 14.72 | 11.12 | 105.31 | 118.64 | 123.83 | 124.82 | 133.36 | 134.95 |
| 纽埃 | 0.55 | 0.77 | 0.73 | 11.74 | 13.89 | 15.92 | 12.30 | 14.66 | 16.65 |
| 合计 | 10794.33 | 12440.06 | 17049.97 | 7099.99 | 7827.75 | 8704.01 | 17894.32 | 20267.81 | 25753.98 |

注：因四舍五入，个别数据相加存在出入。

资料来源：UNCTAD数据库，2023年5月。

品分别如下：铁矿和精矿类为 1083 亿澳元，占比 60.2%；天然气为 192 亿澳元，占比 10.7%；黄金为 82 亿澳元，占比 4.6%。澳大利亚自中国进口排名前三的产品分别是：通信设备及配件为 92 亿澳元，占比 8.9%；电脑为 91 亿澳元，占比 8.8%；家具、床垫和靠垫类产品为 44 亿澳元，占比 4.2%。①

中新贸易往来也一直保持良好态势。2008 年，《中华人民共和国政府和新西兰政府自由贸易协定》（以下简称《中新自贸协定》）签署并生效。这是中国与发达国家签订的首个自贸协定。2021 年 1 月 26 日，中新双方正式签署《中华人民共和国政府和新西兰政府关于升级〈中华人民共和国政府和新西兰政府自由贸易协定〉的议定书》。自《中新自贸协定》生效实施以来，中新双边贸易实现快速增长，中方已连续多年保持新西兰第一大贸易伙伴、第一大出口市场和第一大进口来源国的地位。根据中国海关总署统计数据，2021 年中国与新西兰的货物贸易总额约为 247.14 亿美元，较上年增长 36.4%。其中，中国向新西兰出口货物额为 85.62 亿美元，较上年增长 41.4%；中国自新西兰进口货物额为 161.52 亿美元，较上年增长 31.5%。2021 年中新贸易逆差额为 75.9 亿美元，较上年增长 26.4%。2022 年 4 月 7 日，《中华人民共和国政府和新西兰政府关于升级〈中华人民共和国政府和新西兰政府自由贸易协定〉的议定书》正式生效，将进一步扩大中新双方在自贸协定项下的市场开放，并提升有关规则水平。2022 年中新贸易延续复苏态势，双方货物贸易总额达到 251.52 亿美元，较上年增长 1.8%。其中，中国向新西兰出口货物额为 91.75 亿美元，较上年增长 7.2%；中国自新西兰进口货物额为 159.77 亿美元，较上年减少 1.1%。由此 2022 年中新贸易逆差额有所减少，

---

① 数据来自澳大利亚外交和贸易部，https://www.dfat.gov.au/sites/default/files/chin-cef.pdf。

为68.02亿美元，较上年降低了10.4%。中国仍然保持着新西兰第一大进口来源国和第一大出口市场的地位。从产品品类来看，根据新西兰-中国关系促进委员会的数据，2021年中国自新西兰进口的前五大产品品类占比分别为：奶制品占比50.4%、活动物类占比29.6%、粮食谷物占比20.2%、木材占比14.1%、肉类占比8.2%。2022年中国向新西兰出口的前几大产品品类分别为：家具、床上用品和灯具（66.2%），玩具用品（64.5%），服装（编织类）（63.4%），服装（非编织类）（60.1%），钢铁（49.6%），电力机械（47.8%）。① 未来，升级后的《中新自贸协定》将进一步消除两国的技术性贸易壁垒并促进通关便利化，推动中新经贸合作更广泛和深入开展。

## 二 国际投资合作

### （一）国际直接投资显著回升

2021年，大洋洲国家吸引外资总体表现较好。联合国贸易和发展会议发布的《2022世界投资报告》显示，2021年全球对外直接投资额（流量）为1.7万亿美元，较上年增长119%。② 2021年大洋洲国家吸引外商直接投资额（流量）较2020年水平有所提升，由2020年的209.65亿美元增加至291.71亿美元，较上年增长39.1%，但仍未恢复至疫情前水平，为近十年来的第二低值（见图3）。其中，澳大利亚和新西兰吸引外商直接投资额（流量）为285.67亿美元，较上年增长39.1%。澳大利亚吸引外商直接投资额（流量）为250.85

---

① 数据来自新西兰-中国关系促进委员会，https：//nzchinacouncil. org. nz/statistics/。

② UNCTAD，*World Investment Report 2022*，June 9，2022，https：//unctad. org/system/files/official-document/wir2022_ en. pdf。

亿美元，较上年增长 50%；新西兰吸引外商直接投资额（流量）为 34.82 亿美元，较上年下降 8.6%。2021 年大洋洲发展中国家吸引外商直接投资额（流量）有所恢复，由上年的 42.79 亿美元增加至 60.37 亿美元，较上年增长 41.1%。进入 2022 年，随着新冠疫情对经济的影响逐渐减弱，大洋洲国家的国际直接投资活动继续复苏。以澳大利亚为例，2022 年澳大利亚外商投资额为 845.08 亿澳元，同比增长 142.4%，涨幅较上年增加 394.5 个百分点。在存量方面，2022 年澳大利亚外商投资额为 11869.89 亿澳元，较上年增长 7.7%，同期澳方对外直接投资额为 10436.6 亿澳元，较上年增长 12.2%，净流入额为 1433.29 亿澳元，较上年减少 16.7%。[1]

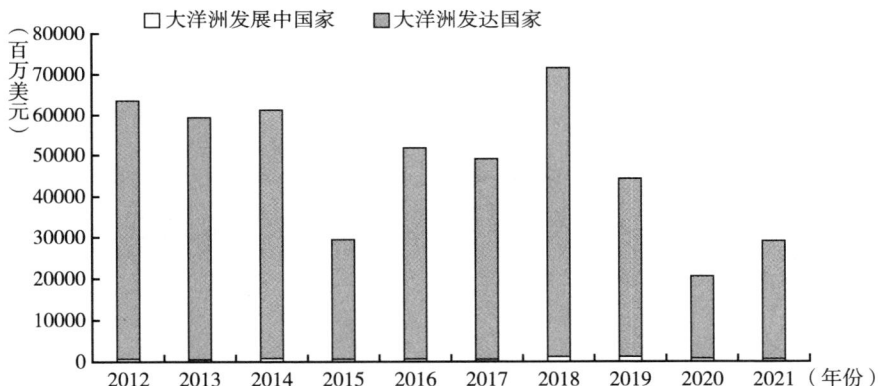

**图 3  2012~2021 年大洋洲国家吸引外商直接投资额（流量）**

资料来源：UNCTAD 数据库，2023 年 5 月。

2021 年，因受到全球新冠疫情的影响，大洋洲国家的对外直接投资额（流量）显著下滑。根据 UNCTAD 统计数据，2021 年大洋洲

---

[1] 数据来自澳大利亚统计局，https://www.abs.gov.au/statistics/economy/international-trade/balance-payments-and-international-investment-position-australia/dec-2022#key-statistics。

国家对外直接投资额（流量）约为 71.02 亿美元，较上年下降 25.7%。其中，澳大利亚对外直接投资额（流量）为 92.24 亿美元，较上年下降 7.2%；新西兰从国外撤资 18.76 亿美元，较上年下降 458.4%；大洋洲发展中国家从国外撤资 2.46 亿美元（见图4）。2022 年澳大利亚对外直接投资额（流量）为 1131.99 亿澳元，同比增长 37.6%，涨幅较上年增加 388.1 个百分点。①

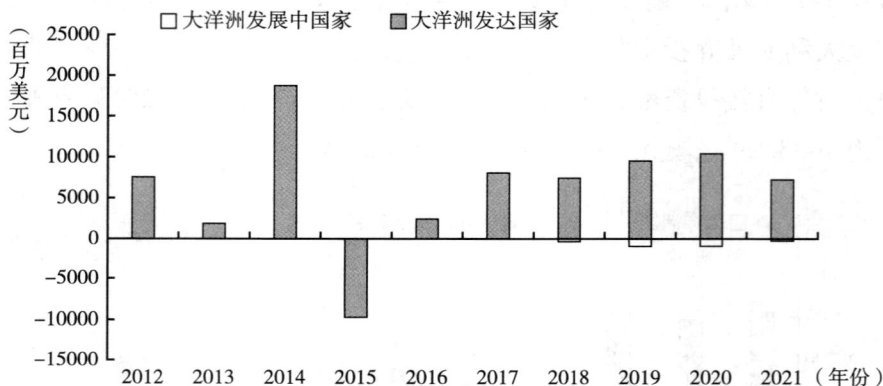

**图4 2012~2021 年大洋洲国家对外直接投资额（流量）**

资料来源：UNCTAD 数据库，2023 年 5 月。

## （二）中国与大洋洲国家投资合作总体向好

总体来看，2021 年中国对大洋洲国家的直接投资大幅增长，但对不同国家呈现分化态势。中国国家统计局数据显示，2021 年中国对外直接投资流量为 1788.2 亿美元，较 2020 年增长 16.3%，位居世界第二。该年中国对大洋洲国家的投资显著提升至 21.2 亿美元，较

---

① 数据来自澳大利亚统计局，https：//www.abs.gov.au/statistics/economy/international-trade/balance-payments-and-international-investment-position-australia/dec-2022#key-statistics.

2020 年增长 46.2%，占 2021 年中国对外直接投资流量的 1.2%，投资主要流向澳大利亚、新西兰、斐济、萨摩亚等国。2021 年中国在大洋洲设立的境外企业为 1260 家，占中国境外企业总数量的 2.8%，主要分布在澳大利亚、新西兰、巴布亚新几内亚、萨摩亚、斐济等国。从存量来看，2021 年中国对大洋洲的直接投资存量为 401.9 亿美元，占中国对外直接投资存量的 1.4%，主要分布在澳大利亚、新西兰、巴布亚新几内亚、萨摩亚、马绍尔群岛、斐济等国家。从投资的行业分布来看，2021 年中国对大洋洲直接投资存量前五位的行业分别为：采矿业为 170.9 亿美元，占比 42.5%；租赁和商务服务业为 54 亿美元，占比 13.4%；制造业为 39.5 亿美元，占比 9.8%；金融业为 39.1 亿美元，占比 9.7%；房地产业为 30.2 亿美元，占比 7.5%。这五个行业的直接投资存量的总量为 333.7 亿美元，占中国对大洋洲直接投资存量总额的 83.0%。①

分国别来看，2021 年中国对澳大利亚的投资大幅上升，直接投资流量达 19.2 万亿美元，较上年增长 60.3%，占当年中国对外直接投资流量的 1.1%，占中国对大洋洲直接投资流量的九成以上。从行业分布情况来看，中国对澳大利亚的直接投资流量主要流向分别如下：制造业为 8 亿美元，占比 41.4%；租赁和商务服务业为 6.4 亿美元，占比 33.4%；采矿业为 5.5 亿美元，占比 28.4%；批发和零售业为 1 亿美元，占比 5.3%；交通运输、仓储和邮政业为 0.7 亿美元，占比 3.6%。2021 年末，中国对澳大利亚的直接投资存量为 344.3 亿美元，占中国对外直接投资存量的 1.2%，占中国对大洋洲直接投资存量的 85.7%。中国共在澳大利亚设立超 900 家境外企业，雇用外方员工超 3 万人。从行业分布情况看，中国对澳大利亚的直接投资存量

---

① 中华人民共和国商务部、国家统计局、国家外汇管理局编《2021 年度中国对外直接投资统计公报》，中国商务出版社，2022。

主要流向分别如下：采矿业为 159.1 亿美元，占比 46.2%；租赁和商务服务业为 50.7 亿美元，占比 14.7%；金融业为 32.7 亿美元，占比 9.5%；制造业为 31.4 亿美元，占比 9.1%；房地产业为 27.8 亿美元，占比 8.1%；农、林、牧和渔业为 9.9 亿美元，占比 2.9%；批发和零售业为 9.1 亿美元，占比 2.6%。① 在外商投资政策方面，2022 年 4 月 1 日，澳大利亚《2022 年外国收购与接管修正条例》（Foreign Acquisitions and Takeovers Amendment Regulations 2022）正式生效，澳大利亚对 2015 年的条例进行修订，对外国投资审查框架的某些部分进行进一步说明并简化了某些不太敏感的投资类型的投资程序，旨在减轻对外国投资者的监管负担。2022 年 4 月 2 日，澳大利亚《2022 年安全立法修正（关键基础设施保护）法案》（SLACIP 法案）引入的《2018 年关键基础设施安全法案》（SOCI 法案）的第二部分正式生效，修正案还重新审视了一些关键基础设施资产的定义，并为高度关键的资产引入了更严苛的网络安全义务。2022 年 4 月 13 日，澳大利亚财政部更新了《外商投资指南》，其中涵盖关于对农业、商业用地、矿业、住宅用地等领域投资的指导说明，并解决在评估 2021 年外国投资改革期间发现的问题。

2021 年，中国对新西兰的直接投资流量约为 2.2 万亿美元，较 2020 年减少了 50.4%。2021 年末，中国对新西兰的直接投资存量为 31.3 亿美元，占中国对发达经济体直接投资存量总额的 1.1%。② 据新西兰-中国关系促进委员会统计数据，中国（包括香港）自 2018 年以来便一直保持新西兰外国直接投资存量排名第二的位置（仅次于澳大利亚），2022 年末，中国对新西兰直接投资存量约为 114.64

① 中华人民共和国商务部、国家统计局、国家外汇管理局编《2021 年度中国对外直接投资统计公报》，中国商务出版社，2022。

② 中华人民共和国商务部、国家统计局、国家外汇管理局编《2021 年度中国对外直接投资统计公报》，中国商务出版社，2022。

亿新西兰元。<sup>①</sup> 在外商投资政策方面，继 2020 年 5 月 28 日正式通过《海外投资（紧急措施）法》后，2021 年 5 月 19 日新西兰通过了《海外投资修正案》的最后一轮修改，7 月 5 日，修订后的海外投资制度下的税务披露机制正式生效，进一步收紧了与外商投资相关的法律法规，加强了对本国国家利益的保护。<sup>②</sup> 2022 年 8 月 16 日，新西兰《2022 年海外投资（林业）修正案》（Overseas Investment Forestry Amendment Act 2022）正式生效，该法案修订了 2005 年的《海外投资法》，对希望将土地转化为新的生产性林业用地的海外投资者进行更严格的测试。

## 三 未来展望

长期以来，大洋洲国家与域外大国关系的发展走势是该地区对外经贸合作的重要影响因素。尤其是作为大洋洲地区的最大贸易伙伴，中国给大洋洲国家的经贸复苏注入了强劲动力。进入 2023 年，中国与大洋洲国家的经贸合作将迎来新的契机。这使大洋洲国家对外经贸合作呈现一些积极因素。

首先，中澳关系有所回暖。2022 年 11 月，中澳两国领导人在二十国集团印度尼西亚巴厘岛峰会期间举行会晤，并就促进两国关系稳定发展以及气候变化、经贸合作等问题进行了深入讨论，打破了两国近年来的外交僵局。同年 12 月，在中澳两国建交 50 周年之

---

① 数据来自新西兰-中国关系促进委员会，https://nzchinacouncil.org.nz/statistics/。

② 《海外投资修正案》规定从 2021 年 6 月 7 日起，疫情期间引入的临时紧急通知制度（ENR）将被永久性国家安全和公共秩序通知制度（NSPONR）所取代，该制度允许新西兰海外投资办公室审查有关重要战略性业务（SIB）的海外投资，以确保该投资符合新西兰国家利益。

际，澳大利亚外交部长黄英贤受邀访华，并参加新一轮中澳外交与战略对话。这是过去三年多来澳大利亚部长级官员的首次访华，释放了两国关系转暖的信号。2023年2月，中国商务部长王文涛与澳大利亚贸易部长法瑞尔举行视频会晤，为缓和两国在经贸领域的紧张关系和深化双方经贸合作迈出新的步伐。并且，两国领导人还将在多边或双边场合举行会晤，进一步推进两国关系升温。这不仅直接有助于恢复中澳经贸往来，还将推动大洋洲地区经贸合作环境的改善。

其次，RCEP红利的持续释放。自2022年1月1日RCEP生效以来，协定适用成员不断增加，并在2023年再添新成员。2023年1月2日，RCEP对印尼正式生效，印尼还颁布了一项有关货物原产地及签发原产地文件的配套措施。作为东盟最大经济体，印尼正式适用RCEP将对包括澳大利亚和新西兰在内的所有成员之间的经贸合作增添新的动力。2023年4月3日，菲律宾向东盟秘书长正式交存RCEP核准书。自核准书交存之日起60天后，RCEP对菲律宾生效。这意味着RCEP实现了对所有协定签署国生效，也意味着RCEP将在更大范围内持续释放自贸区红利。作为RCEP的重要成员，澳大利亚和新西兰将直接从中受益，其对外经贸合作也因此拥有了更有力的支撑。

最后，共建"一带一路"创造新机遇。绝大多数大洋洲国家都是"一带一路"倡议的积极响应者和参与者。截至2023年5月，中方已同大洋洲地区的新西兰、巴布亚新几内亚、萨摩亚、纽埃、斐济、密克罗尼西亚联邦、库克群岛、汤加、瓦努阿图、所罗门群岛和基里巴斯签署共建"一带一路"合作文件。2023年10月，中方举办了第三届"一带一路"国际合作高峰论坛，与共建各国和有关国际组织共商"一带一路"国际合作行动规划。这不仅会推动中方同相关大洋洲国家之间的经贸等领域合作迈上新台阶，也将为该地区对外经贸合作创造新的发展机遇。

　　当然，也要看到，当前全球保护主义依然盛行，尤其是少数大国热衷于在国际社会搞经济制裁和对抗，这给国际经贸环境蒙上阴影，也给大洋洲国家对外经贸合作带来了负面影响。总的来看，在不考虑重大突发性事件的情况下，大洋洲国家对外经贸合作将保持较好发展态势。

# B.9
# 印太视阈下2022年澳美同盟的新动向

宁团辉*

**摘　要：** 在印太框架下，2022年的澳美同盟关系继续得到强化，澳大利亚的国内政治变动并没有影响澳美关系的发展。拜登政府在推进"印太战略"的过程中，高度重视澳大利亚的地位和作用，在军事和外交上加大对澳大利亚的支持力度。同时，澳大利亚对战略环境的认知更加悲观，无论是联盟党还是工党都竭力向美国靠拢，全力支持美国的"印太战略"。在新的战略环境下，澳美同盟的对华指向性和军事安全底色更加明显，澳大利亚处理对华关系的难度也相应加大。

**关键词：** 澳美同盟　"印太战略"　中澳关系　澳大利亚外交政策

在大国博弈加剧的时代背景下，印太地区日益成为全球地缘政治的中心舞台，各主要力量纷纷加大了对该地区的关注和投入力度。美国为捍卫自身霸权地位，全力推进"印太战略"，企图通过强化在印太地区的联盟与伙伴关系网络维持对华战略优势。作为印太地区的重要一员，澳大利亚密切关注印太地区的战略发展趋势，希望将强化澳

---

* 宁团辉，外交学博士，中国国际问题研究院海洋安全与合作研究中心助理研究员，研究方向为中国周边外交、澳大利亚和新西兰对外政策、中国与太平洋岛国关系。

美同盟关系作为实现其"印太战略"目标的核心路径。在"印太战略"的框架下，美国和澳大利亚巩固、强化了两国的同盟关系，澳美关系在新的形势下也呈现出新的特征。

# 一 澳美同盟的新动向

澳美同盟关系在澳大利亚和美国都有着坚实的政治和社会基础，这是澳美关系长期保持高水平的根基所在，但如此紧密的同盟关系也需要两国共同规划与管理。2022年澳大利亚联邦大选出现政党轮替，原来在对外政策上较为亲美的联盟党下台，而在外交上相对较为独立的工党时隔9年再次执政。澳大利亚国内政治的变化成为影响2022年澳美关系发展的一个重要因素。对于拜登政府来说，2022年是其执政的第二年，也是全面推进"印太战略"部署的重要一年，保持澳美关系稳定发展是美国对澳政策的基本目标。从澳大利亚的角度来看，在2022年上半年，执政的联盟党仍继续紧随美国步伐，充当美国对华遏制战略的"急先锋"，中澳关系在此期间也继续恶化；5月下旬工党上台后，阿尔巴尼斯政府很快向美国示好，表明新政府的对美政策将保持连续性，打消美国对工党上台的疑虑。

## （一）美国对澳大利亚的重视与拉拢有增无减

随着中美力量对比的变化，美国对外战略部署越来越倚重盟友和伙伴的力量。拜登政府在推进"印太战略"的过程中，就高度重视地区盟友和伙伴的作用，通过整合盟友和伙伴关系资源、构建各式各样的小多边机制对中国进行围堵和遏制。作为美国在印太地区的核心盟友，澳大利亚被寄予厚望，成为美国实施"印太战略"的得力助手。

第一，拜登政府在政治上继续宣示对澳美同盟关系的重视。2022年2月，美国国务卿布林肯对澳大利亚进行了长达三天的访问，与澳政府领导人举行会谈。如此长时间的停留（尽管有参加"四方安全对话"外长会等活动的安排）对于美国国务卿来说并不寻常，也反映出美国对印太地区和澳大利亚的高度重视。在访问期间，布林肯多次公开强调澳美同盟关系的重要意义和美国对澳大利亚的坚定承诺，"由于我们有着相同的基本观点、价值观和利益，我们的首选伙伴自然是澳大利亚"。[①] 5月以来，拜登在多个多边会议场合与阿尔巴尼斯进行会谈，强调"澳美关系在解决一系列关键问题方面的重要性"。[②] 这种会见虽然更多是姿态上的，但也体现了美国对阿尔巴尼斯新政府的重视。12月，美国国防部长奥斯汀在美澳外长与防长"2+2"会谈的新闻发布会上表示，美国将澳美关系称为牢不可破的联盟，一个多世纪以来，澳大利亚和美国在每一次重大冲突中都肩并肩站在一起；两国的民主制度和人民之间的纽带是通过共同的牺牲、共同的价值观和共同的历史建立起来的，这些纽带比以往任何时候都更加牢固。[③] 奥斯汀的此番表态可以说是美国和澳大利亚对两国同盟关系的经典叙事，既是对过去的总结，也是对未来的期待。

第二，美国在战略和军事上强化对澳大利亚的支持。为维持在印太

---

① "China Aims to Dominate the World: Antony Blinken", *The Australian*, February 11, 2022, https://www.theaustralian.com.au/nation/china-aims-to-dominate-the-world-blinken/news-story/d349a7e5acd421edf80d6e6364c5422b.

② "Readout of President Joe Biden's Meeting with Prime Minister Anthony Albanese of Australia", The White House, November 13, 2022, https://www.whitehouse.gov/briefing-room/statements-releases/2022/11/13/readout-of-president-joe-bidens-meeting-with-prime-minister-anthony-albanese-of-australia/.

③ "Secretary Antony J. Blinken, Defense Secretary Lloyd Austin, Australian Foreign Minister Penny Wong, and Australian Deputy Prime Minister and Minister for Defense Richard Marles at a Joint Press Availability", U.S. Department of State, December 6, 2022, https://www.state.gov/secretary-antony-j-blinken-defense-secretary-lloyd-austin-australian-foreign-minister-penny-wong-and-australian-deputy-prime-minister-and-minister-for-defense-richard-marles-at-a-joint-press-availability/.

地区的战略优势，美国不仅强化了在该地区的军事部署，而且借助盟友资源与中国竞争。在印太框架下，澳大利亚的地缘战略位置更加凸显，成为美国推进"印太战略"的重要依托。美国也在澳大利亚留下极其庞大的军事烙印，把澳当成其在印太地区投射力量的最重要基地。① 为了动员澳大利亚配合美国的战略部署，美国也在战略和军事上对澳予以支持。2021年9月建立的"澳英美三边安全伙伴关系"（AUKUS）是近年来澳美同盟关系发展的里程碑，也是美国在战略和军事上对澳大利亚最大的支持。作为AUKUS的核心，核潜艇项目也是澳美关系发展中的头等大事。2022年2月，布林肯在访澳期间再次表达了美国对核潜艇项目的重视，承诺拜登政府决心为澳大利亚尽快获得核动力潜艇找到途径。同时，美国也向澳大利亚出售各类先进武器装备，以满足澳大利亚提升军力的需求。2022年1月，美国同意向澳大利亚出售75辆新的M1A2"艾布拉姆斯"主战坦克、29辆排爆突击破障车、17辆突击架桥车和6辆装甲救援车；4月，澳大利亚政府斥资35亿澳元购买美制JASSM-ER巡航导弹等武器；8月，美国国务院批准向澳大利亚出售40架UH-60M黑鹰直升机。此外，美国军方领导人还公开支持澳大利亚在南海开展"航行自由"行动。

第三，美国在外交上继续为澳大利亚撑腰站台。作为美国最忠诚的盟友，澳大利亚在外交上对美国亦步亦趋，美国对澳也投桃报李，在涉及澳核心关切时向其提供支持。在中澳关系恶化之时，美国就旗帜鲜明地支持澳大利亚。② 2022年2月布林肯在访问澳大利亚时也重

---

① 《澳大利亚资深外交官约翰·兰德：做美对抗中国的代理人，绝对没好处》，环球网，2023年2月13日，https：//world. huanqiu. com/article/4BfwRlEQwlk。

② "US-China Relations Won't Improve until Beijing Ends Trade Row with Australia, Biden Aide Says ", *South China Morning Post*, March 16, 2021, https：//www. scmp. com/news/asia/australasia/article/3125623/end－trade－spat－australia－help-improve-us-china-ties-senior.

申了上述立场。南太平洋地区被澳大利亚视为"自家后院"。然而，随着中国与太平洋岛国关系的发展，澳大利亚深感其在该地区的优势地位受到冲击。为了制衡中国的影响力，澳大利亚一方面加大对南太平洋地区的投入力度，另一方面也寻求美国的介入，借助美国的力量对抗中国。为缓解澳大利亚的战略和安全焦虑，美国明显扩大了对太平洋岛国事务的参与，并且加强了与澳大利亚的协调配合。2022年2月发布的《美国印太战略》文件宣称华盛顿将"有意义地扩展"在太平洋岛国的外交存在。① 紧接着，美国国务卿布林肯就访问了斐济，并与太平洋岛国领导人举行视频会晤；4月，白宫国安会印太事务协调员坎贝尔率团访问所罗门群岛；6月，美澳等国联合发起"蓝色太平洋伙伴"倡议；7月，美国副总统哈里斯宣布将在太平洋地区开设两个新使馆；8月，美国副国务卿舍曼率团访问太平洋岛国；9月，布林肯主持召开了"蓝色太平洋伙伴"外长会。美国在南太平洋地区一连串的外交攻势既是为了制衡中国的影响力，也是对澳大利亚的外交支持。

## （二）澳大利亚对美国的依赖与配合继续深化

冷战后的相当长一段时间里，澳大利亚一直在中美之间奉行"模糊"策略，即尽量避免公开支持一方而反对另一方，尽量同时维持与美国的安全关系和与中国的贸易关系。然而，随着美国对华遏制战略的出台，澳大利亚终于在中美之间明确"选边"，并大力支持美国的"印太战略"。随着澳美在"印太战略"上的深度对接，澳大利亚对美国的依赖和依附也不断深化。联盟党和工党在此问题上有基本共识，政党轮替并未改变澳美同盟强化的大方向。

---

① *Indo-Pacific Strategy of the United States*，The White House，February 11，2022，https：//www.whitehouse.gov/wp-content/uploads/2022/02/U.S.-Indo-Pacific-Strategy.pdf.

第一，联盟党政府大举扩充军力并强化澳美军事合作。2022 年上半年，联盟党政府以"中国威胁"为借口加紧扩充军力，加强与美国在军事上的协调与配合，企图以此谋取竞选优势。1 月，澳大利亚国防部宣布成立太空司令部，以应对太空威胁并强化澳美在太空领域的合作。3 月，莫里森宣布在澳大利亚东海岸投资 100 亿澳元建设新的潜艇基地，该基地既可以被用来停靠将来建造的核潜艇，又能为美国核潜艇提供补给和维护服务，增强澳美在印太地区对抗中国的能力。同月，莫里森又宣布澳大利亚国防军 40 年来最大规模的扩军计划。根据该计划，到 2040 年，澳国防军总人数将从 6.14 万人增至 8 万人以上，这项为期 20 年的扩军计划预计花费 380 亿澳元，将着力提升澳大利亚同美英两国在 AUKUS 框架下的尖端军事能力。4 月，美英澳三国领导人发表联合声明称，三国将在开发高超音速武器和提高电子战能力方面进行合作。在联盟党执政期间，美澳在军事安全领域的合作可谓高歌猛进，即便在其执政的最后几个月里也是动作频频。在澳美同盟的框架下，联盟党政府在军事上的大幅投入为澳美协作开辟了空间，澳大利亚的配合也为美国推进"印太战略"提供了诸多便利。

第二，工党政府对澳美同盟关系的再确认与再保证。2022 年 5 月的澳大利亚联邦大选是影响澳美关系的一个重要节点。虽然联盟党与工党在支持澳美同盟的问题上有基本共识，但在具体政策层面，两党还是存在一些差异。一般来说，联盟党在对外政策上相对更加保守，更注重发展与美国的军事和安全关系；工党处理对外关系的思维更加多元，尽管支持澳美同盟，但也注重发展与亚洲国家的关系。此外，在工党内部还有一部分人对澳美同盟关系持批评态度。因此，澳大利亚的国内政治变化并非对澳美同盟关系没有影响。对于美国来说，要尽快与新上任的工党政府进行对接，确保过去达成的合作不受影响。对于工党来说，在澳美已经深度捆绑的背景下，阿尔巴尼斯政府需要尽快消除美国对工党的疑虑，确保澳美关系实现平稳过渡。因此，在大选期间和胜选后，阿尔巴尼斯都不断强调，澳美同盟是工党外交三大支柱中的首要支柱。在5月大选尘埃尚未完全落定之际，阿尔巴尼斯就急忙就任总理并赴东京出席"四方安全对话"峰会，这也是用实际行动证明工党政府将忠于与美国的同盟。对于澳美之间最重要的核潜艇项目，阿尔巴尼斯表示，AUKUS对澳大利亚的安全至关重要，工党政府将继续推进这一安排。在美国对华战略挤压的背景下，美国也很关注工党政府的对华政策是否会有调整。对此，工党政府强调，工党的对华政策与联盟党没有本质区别，这其实也是向美国亮明态度。7月，澳大利亚副总理兼国防部长马尔斯在访问美国时表示，对于澳大利亚来说，没有比美国更重要的伙伴，澳美同盟已成为澳大利亚外交和安全政策的基石，工党新政府将完全致力于与美国建立更加紧密的伙伴关系。①

第三，工党政府继续配合美国的"印太战略"部署。工党政府认为，印太地区战略环境更加严峻，澳美联合可以更好地应对大国博弈带来的挑战。2022年5月，工党政府上台不久即加入美国主导建立的"印太海域态势感知伙伴关系"（IPMDA）计划，以提升对太平洋、东南亚和印度洋地区的海域监控能力，"维护自由开放的印太地区"。同月，澳大利亚作为初始成员加入美国主导发起的"印太经济框架"，并且积极游说美国更多关注印太地区的经济问题，弥补美国"印太战略"的经济短板。7月，马尔斯在美国战略与国际问题研究中心演讲中表示，澳美将继续推进军力态势合作，澳大利亚正对国防基础设施进行大量投资，以支持、维护和维持不断增多的澳大利亚和美国军队，两国军队将加强协作训练和提升互操作性，以确保能够快

---

① Richard Marles，"Address：Center for Strategic and International Studies（CSIS）"，Australian Government，July 12，2022，https：//www. minister. defence. gov. au/speeches/2022-07-12/address-center-strategic-and-international-studies-csis.

速无缝地协同运作；同时，澳大利亚将加入美国国家技术与工业基地，以补充和加强美国国防产业链和供应链。① 10 月，美国透露计划在澳大利亚北部廷德尔空军基地部署多达 6 架可携带核弹头的 B-52 轰炸机。② 12 月，澳美举行工党执政以来的首次外长与防长"2+2"会谈，宣布增加美国在澳大利亚的军队和军事装备轮换安排，以加强两国的同盟关系。上述轮换安排涉及轰炸机、战斗机以及美国海军和陆军。同时，澳美还将扩大后勤保障合作。此外，澳大利亚宣布要强化澳美日三边防务合作，提升三国联合训练的质量。在涉华议题上，澳大利亚也选择加入美国阵营来对华施压。③

## 二　澳美同盟的特征

在新的战略环境下，澳美显著加强了在战略层面的协调与配合，两国在军事安全领域的合作不断扩大与深化，澳美同盟关系也呈现新的特征。

### （一）澳美同盟的指向已经越来越明确

军事同盟是澳美关系的根基，是认识和理解澳美关系的基础。而任何军事同盟的建立都有着明确或者潜在的战略目的。澳美同盟起源

① Richard Marles, "Address: Center for Strategic and International Studies (CSIS)", Australian Government, July 12, 2022, https://www.minister.defence.gov.au/speeches/2022-07-12/address-center-strategic-and-international-studies-csis.

② "U. S. Plans to Deploy B-52s to North Australia Amid China Tensions", Reuters, October 31, 2022, https://www.reuters.com/world/us-plans-deploy-b-52-bombers-australias-north-abc-report-2022-10-30/.

③ "U. S.-Australia-Japan Trilateral Strategic Dialogue", Australian Government, August 5, 2022, https://www.foreignminister.gov.au/minister/penny-wong/statements/us-australia-japan-trilateral-strategic-dialogue.

于二战后澳大利亚对日本军国主义复活的恐惧，在冷战期间又成为西方阵营对抗苏联威胁和社会主义阵营的重要组成部分。由于澳美力量的不对称性，澳美同盟经常沦为美国实施对外战略的工具，澳大利亚追随美国参加了朝鲜战争和越南战争。冷战结束后，原有的威胁消失，澳美同盟一度失去发展方向。但是，近年来澳美双方都对这一同盟关系有了新的诉求，澳美同盟也完成了新一轮的转型，其目标和指向越来越明确，那就是联合对抗与遏制中国。

美国认为，中美在印太地区的力量对比变化对美国维持霸权地位构成了严重"挑战"，美国单靠自身力量已经无法维持战略优势，调动和集中盟友资源成为美国捍卫霸权的必然选择，这是美国强化澳美同盟关系的根本动力。与此同时，在各种因素的作用下，澳大利亚对中国的认知在联盟党执政期间发生了非常大的转变，从过去将中国视为"机遇""伙伴"转变为将中国视为"挑战""威胁"。联盟党保守政客更是以对抗和敌对思维来处理对华关系，认为中国对澳大利亚国家安全和"基于规则的国际秩序"构成了"挑战"。然而，澳大利亚仅靠自身力量自然无法应对中国的"挑战"，借力美国成为澳大利亚制衡中国的主要策略。

因此，在澳美两国的各种会谈中，中国几乎都是必谈话题，所谈内容无非是中国又如何构成了"挑战"，澳美应该怎么联合来应对这些"挑战"。

## （二）澳美同盟的军事安全底色越来越明显

澳美同盟关系本质上是军事同盟关系，它的底色也是两国之间的军事安全合作。然而，冷战结束后，随着国际局势的缓和以及经济全球化的蓬勃发展，军事安全在国际关系中的作用相对下降。"9·11事件"发生后，美国先后发动了阿富汗战争和伊拉克战争，澳大利亚虽然支持并参与了这两场战争，但投入的规模比较有限，象征意义大于实际意义。这一时期，澳大利亚对美国反恐战争的配合成为澳美同盟关系的主题，但这两场战争并不直接关系到澳大利亚的核心利益，所在区域都是远离其本土的中东地区。与此同时，进入21世纪以来，亚太地区进入经济发展的快车道，区域合作也不断取得新的进展。对于澳大利亚来说，发展与亚洲国家的经贸关系和参与区域经济合作成为对外政策的重要目标。也就是说，在整个亚太地区局势较为缓和、经济发展与区域合作成为主流之时，澳大利亚对军事安全的重视和关注程度自然也会下降。在陆克文和吉拉德政府时期，澳大利亚的国防支出也并不高，在2012～2013年，国防预算的GDP占比只有1.56%，是1938年以来的最低水平。①

然而，特朗普政府上台后，美国重拾冷战对抗思维，将中国定位为最主要"战略竞争对手"，以"印太战略"为名对华进行全面遏制，重点加大了对军事安全的投入力度。几乎在中美关系发生变化的同时，中澳关系也开始不断恶化，在右翼保守政客的炒作下，澳大利亚国内对中国的"威胁"认知上升。联盟党政府则借机大幅增加军事投入，采购大量先进军事设备，并不断强化与美国的军事安全合作。对于澳大利亚来说，提升军事力量和国防能力的主要途径就是与美国合作。一方面，澳大利亚的大量先进武器都来源于美国，与美国的联盟为澳大利亚提供了无法自行获得或发展的能力、技术和情报优势；② 另一方面，澳大利亚自身力量有限，只有依靠美国的军事保护才能治疗其日益加剧的"安全焦虑症"。在此背景下，拓展和强化军

---

① Scott Morrison, "Address: Launch of the 2020 Defence Strategic Update", Prime Minister of Australia, July 1, 2020, https://www.pm.gov.au/media/address-launch-2020-defence-strategic-update.

② Richard Marles, "Address: Center for Strategic and International Studies (CSIS)", Australian Government, July 12, 2022, https://www.minister.defence.gov.au/speeches/2022-07-12/address-center-strategic-and-international-studies-csis.

事安全合作再次成为澳美同盟甚至是澳美关系的主流，两国在军事安全领域的合作也不断取得突破。尽管如此，澳大利亚一些人士认为澳美之间的合作仍显不够，澳大利亚前总理莫里森 2022 年 12 月在美国保守的哈德逊研究所发表演讲时称，澳美同盟关系在政治层面（对澳美关系的政治宣示）已经无可挑剔，但是在实践层面仍有很多事情可以做，比如推进 AUKUS 等项目。[①]

### （三）澳美关系的不平衡性仍然突出

尽管澳美关系是以军事同盟为核心纽带的，但两国在其他领域的合作情况也会影响到澳美关系的整体水平。相较于在军事安全领域的深度融合与捆绑，澳大利亚与美国的贸易关系则逊色得多。根据澳大利亚外交和贸易部的最新数据，与中国的双边贸易额占澳对外贸易总额的 28.8%，尽管澳美贸易关系在最近两年有所发展，但与美国的双边贸易额只占澳对外贸易总额的 9.2%。[②] 对美国的安全依赖和对中国的经济依赖也影响了澳大利亚的对外政策选择。在美国不断升级对华遏制打压的背景下，澳大利亚若执意追随美国则会影响其与中国的贸易关系，这也不符合澳大利亚的国家利益。虽然澳美双方都希望加强两国之间的贸易关系，使澳大利亚减少对华经济依赖，但中国与澳大利亚在经济上的高度互补性是美澳之间不具备的，相反，在一些贸易领域，澳大利亚与美国还有竞争。因此，澳大利亚想在经济上摆脱对中国的依赖既不可能也不现实，这也就意味着贸易关系仍将是澳美关系的短板。

---

① "Australia's Role in the China Struggle: A Conversation with Scott Morrison", Hudson Institute, December 6, 2022, https://www.hudson.org/events/australia-role-china-struggle-conversation-scott-morrison.

② "Trade and Investment at A Glance 2021", Australian Department of Foreign Affairs and Trade, https://www.dfat.gov.au/sites/default/files/trade-and-investment-glance-2021.pdf.

另外，澳大利亚对美国在印太地区的经济政策也不甚满意。2017年特朗普政府刚上台就宣布退出《跨太平洋伙伴关系协定》（TPP），包括澳大利亚在内的地区盟友对此深感失望。拜登政府上台后，美国的"印太战略"中仍然是安全远大于经济。虽然拜登政府推出了"印太经济框架"，但美国的实际投入仍然很有限，这一计划也很难改变印太地区的经济和贸易格局。2022年12月，澳大利亚外长黄英贤在美国智库卡内基国际和平基金会发表演讲，呼吁拜登政府不要忽视与亚洲的经济联系，暗示美国过于强调其在该地区只是作为重要安全伙伴的角色。黄英贤指出，虽然美国、澳大利亚和亚洲许多国家都希望地区稳定，但许多国家"对大国博弈不感兴趣"，希望合作伙伴也能关注它们的经济需求。她表示："该地区将发展、互联互通、数字贸易和能源转型视为至关重要的领域，在这些领域，美国发挥一贯的领导力和影响力将受到欢迎。"[①]

## 三　澳美同盟强化的影响

在美国对华战略挤压的背景下，澳美同盟更多服务于美国维护霸权地位和遏制中国崛起的战略目的。澳大利亚在军事领域的大幅投入实质上是增强了美国的战略优势，而并不能使澳大利亚更加安全。相反，澳大利亚深化与美国的战略和军事捆绑还会造成严重的负面影响。

第一，澳大利亚的战略自主性会进一步丧失。澳美同盟是典型的非对称性同盟，这种非对称性不仅体现在澳美同盟的权力结构不对称

---

[①]　"Speech to the Carnegie Endowment for International Peace", Australian Government, December 7, 2022, https：//www.foreignminister. gov. au/minister/penny－wong/speech/speech-carnegie-endowment-international-peace.

上，还表现为两国之间的非对称性依赖关系。① 在澳美同盟中，澳大利亚在安全上对美国高度依赖，而美国只是寻求澳大利亚的战略支持。为了换取美国的安全保护、避免"被抛弃"的联盟困境，澳大利亚就必须牺牲掉国家的战略自主性，在重大战略决策上要听取美国的意见甚至直接跟随美国的步伐。澳大利亚的很多看起来让人疑惑的战略决策均与此有关，比如当年澳大利亚政府不顾国际和国内的强烈反对仍然参与美国发动的伊拉克战争。然而，澳大利亚并非完全心甘情愿在对外战略上唯美国马首是瞻。冷战结束后，国际形势缓和，澳大利亚国内也出现了追求战略自主的声音，并且这种声音还上升为政府的政策目标。由于澳美同盟的存在，澳大利亚虽然不可能实现完全的战略自主，但仍然可以争取到更大的自由度。令人遗憾的是，在"印太战略"框架下，随着澳大利亚选择在战略上与美国深度捆绑，其追求战略自主的努力也前功尽弃。其中，对澳大利亚战略自主性损害最大的就是 AUKUS，它展现了澳大利亚对澳美同盟的态度，使澳大利亚比以往任何时候都更紧密地与美国在该地区的军事战略联系在一起；即便不喜欢美国选择的方向，澳大利亚也难以后退。② 换句话说，即使澳大利亚将来如期获得了核潜艇，这支造价昂贵的核潜艇舰队也不过是美国海上力量的补充罢了。

第二，澳大利亚处理对华关系的难度加大。澳大利亚过去在中美之间奉行的"平衡"策略还是比较成功的，其在保持与美国的军事同盟关系的同时也积极开拓与中国的关系，中澳关系也取得了很大的发展成就。然而，当澳大利亚最终决定跟随美国遏制中国之时，澳美同盟的对华针对性也就越发明显。受此影响，中澳关系在过去几年不

---

① 孙通、刘昌明：《"追随"或"自主"：美澳同盟中澳大利亚的外交困境与选择》，《世界经济与政治论坛》2018 年第 3 期，第 63 页。

② Sam Roggeveen，"AUKUS，One Year on"，Lowy Institute，September 12，2022，https：//www. lowyinstitute. org/the-interpreter/aukus-one-year.

断恶化，降至建交以来的最低点。尽管 2022 年 5 月工党政府上台后，澳大利亚对华姿态有所调整，中澳关系也逐步解冻，但阿尔巴尼斯等工党高层也明确表态，澳美同盟仍是澳大利亚外交与安全政策的首要支柱，澳大利亚将继续配合美国的战略部署。可以预计的是，在过去的"平衡"策略被抛弃的情况下，澳大利亚处理对华关系的难度倍增，未来的中澳关系仍将充满挑战。首先，如果澳大利亚仍然坚定支持美国以遏制中国为战略目标的"印太战略"并配合美国将澳美同盟打造成反华联盟，那么中澳之间的政治互信就无法重建。其次，澳美两国在军事安全领域已经达成或者实施的合作项目严重损害了中国的战略利益，将成为影响中澳关系改善和发展的障碍。最后，无论是工党还是联盟党执政，澳大利亚如果无法在战略思维上摆脱对美国的依赖和依附，那么它的对华政策终将只是美国对华政策的翻版。

第三，澳大利亚在亚洲和周边地区的信誉下降。冷战结束后，澳大利亚对外政策的一个重要目标就是"融入亚洲"，发展与亚洲国家的关系。为了实现这一目标，澳大利亚推动建立亚太经合组织，完成了"亚太国家"的身份建构，掩盖了其"西方国家"的身份标签。同时，澳大利亚也积极发展与中国、日本和韩国的经贸关系，主动加入东盟主导的地区合作进程。澳大利亚融入亚洲的努力也得到了回报，其与亚洲国家的关系在整体上也得到了提升。然而，美国为了遏制中国发展，重新纠集澳大利亚等盟友搞排他性小圈子，在印太地区大搞集团政治和阵营对立，严重破坏了地区合作进程。澳大利亚对美国"印太战略"的支持与配合暴露了其作为西方成员的真实立场，反映出澳大利亚真正在意的是西方主导的国际和地区秩序，而不是地区国家的团结与合作。例如，AUKUS 是用冷战时期的集团对抗思维处理安全问题，本质上是为了增强美国在地区的军事优势，维护美国在地区的主导地位，同地区国家求和平、谋发展、促合作的期待背道而驰。冷战结束后，地区国家建立了以东盟为中心的安全对话与合作机制，其增进了地区国家之间的理解与信任，广受各方认同。AUKUS 的成立和运作必将弱化东盟的中心地位，在地区国家之间制造更多的分裂。这也是为什么 AUKUS 的成立遭到了印度尼西亚和马来西亚等国的质疑和反对。

# 结　语

　　总的来说，澳美同盟关系在 2022 年继续得到强化，澳大利亚国内政治的变动并没有对澳美关系的发展造成明显的影响。在大国博弈的时代背景下，澳美两国在印太框架下的协调与合作会继续加强，澳大利亚对美国的安全依赖与美国对澳大利亚的力量借重共同构成了澳美同盟持续强化的动力。过去的几年，联盟党政府盲目追随美国的战略步伐，对华进行挑衅，导致中澳关系严重受损，澳大利亚的国家利益和国际形象也受到了很大的影响。接下来需要关注的是，工党政府在强化澳美同盟关系上是否会有新的举措，澳美同盟在涉华问题上还会有哪些新动作，以及澳大利亚对华政策能否避免被澳美同盟过度牵制。

# B.10
# 2022~2023年日本与大洋洲国家关系

郭 锐 王思源*

**摘 要：** 2022年，在地缘政治环境复杂、经济领域矛盾突出、全球和地区安全形势严峻等多重因素的作用下，日本加快在大洋洲地区的战略布局。除重视建立基于共同价值观的伙伴关系外，日本有意凸显框架下的双边合作拓展这一主张，试图在经济、防务等领域寻求更高水平的区域内联结，提升与相关国家政治合作的良性互促能力。日澳持续挖掘双边特别战略伙伴关系在具体实践领域如经济安全保障、高新技术领域的发展潜力，两国在签署《互惠准入协定》后迈入"准军事同盟"关系新阶段。日新两国持续挖掘双方合作的内生性动力，探索共同应对区域挑战的能力提升路径。日本与太平洋岛国的合作致力于稳固经贸往来并向多领域延伸，强调需求互补和信息畅通。未来，日本将进一步构建大洋洲范围内的国家安全网络，提高其区域影响力和话语权，追求实现交往层级跃升、对冲外部风险的战略目标，力求实现地区协调与战略同频，扩大日本在大国竞争态势下的区域战略空间。

---

\* 郭锐，博士，吉林大学行政学院国际政治系主任、吉林大学国家发展与安全研究院副院长，教授、博士生导师，研究方向为东亚安全与军备控制、当代中国外交、日本政治与对外政策、国际关系理论与方法等；王思源，吉林大学行政学院国际政治系硕士研究生，研究方向为当代日本问题。

**关键词：** 日本　大洋洲合作　经济安全　多边防务　"印太战略"

2022 年，日本同大洋洲国家的交往稳中有进，呈现转型与拓展并重的趋势。在疫情波动下，日澳强化产业链复原力和效力提升合作，结成特别战略伙伴，这为两国"间接同盟"关系转型提供了契机；日新在氢能领域的合作有了实质性突破，同时双方积累了更加丰富的联合防务行动经验；日本和太平洋岛国首脑会议如期举行，"日本太平洋纽带"（KIZUNA）政策加强了日本对太平洋岛国的援助。总体来看，2022 年日本在沿袭经济合作主线的同时，以共同价值观、安全合作和产业联合为关键支线，在多线并行下日本同大洋洲国家展开了多领域、多层级的交互合作，在政治、经济、防务等领域取得了新进展。2023 年，日本与大洋洲国家的互动更加频繁和密切，双方力求实现地区协调与战略同频。

# 一　日本与澳大利亚的关系

日澳有着高度重合的政治战略利益，主张"新时代现实主义外交"路线的岸田政权不遗余力地拉拢澳方以共同推进和强化"印太战略"。2022 年，日澳商定在现有的区域合作框架下进一步开展经济安全保障合作，尤其是提高对电信、互联网等关键新兴技术领域的共同关注度以及重视能源资源领域合作。同时，双方强调以共同价值观为关键纽带，力求联结区域内外合作伙伴，以实现高精度的安保防务联合。

## （一）强化共同愿景下的特别战略伙伴关系构建

自日澳升级为特别战略伙伴关系后，两国关系在持续沟通与合作中不断升温。一方面，日澳基于共同价值观不断强化建设性互动。2022 年 10 月 21 日至 23 日，日本首相岸田文雄访问澳大利亚，大力渲染日澳关系密切。日澳表示将进一步深化特别战略伙伴关系下的政治接触，致力于实现"自由开放的印太"的共同愿景，同时两国将继续支持太平洋岛国论坛（PIF）提出的《2050 年蓝色太平洋大陆战略》。① 另一方面，日澳基于战略利益一致性不断强化协调合作。2022 年 12 月 9 日，日澳举行第 10 次"2+2"会谈，② 就双边、多边合作及对国际局势的看法进行了确认和协商，就加快推进《互惠准入协定》（RAA）落实、促成日本战机在澳部署等事项达成共识。2022 年，日澳以多领域纵深性合作拓展为抓手，基本实现了将两国特别战略伙伴关系提升到新高度的目标。

### （二）升级经济与贸易的框架性合作

2022 年，日澳在经济与贸易领域聚焦于框架内合作的优化、深化与拓展工作，通过塑造规则以谋求深化经济安全合作成为双方强化"印太战略"的新举措。日澳重申了《日澳经济伙伴关系协定》（JAEPA）在两国贸易与投资关系中的重要作用，肯定了可持续、高质量的基础设施建设对区域经济繁荣的重要助力，提出要推进在多边及地区贸易体制下的纵深合作。双方将共同致力于推进《全面与进步跨太平洋伙伴关系协定》（CPTPP）的生效与执行，认为日本主导推动的 CPTPP 是区域内促进贸易、投资及经济增长的框架性协定，③

---

① "Australia-Japan Joint Declaration on Security Cooperation", Australian Department of Foreign Affairs and Trade, October 22, 2022, https：//www. dfat. gov. au/countries/japan/australia-japan-joint-declaration-security-cooperation.

② 『第 10 回日豪外務・防衛閣僚協議（「2+2」）の開催』，外務省，2022 年 12 月 9 日，https：//www. mofa. go. jp/mofaj/press/release/press6_ 001362. html。

③ 『安全保障協力に関する日豪共同宣言』，外務省，2022 年 10 月 22 日，https：//www. mofa. go. jp/mofaj/files/100410297. pdf。

并强调 CPTPP 与"印太经济框架"（IPEF）的增强经济动力、建设区域秩序理念相契合，日澳期待未来美国的加入，希望共同实现"印太地区"的繁荣与稳定。2022 年，日澳在经济与贸易领域更多的同频互动以及在"印太战略"下强调对基于规则的国际秩序的维护，体现了两国在战略意图上基于内生性动力的相互认可。

### （三）强化完善双边安保防卫合作框架

2022 年，日澳加快了渐进提升安保防卫合作框架实际效用的步伐，细化并拓宽了两国军事防务合作范围及形式，双方高级别安全对话频繁且密切。2022 年 1 月 6 日，日澳首脑会谈承诺"扩大和深化两国安全和防卫合作"，双方签署了《互惠准入协定》，[①] 标志着两国在法律上正式缔结了"准军事同盟"关系。此举旨在实现日澳军事资源便捷共享，进一步提升双方联合安保能力。在此基础上，日澳于 10 月 22 日签署新版《安全保障联合宣言》，[②] 指出在未来十年内两国将充分挖掘特别战略伙伴关系在安全防务合作领域的发展潜力。具体来说，日澳将提高应对突发事态的磋商效率和准度，强化日本自卫队与澳大利亚国防军的互操作性，着重建设和发展与特别战略伙伴关系息息相关的战略能力，并加强网络防御、供应链安全及航天领域的防务合作部署。总体来看，2022 年日澳安全合作的实操性得到了明显增强。

### （四）不断加深以能源资源为中心的合作

2022 年，日澳延续了在能源资源领域加强合作的热度，双方在

---

① 『日豪首脑共同声明』，外务省，2022 年 1 月 6 日，https：//www. mofa. go. jp/mofaj/files/100295260. pdf。

② 『安全保障協力に関する日豪共同宣言』，外务省，2022 年 10 月 22 日，https：//www. mofa. go. jp/mofaj/files/100410297. pdf。

矿产供应、能源安全部署、应对气候变化等方面的合作有了更进一步的战略部署。日澳氢能供应链项目（HESC）持续落实并朝产业化方向发展，① 双方宣布将建立"关键矿产伙伴关系"，在拉动澳大利亚国内矿产产能的同时，保障日本具有优势的先进制造业运转所需的矿产资源得到稳定供应。俄乌冲突爆发后全球能源市场陷入动荡，日澳重申加强能源安全合作的重要性，指出要增强区域内能源危机应对能力，充分开发"印太地区"能源市场及供应链。日澳计划制定并推进包括去碳化合作框架"亚洲零排放共同体"在内的联合减排举措，建立稳固可靠且实惠安全的清洁能源供应机制。② 2022 年，日澳以战略上的一致性为前提，以能源安全、气候治理等焦点性议题为抓手，旨在拓宽多领域供需互补性合作，以高标准和高效能的双边互动推动实现符合两国需求的国家安全与利益并重的长远目标。

## 二  日本与新西兰的关系

2022 年正值日新建交 70 周年，双方关注热点议题并承诺在民主、法治和人权的基础上实现"自由开放的印太"愿景。两国重视多边贸易体系建设，将其作为全球化下行趋势中密切合作关系的中心路径，积极推进能够引领经济新发展的技术创新合作。在安全防务领域，两国致力于发挥日本自卫队与新西兰国防军之间合作的重要作用，加强网络安全与经济安全领域合作，持续推进在人道主义援助、灾难救助和海上安全等领域的实质性合作。

---

① "Visit to Japan and the Republic of Korea", Australian Department of Foreign Affairs and Trade, October 9, 2022, https：//www. dfat. gov. au/news/news/visit-japan-and-republic-korea.

② 『日豪首脳会談』，外務省，2022 年 10 月 22 日，https：//www. mofa. go. jp/mofaj/a_ o/ocn/au/page6_ 000768. html。

## （一）密切与巩固双方战略合作伙伴关系

在区域安全问题外溢化的背景下，日新力求以深化战略合作伙伴关系为支点，应对全球及"印太地区"日益增长的战略挑战。在全球层面，日新强调两国在共同价值观下协调合作的重要意义。在2022年2月15日的视频会议和4月21日的首脑会谈中，日新肯定了双方战略合作伙伴关系对地区发展的良性作用，认为两国应将经济领域合作的成功经验拓展至多领域、多环节，以巩固双边关系，化解来自"国际秩序根基日渐动摇的外界政治环境"① 的冲击。值得注意的是，日新承诺将加强机密信息的无缝共享，计划拟定具备保护作用的法律框架。在地区层面，日新展现了持续深化双边及多边合作的决心。两国重申将继续加强与东盟的伙伴关系并一以贯之地支持"东盟印太展望"，② 在共同价值观与高效支持太平洋优先事项的目标引领下继续强化同该地区及域外伙伴在气候治理、疫情恢复、海事、经济发展等领域的合作。可以说，2022年是日新战略合作伙伴关系重要性被进一步放大的一年，双方在具体领域的交互深度和广度得到了显著提升。

## （二）促进经济合作以应对发展需求及挑战

2022年日新经济合作的主轴是满足发展需求、应对风险挑战，双方积极寻求多重合作框架下的务实性多边贸易。在纵向上，日新以未来需求为导向不断延展合作领域。在过去50年间，"日本是新西

---

① 『日・ニュージーランド首脳会談』，外務省，2022年4月21日，https：//www. mofa. go. jp/mofaj/a_ o/ocn/nz/page3_003286. html。

② 『日ニュージーランド首脳共同声明』，外務省，2022年4月21日，https：//www. mofa. go. jp/mofaj/files/100334888. pdf。

兰经济重要的长期投资者"①，基于自然互补性和稳定的商业联系，两国在粮食及农业领域保持着重要的伙伴关系。在此基础上，日新强调加大在数字、技术、太空、氢能利用等高新技术领域合作空间的拓展力度。此外，日新力求在未来边境限制放松后推动两国人员交流恢复，以促进双方交往形式和交往领域的多样化发展。在横向上，日新以经贸框架为依托不断巩固合作基础。针对区域性框架，日新一致强调《全面与进步跨太平洋伙伴关系协定》的战略性意义，②并期待该机制在未来美国重新加入后得到进一步发展和完善。日新肯定了《区域全面经济伙伴关系协定》（RCEP）、亚太经济合作组织（APEC）等合作框架对促进地区经济持续稳定增长的支撑性作用，表示将共同尊重并支持建立"有规则的经济秩序"。针对全球性框架，日新肯定了世界贸易组织（WTO）的中心地位，对坚持开展自由和开放贸易、维护以规则为基础的多边贸易体制表示了共识性支持。总体来看，实现战略区域、战略产业、战略企业纵深发展和横向联结的驱动合作，已成为日新经济合作的主旋律。

## （三）巩固日新双边安全防务合作关系

2022年，日新安全防务合作的现实性、多元性转向，彰显了两国积极提升在该领域的战略协同性的强烈意愿。在传统安全层面，日新基于对现实安全议题的考量，在密切现有军事防务合作关系的同时，有针对性地优化升级防务合作体系。一方面，日新就未来进一步开展双边军事演习进行了商讨。此前，新西兰空军已多次在日本冲绳

---

① 『第28回日本・ニュージーランド高級事務レベル経済協議の開催（結果概要）』，外務省，2022年7月26日，https：//www. mofa. go. jp/mofaj/a_o/ocn/nz/page23_003922. html。

② 『日・ニュージーランド外相テレビ会談』，外務省，2022年2月15日，https：//www. mofa. go. jp/mofaj/press/release/press1_000719. html。

的嘉手纳基地部署 P-3K2 海上反潜巡逻机。另一方面，日新安全"软合作"得到优化，两国在联合声明中明确表示将扩大在安全和情报领域的合作，尤其是侧重于强化机密情报共享，[①] 并就未来建立"无缝"情报共享机制展开了谈判。在非传统安全层面，日新在丰富多领域安全合作的同时，积极推动大洋洲地区的多边安全合作。双方致力于共同开拓与区域内其他伙伴的合作，提高太平洋优先事项协调效率，加强伙伴间信息共享，探索危机协同解决路径，共同维护区域内和平与稳定。

## 三　日本与太平洋岛国的关系

第九届日本和太平洋岛国首脑会议（PALM9）提出了"五个优先领域"构想，日本在上述构想不断落实的过程中持续提升同太平洋岛国的合作广度和深度，将其作为联结太平洋地区的纽带。2022年，日本以援助方身份继续向太平洋岛国进行经济支援，以稳固多线可靠的双边关系。在安全防务领域，日本以小范围的培训交流和防务设施供给为切入点，寻求双方安保合作实现"以点带面式"的跃升性突破。

### （一）以共同价值观强化政治友好关系

在共同价值观上，日本致力于以民主法制促进实现"自由开放的印太"愿景。2022 年 9 月，日本与帕劳的联合声明指出，无论国家的权力大小，"国际规范保护一切正义"，[②] 这是实现"自

---

① 『日ニュージーランド首脳共同声明』，外务省，2022 年 4 月 21 日，https：//www.mofa.go.jp/mofaj/files/100334888.pdf。
② 『日本国とパラオ共和国との間の共同声明』，外务省，2022 年 9 月 9 日，https：//www.mofa.go.jp/mofaj/files/100391355.pdf。

由开放的印太"愿景的关键。2022 年 5 月，日本在与斐济、马绍尔群岛的会谈中进一步说明，双方基于共同价值观所建立的伙伴关系将为太平洋地区的和平与稳定做出重大贡献。在政治接触上，日本试图以具体课题推动建立双方间的广泛性共识。2022 年，日本与图瓦卢、巴布亚新几内亚、密克罗尼西亚联邦等就地区内广受关注的具体问题交换了意见，达成了在一定范围内共同努力的立场性承诺。在双边友好互通上，日本致力于以官方开发援助（ODA）夯实多领域合作。2022 年 8 月，所罗门群岛在与日本的部长级电话会谈中表示，感谢日本在基础设施建设和教育领域对其进行的长期支持，[①] 双方在历史往来的基础上探讨了进一步合作的空间。

## （二）以互补需求拓宽多领域经济合作

在第九届日本和太平洋岛国首脑会议上，日本提出了"日本太平洋纽带"政策，并以其为指向对太平洋岛国进行了持续性经济支持。在应对新冠疫情方面，2022 年日本向萨摩亚、汤加等提供了医疗设备、技术以及疫苗等支持。在海洋可持续发展方面，日本与帕劳的"蓝色繁荣计划"对接，致力于在基础设施建设、渔业、农业等领域促进双方合作，并使日本渔民获得了在帕劳专属经济区捕鱼的权利。在应对气候变化方面，2022 年日本同巴布亚新几内亚建立了联合信贷机制（JCM），后者成为第 25 个参与该机制的国家。[②] 此外，日本将通过为巴布亚新几内亚提供脱碳技术的普

---

① 『日・ソロモン外相電話会談』，外務省，2022 年 8 月 18 日，https：//www. mofa. go. jp/mofaj/press/release/press6_001207. html。

② 『日本国政府及びパプアニューギニア独立国政府との間の 二国間クレジット 制度に関する協力覚書』，外務省，2022 年 11 月 9 日，https：//www. mofa. go. jp/mofaj/files/10042 3821. pdf。

及行动，达成其减排减碳的"国家自主贡献"承诺。在防灾减灾方面，2022年日本分别向遭遇火灾的汤加和遭遇旱灾的萨摩亚提供了水、卫生、保健、粮食和电信等方面的多种救助。总体来看，2022年日本与太平洋岛国以互补需求为中心的多种合作取得了一定的进展，这为接下来双方拓宽多领域经济合作创造了有利条件。

## （三）以能力援助支撑安保合作再升级

2022年，日本与太平洋岛国在安保领域的合作进一步加强。其一，强化以物质支援和人员培训为主的安全援助。日本向萨摩亚提供了包括小型警备艇在内的多种海上安保基础设备，① 以帮助萨方提升海上巡逻能力，这是日本首次以具体的支援项目为加强日萨安保合作关系做出的实质性努力。其二，积极开拓区域内安全合作及交流。在援助汤加火山爆发和海啸灾害时，日本自卫队与斐济救灾小组达成合作意向，双方认为这是日斐防务合作的典范，② 并计划继续促进两国在安全防务领域以及双方防务部门间更广泛的合作与交流。其三，强调在全球性安全议题中的合作动因与观念。2022年日本在与所罗门群岛的会谈中提及了中国和所罗门群岛的安全合作框架协议，日方认为消除各国"担忧"、维护地区和谐与稳定是最重要的议题，而国家间的密切协调对解决此类事件具有重要意义。

---

① 『三宅外務大臣政務官とオロ・サモア独立国公共事業・運輸・インフラ大臣との会談』，外務省，2022年7月15日，https：//www.mofa.go.jp/mofaj/press/release/press1_000978.html。

② 『林外務大臣によるバイニマラマ・フィジー共和国首相兼外相表敬』，外務省，2022年5月7日，https：//www.mofa.go.jp/mofaj/a_o/ocn/fj/shin6_000019.html。

## 四　日本与大洋洲国家关系前瞻

在国际体系中的对抗性日渐凸显的态势下，战术性"避险"日益成为日本开展各领域外交行动的主基调。2023年，日本在把控国家战略节奏的前提下，继续推进同大洋洲国家在政治、经济、安全等领域的纵深合作。伴随着国际体系结构压力的不断强化，日本同大洋洲国家的关系将呈现阶段式发展趋势。

### （一）政治外交方面

如何在大国战略博弈中谋取更大的战略利益和战略空间，是当下日本对外政策制定和实施的核心考量。受缚于日美同盟体系，日本作为一个不具备完全战略自主性的中等强国，[①] 在大洋洲地区推进"避险战略"的路径趋于恒定，即同具有双边合作基础的国家纵深发展利益互补的稳固关系，不断向实现"自由开放的印太"愿景迈进；同时，在日美基轴下强化自身在该地区安全机制中的主导权，以民主、法治、人权等共同价值观驱动伙伴国家协同建构区域秩序，与澳大利亚、新西兰等战略伙伴共同开拓以现实利益为导向的多领域合作。

2023年，日本不断提升在大洋洲地区事务中的角色厚度，增强在区域内的话语权，协调考虑"避险战略"与利益互补式外交，以提升政治友好关系为纽扣，以兼重外交手段、经贸往来、安全防务为纽带，共同提升与大洋洲国家的联结程度。具体来说，日本将更加重视大洋洲国家的权力特点、战略偏好和战略需求，并就各国核心关切

---

① 张望：《安倍治下的日本对华政策：从战略制衡到战术避险》，《国际安全研究》2021年第2期，第105~106页。

议题与其开展高水平合作，如农副产品贸易、气候变化、能源出口、灾害救援等议题。同时，双方具体领域合作在落实时将被进一步融汇到涉及日本核心利益的战略布局中，由此使日本在"战略避险"的刚性需求下获得更为可控的弹性缓冲空间，浓化大洋洲地区作为国际战略共振地区的安全协作色彩。

## （二）经济合作方面

对日本来说，提振国民经济和促进产业升级转型是当务之急。2022 年 10 月 11 日，国际货币基金组织（IMF）发布了最新的《世界经济展望》，① 预测显示日本 GDP 增速虽数值稳定（2020 年和 2021 年为 1.7%，2022 年为 1.6%），但增长势头有所减弱，其面临一定的经济下行压力。与此同时，日本曾经具有竞争优势的高精尖产业的发展现状不容乐观，能否提振经济、助力产业结构改革是检验"避险战略"的重要方面。在此情形下，日本在 WTO、RCEP、CPTPP 等多边自由贸易框架下寻求开展有规则、有秩序的经济活动，② 并进一步追求区域内和谐稳定所带来的经济增长动力，其在能源资源、基础设施建设、电力通信等领域呈现日益明显的经济"软制衡"倾向。此外，日本通过积极的经济援助行动，在谋取大洋洲岛国支持的同时对未来产业发展战略进行精准投资，其将更主动地对接大洋洲岛国的现实需求，为双方合作升至密切高度不断创设条件。

后疫情时期，如何在大国夹缝中保持国家经济领域的优势是日本的重要目标，确保经济韧性将从次要地位上升到主要地位。日本

---

① 国际货币基金组织（IMF）：《世界经济展望》，2022 年 10 月 11 日，https：//www.imf.org/zh/Publications/WEO/Issues/2022/10/11/world－economic－outlook－october－2022。

② 『NATOアジア太平洋パートナー（AP4）首脳会合』，外務省，2022 年 6 月 29 日，https：//www.mofa.go.jp/mofaj/a_o/ocn/shin6_000029.html。

力求将大洋洲地区打造为本国产业转型升级的后盾，致力于在工农业原料、经济安全、供应链网络建立等方面加大双方合作力度。一方面，对澳大利亚、新西兰等具有良好经贸合作基础的国家，日本将进一步寻求与其实现能源安全、技术等新领域合作的多面向综合发展；另一方面，日本期待着官方开发援助框架下的经济跨周期"反哺"新阶段能够让太平洋岛国成为刺激本国提升经济增长质量的生力军。日本将继续扮演区域公共产品主要提供者的角色，进一步与大洋洲国家达成战略共识，促进既有经贸框架下双方合作精准度的提高。

## （三）安全防务方面

日本在"印太地区"安全防务体系的构建上具有极高的身份定位和极强的主导野心，其试图构建除日美同盟外的以日本为中心的次级对外安全合作体系，通过与大洋洲国家多线的双边联结扩大日本海上利益防御面是题中之义。日本防务外交的战略主线与美国高度同频，伴随着拜登政府加快构建美日印澳联动同盟的战略倾向以及疫情冲击下地缘政治环境的变化，[1] 日本认为自身的海上安全压力将日趋加重。在此背景下，日本没有着力于硬性防务力量的一味升级，而是寻求与大洋洲国家逐步建立区域准军事同盟，通过提升太平洋优先事项协调效率、交换对具体事件的看法等行动，在塑造"共同性"目标的过程中提升大洋洲国家的防务协同意愿，以此维持并巩固日本"中心化"的多维度安全防务体系的平衡。

在大洋洲地区，日本将继续拓宽同支点国家的沟通渠道，逐步建

---

[1] 杨飞、方长平：《美国"印太"小多边合作的布局与前景》，《现代国际关系》2022 年第 10 期，第 7 页。

立以其为中心的、辐轴式的韧性"软制衡"安保体系。日本不会满足于对地区利益的被动防御性维护，而将积极提升对区域安全网络的主导能力，增强在海上安全防卫上的话语权。可以预见的是，日本在战略推进上稳健且平衡的特征将得以延续，其将通过开展广泛的双边合作，以柔韧的"软制衡"抵御该地区局势突变带来的挑战。在实现对日美同盟的补充和强化的同时，[①] 日本将进一步寻求增强自主防卫能力以及对区域安全网络的可控力。日本将继续把澳大利亚、新西兰、帕劳等视为"印太地区"重要的安全合作伙伴，并将之作为区域内的安全网络支点，同时将确保与其他大洋洲国家建立有效的沟通机制，辅以安全能力建设方面的援助以更多激发双方安全合作动力。

# 结　语

2022 年，日本与大洋洲国家的关系发展总体呈现跨越双边层次、更加关注地区议题的趋势，日本致力于推动以日美同盟为核心的"印太"次级对外合作体系向复合型合作架构迈进，深化经济安全合作、强化安全干预能力成为日本扩大区域运筹范围与协调交往空间的两柄利刃。值得注意的是，在大国战略博弈的背景下，日本与大洋洲国家的合作重点正加快朝强化竞争性"印太战略"方向倾斜，以此谋求其在区域经济、安全合作上的自主性和影响力。日益加强的"泛安全化"的经济与安全合作，一方面是日本为应对所谓"大国威胁"与推动地区秩序共建的自主战略选择；另一方面也彰显了日本突破"专守防卫"限制、加速"军事大国"转型的体制

---

① 王广涛、俞佳儒：《身份困境与对冲的扩展：中美战略竞争下日本对华政策的新动向》，《边界与海洋研究》2021 年第 4 期，第 81 页。

改革决心。日本对与大洋洲国家安全合作体制的调整在增强其防卫能力的同时，也体现了日本在战后一以贯之地谋求大国化路线的战略动向，这对该地区的和平发展来说始终是一种不确定性，必须予以高度警惕和共同妥善应对。

# B.11
# 2022年中国与新西兰关系回顾与展望

王伟光　　汪正娴*

**摘　要：** 中国与新西兰两国间的联系在 2022 年仍受到新冠疫情等
的影响，但中新两国在外交、经贸、社会、科技等领域，
仍然保持着密切的联系。双方之间的贸易额继续增长；两
国还举办多种活动纪念双方建交 50 周年。在这一年中，
中新双方之间的矛盾与分歧、全球战略形势与美国对华战
略调整等因素，给中新关系带来了一定的压力与消极影
响。但总体而言，2022 年中新关系经受住了这些冲击与
压力，展现出较强的稳定性与成熟性，显示出未来会继续
保持良好的发展趋势。

**关键词：** 中新关系　经贸合作　人文交流

## 引　言

2022 年，新冠疫情仍然在全球传播，世界各国疫情应对政策虽总
体而言呈现出放松管控的趋势，但疫情仍然是公众以及各国政策关注
的重要问题之一。新冠疫情及有关应对之策，仍然影响国家之间的关

---

* 王伟光，博士，厦门大学新西兰研究中心主任，厦门大学公共事务学院副教授，
研究方向为当代国际关系、新西兰外交、反恐与国家安全问题；汪正娴，厦门大
学公共事务学院硕士研究生，研究方向为国际政治相关问题。

系，影响着国家之间的经贸联系、人员往来乃至正常的外交交往等。

这对于中国与新西兰关系而言也是如此。中新之间包括学生、商务人士、游客等在内的人员往来，仍然受限于防疫规定；双方之间相比于疫情前处于极低水平的服务贸易，也反映了这一点。

此外，全球地缘政治因素的变化也直接或间接地影响着两国之间的关系，其中一些已经成为影响中新关系的关键消极因素，并且在未来仍然可能会对中新关系构成严重的挑战。这些因素包括全球地缘政治变迁，美国对华战略的调整、加紧实施其"印太战略"，俄乌冲突，全球贸易与供应链的调整，石油危机与全球通货膨胀，等等。而2022年在这些因素的影响下，中国与新西兰的关系也呈现出一些紧张与龃龉。但总体而言，中新关系整体上仍然呈现出相当强的连续性与稳定性，中新在多个领域、多个层面仍然保持积极的联系与合作。

综合而言，2022年中新关系总体上仍然保持着比较良好的发展态势；两国在外交、经贸、科技、人文、社会等领域都保持着比较频繁、积极的联系与合作。2022年是中国与新西兰建交50周年，而对于中新关系的未来，仍有理由保持相对乐观、积极的预期。

## 一　中国与新西兰之间的经贸联系

经济与贸易，仍然是中国与新西兰双边关系中最充满活力、产生最多合作收益的领域。双方对经贸领域合作也多持非常积极的态度，并采取多种形式、举办多种活动，推动与促进中新双方经贸领域合作的扩大与深化。

2022年中新两国政府与各级官员，以及两国企业、社会团体等，也都非常关心、参与和推动两国间的经贸联系与合作。

在2022年2月，中国商务部长王文涛和新西兰贸易部长达米安·奥康纳（Damien O'Connor）宣布，中新双方完成《中华人民共和国政府和新西兰政府关于升级〈中华人民共和国政府和新西兰政府自由贸易协定〉的议定书》的国内审批程序；4月7日，该议定书正式生效；4月14日，中国驻新西兰大使王小龙与奥康纳举行视频会议，庆祝该议定书生效。2016年11月，中新双方启动自贸协定升级谈判；2021年1月26日，双方签署升级议定书。该议定书被认为是双方提升经贸关系的重要举措与重要成果，其实施将有助于进一步便利、促进双方之间的贸易。

2022年8月18日，中国加入《数字经济伙伴关系协定》（Digital Economy Partnership Agreement，DEPA）工作组正式成立。中国是在2021年11月正式宣布申请加入《数字经济伙伴关系协定》的；该协定由新加坡、智利、新西兰三国于2020年6月12日线上签署，旨在规范、促进成员国间的数字贸易。

2022年11月5~10日，第五届中国国际进口博览会在国家会展中心（上海）举行。新西兰有近50家企业参加此届中国国际进口博览会。其中，27家企业在"品味新西兰"国家馆集体亮相，另有约20家企业独立参展。许多企业在展会中取得了丰硕成果。2022年已经是新西兰参加进博会的第五年，新西兰官方与企业都非常重视进博会，许多高官与知名企业积极参加进博会活动。

而中新双方围绕着进博会还开展了多次经贸活动。2022年6月2日，旨在吸引新西兰企业参加第五届中国国际进口博览会的宣传活动在奥克兰举行，有来自100多家新西兰公司的代表出席了活动。7月18日和26日，新西兰中国商会（China Chamber of Commerce in New Zealand）先后在克赖斯特彻奇市和纳尔逊市举办第五届中国国际进口博览会路演活动，中国驻新使领馆官员、新西兰当地政府有关官员、商会领袖以及近200名工商界人士等出席活动。11月6日，由国际展望联合会、新西兰中国商业圆桌会议、中国食品土畜进出口商会联合主办的庆祝中国新西兰建交50周年特别活动——"2022年新西兰国民品牌高峰论坛"作为进博会的重要配套活动顺利举办。

而中新两国的地方政府、商会、使领馆等也非常关心中新经贸关系发展，还采取其他多种活动方式推动中新经贸关系发展。

2022年1月24日，新西兰中国商会2022年会员大会召开，两国工商界人士、中国驻新使领馆官员等100多人参加了活动，中国驻新西兰大使王小龙线上出席并致辞。

2022年6月22日，新中贸易协会（New Zealand China Trade Association，NZCTA）在新西兰南岛举办活动，中国驻克赖斯特彻奇总领事何颖应邀出席，并发表以"抓住疫后合作新机遇，开启中新经贸往来新篇章"为题的演讲。新中贸协主席马丁·汤姆森（Martin Thomson）以及其他成员、新西兰－中国关系促进委员会（New Zealand China Council，NZCC）执行董事孔思达，以及南岛工商、旅游、教育、媒体等各界人士60多人出席了活动。

2022年11月8日，新西兰优品馆上线京东超市，多个新西兰商品品牌入驻。这也是京东第一家专门销售新西兰商品的国家级店铺。

2022年11月13日，2022粤港澳大湾区全球招商大会（新西兰分会场）暨新西兰-广东商品博览会在奥克兰市开幕。展会旨在打造多品类、全渠道、常态化的广东商品展示、交易服务平台，促进新西兰与广东省进出口贸易联系。中国驻新西兰大使王小龙等向博览会发表视频致辞。

2022年11月25日，为促进华商之间的交流、促进新中经贸往来而举办的新西兰华商俱乐部高端演讲暨年度颁奖活动在奥克兰举行。新西兰总检察长、环境部长、海洋和渔业部长、税收部长和财政部副部长等新方官员及多位国会议员，中国驻新使领馆的外交官，新西兰的华商团体代表等共约600人出席了活动。

2022年12月7日，新西兰中国商会主办的"愿景2023"双边经贸研讨会在奥克兰举行，有350多位中新企业家参加了该活动。中国驻新西兰大使王小龙、新西兰前总理约翰·基（John Phillip Key）、新西兰-中国关系促进委员会执行董事孔思达等出席了活动，而新西兰贸易部长奥康纳、奥克兰市副市长德斯利·辛普森（Desley Simpson）等也通过视频发表了讲话。

2022年12月8日，中国（广西）-新西兰经贸投资合作洽谈推介会以线上线下相结合的方式在南宁和奥克兰两地举办。

2022年12月13~14日，新西兰中国商会和毛利商会（Te Taumata）共同主办了毛利华商企业对接会。中国驻新西兰大使王小龙、毛利商会主席克里斯·英斯利（Chris Insley）、30多位毛利和中国企业代表等参加了活动。

在各方的努力下，虽然疫情的影响仍然存在，但2022年新西兰与中国之间的贸易额仍然保持着增长趋势，并且双方贸易总额首次突破400亿新西兰元。根据新西兰方面的统计数据，以至9月算一年的2022年，双方贸易总额为401.4亿新西兰元。① 其中，新西兰对华出口额为216.6亿新西兰元，自华进口额为184.8亿新西兰元。而2021年，中新贸易总额为358.1亿新西兰元，其中新西兰对华出口额为206.8亿新西兰元，新西兰自华进口额为151.3亿新西兰元。

中新贸易在新西兰整个对外贸易中，继续占据着举足轻重的位置。新西兰2022年对外进出口贸易总额为1861.6亿新西兰元，其中，出口额为858.1亿新西兰元，进口额为1003.5亿新西兰元，逆差额为145.4亿新西兰元。其中，对华贸易占比约为22%，而对华出口则约占新西兰对外出口额的25%。

在中新贸易中，新西兰对华出口商品种类中，按交易额从高到低排，前四类分别为奶制品、木材、肉类、烘焙材料与牛奶；自华进口商品种类中，电子设备、机械、家具、车辆为金额最大的前四类商品。

---

① "New Zealand International Trade: Trade with People's Republic of China in Total Goods and Services", Stats New Zealand, https://statisticsnz. shinyapps. io/trade_dashboard/.

2022 年中新进出口贸易中，在服务贸易方面，新西兰对华出口11.1 亿新西兰元，自华进口 8.2 亿新西兰元。相比之下，2021 年新西兰与中国间的服务贸易额为出口 12.5 亿新西兰元，进口 7.3 亿新西兰元。可以看到，2022 年新冠疫情及其防控措施对中新服务贸易仍然产生严重的制约作用。因此，有理由预期，随着两国疫情防控措施的调整与出入境管控的放松，未来中新之间的服务贸易可能会快速恢复，甚至会实现超越疫情前水平的增长。

中国继续是新西兰的最大贸易伙伴国。中新贸易额远超新西兰与其第二大贸易伙伴国——澳大利亚的贸易额。同期，新澳贸易总额为226.8 亿新西兰元，其中新西兰逆差额为 23.7 亿新西兰元。而在货物贸易方面，新西兰 2022 年进出口总额为 1465.7 亿新西兰元，其中，中新之间的进出口货物贸易额就占了近三成。

中新之间的经贸联系，可以说是中新关系中最重要、最活跃的领域；经贸联系对于双方，特别是对于新西兰，非常重要。新西兰的有关官员等也明确地意识到这一点。新西兰总理阿德恩、外长纳纳娅·马胡塔（Nanaia Mahuta）、贸易部长奥康纳等，曾在不同场合多次强调中新之间的经贸联系对新西兰的重要性。2022 年，新西兰前总理约翰·基在媒体上撰文或接受采访时多次称，中国经济与市场体量巨大，对于新西兰的富裕与发展至关重要。① 而在当前全球经济动荡乃

---

① "Sir John Key: We Need to Craft Our Own View of China, Using Its Past and Potential to Guide Us", *The New Zealand Herald*, January 1, 2023, https://www.nzherald.co.nz/business/sir-john-key-we-need-to-craft-our-own-view-of-china-using-its-past-and-potential-to-guide-us/PSDICCQP3FBR7O56CRWXKLN2S4/; "Sir John Key Says Mainstream Thinking Will Embrace China Again, New Zealand Will Have 'Magnificent' Relationship with Beijing", Newshub, December 18, 2022, https://www.newshub.co.nz/home/new-zealand/2022/12/sir-john-key-says-mainstream-thinking-will-embrace-china-again-new-zealand-will-have-magnificent-relationship-with-beijing.html.

至面临衰退危险、贸易保护主义兴起、通货膨胀等不确定因素的影响下，稳定、不断扩展的中新经贸联系，对于新西兰的重要性又显得尤其突出。

当然，新西兰进出口贸易越来越依赖于中国市场，这在近年也多少引起新方的担心。阿德恩、马胡塔等官员多次提及对中国市场过分依赖可能带来的不确定性与风险，并多次强调推动新西兰的贸易多元化。[①] 新西兰积极采取各种措施，试图提升与其他国家、地区的贸易关系与贸易水平，与英国达成自贸协定，与欧盟签订自贸协定，参与美国的"印太经济框架"（Indo-Pacific Economic Framework，IPEF），甚至多次呼吁美国加入《全面与进步跨太平洋伙伴关系协定》（Comprehensive and Progressive Agreement for Trans-Pacific Partnership，CPTPP）等，这些做法都有这方面的考虑。但 2022 年新西兰的国际贸易格局与中新贸易的继续增长在一定程度上显示，短期内新西兰仍难以找到与中国体量相当的贸易伙伴；而中新贸易存在比较高的互补性，仍然有很大潜力；推动双方贸易关系的发展，符合中新两国的利益。

## 二 两国的多层互动与建交50周年纪念

2022 年中国与新西兰在双边与多边场合继续保持频繁的沟通、互动。1972 年 12 月 22 日，中国与新西兰正式建立外交关系，2022 年是中新建交 50 周年。虽然受新冠疫情及其防控措施等的影响，但中新两国政府与社会团体等仍开展多种活动来纪念中新建交 50 周年。

在 2022 年，中国与新西兰两国的高层领导人在多个场合进行了互动。他们一再强调对双方关系的重视，肯定了中新关系发展过去所

---

[①] Luke Malpass and Thomas Coughlan, "The Taniwha and the Dragon：Foreign Minister Nanaia Mahuta Talks China in Major Speech", Stuff, April 19, 2021, https：//www. stuff. co. nz/national/politics/300280386/the-taniwha-and-the-dragon-foreign-minister-nanaia-mahuta-talks-china-in-major-speech.

取得的成就，表达了继续共同推动两国关系深化发展的愿望。

2022年11月，出席亚太经合组织领导人非正式会议的中国国家主席习近平在曼谷与新西兰总理阿德恩举行了会晤，这是两国领导人自新冠疫情发生以来首次面对面的会晤。双方都表示重视中新关系，都表示要相互尊重，相互信任，扩展与深化合作，继续推动中新在多个领域以及在地区、全球气候变化等议题上的沟通与合作。而在太平洋岛国地区问题上，双方也都表示将继续进行交流与开展合作。

2022年12月22日，中国国家主席习近平同新西兰总督辛迪·基罗（Cindy Kiro）互致贺电，庆祝两国建交50周年；同日，中国国务院总理李克强同新西兰总理阿德恩也互致贺电。中新两国领导人再次表示高度重视中新关系发展，愿意加强双方之间的沟通与合作，推动中新全面战略伙伴关系不断向前迈进。① 而更早一些时候，11月13日，李克强总理与阿德恩都出席了在柬埔寨举行的第17届东亚峰会。

2022年12月，新西兰总理阿德恩、新西兰驻华使节等向中国国家主席习近平致唁电函并通过其他方式，对江泽民同志逝世表示深切哀悼，向江泽民同志家属、中国政府和中国人民致以最深切的慰问。

2022年，阿德恩还在多个场合发表谈话，阐述中新关系与新西兰对华政策，强调中新关系的意义与发展。2022年8月，在奥克兰出席新西兰中国商业峰会时，阿德恩表示在新冠疫情以及有关防控措施允许的情况下，希望能够带经贸团访问中国。在此次发言中，阿德恩还称赞了中国的改革开放与减贫所取得的巨大成就。② 在2022年12月新西兰-中国关系促进委员会举行的纪念中新建交50周年活动

---

① 《习近平同新西兰总督基罗就中新建交50周年互致贺电》，中国政府网，2022年12月22日，http://www.gov.cn/xinwen/2022-12/22/content_5733133.htm。

② "PM Speech to China Business Summit", New Zealand Government, August 1, 2022, https://www.beehive.govt.nz/speech/pm-speech-china-business-summit。

上，阿德恩再次表示希望能在 2023 年访问中国。

中国外长王毅与新西兰外长马胡塔也保持着经常性的联系与沟通。2022 年 8 月 4 日，出席在金边召开的东亚合作系列外长会议期间，中国国务委员兼外长王毅与新西兰外长马胡塔举行了会谈。双方强调了中新之间在经贸、人文、环保、气候等诸多领域的合作，表示要继续推动中新全面战略伙伴关系发展；双方还讨论了双方对太平洋岛国地区的政策立场，表达加强坦诚沟通、合作的意愿。更早一些，6 月 13 日，王毅应约与马胡塔举行了视频会晤，其中，太平洋岛国地区问题是双方讨论的一个焦点。①

此外，其他中新两国高级官员之间也保持着频繁、顺畅的联系与沟通。3 月，中国外交部副部长与新西兰外交和贸易部秘书长以视频方式共同主持新一轮中新外交政策磋商。6 月，中国商务部长在日内瓦出席世贸组织部长级会议期间，会见了新西兰贸易部长。11 月，中国商务部副部长兼国际贸易谈判副代表在泰国曼谷出席亚太经合组织部长级会议期间，与新西兰外交和贸易部副秘书长举行了会谈。

2022 年 11 月，中国教育部长和新西兰教育部长出席了中国-新西兰教育联合工作组磋商机制第十次会议（视频）。同月，参加在柬埔寨暹粒举行的第九届东盟防长扩大会议期间，中新两国防长举行了会晤。②

---

① 《王毅同新西兰外长马胡塔举行视频会晤》，中华人民共和国外交部，2022 年 6 月 13 日，https://www.mfa.gov.cn/web/gjhdq_676201/gj_676203/dyz_681240/1206_681940/xgxw_681946/202206/t20220613_10702454.shtml。

② 《第九届东盟防长扩大会在柬埔寨举行　魏凤和出席并发言》，中华人民共和国国防部，2022 年 11 月 23 日，http://www.mod.gov.cn/diplomacy/2022-11/23/content_4926780.htm；"Defence Ministers Meet in Cambodia", New Zealand Government, November 24, 2022, https://www.beehive.govt.nz/release/defence - ministers - meet-cambodia。

2022年1月19日，中央军委委员、中央军委联合参谋部参谋长与新西兰国防部秘书长视频通话，双方就地区安全形势、中新两国两军关系，以及其他共同关心的问题坦诚深入地交换了看法。2月17日，全国人大常委会委员长栗战书在北京人民大会堂以视频方式同新西兰议长特雷弗·马拉德（Trevor Mallard）举行了会谈。①

中新两国的科技、教育、人文以及民间交流活动也精彩纷呈。

2022年9月26日，新西兰中文周开幕招待会在位于惠灵顿的新西兰国会大厦举行，标志着中文周活动正式拉开帷幕。新西兰总理阿德恩以中文开场，为活动发表了视频致辞。她说，目前有超过24万名华人生活在新西兰，为新西兰多元文化建设发挥着重要作用。她鼓励人们利用中文周尝试学习中文，从不同的视角接触中国文化。② 新西兰全国各地也推出形式各异的相关活动。例如，9月25日至10月1日，惠灵顿中国文化中心、惠灵顿乔森威尔图书馆共同推出以"虎年话虎"为主题的新西兰中文周中国书画体验活动；9月25日，新西兰克赖斯特彻奇举行"中国文化沉浸日"活动。

2022年7月27日下午，北京大学与新西兰8所大学代表在线举行了《关于北京大学新西兰中心继续运作的谅解备忘录》签署仪式。新西兰教育部长、新西兰驻华大使、中国教育部副部长、中国驻新西兰大使等以不同方式出席活动。2022年11月3日，华中科技大学与

---

① "Top Chinese Legislator Holds Talks with New Zealand Parliament Speaker", The Embassy of the People's Republic of China in New Zealand (Cook Islands, Niue), February 18, 2022, http://nz.china-embassy.gov.cn/eng/zxgxs/202202/t20220218_10643245.html.

② 《2022年新西兰中文周拉开帷幕》，中国政府网，2022年9月27日，https://www.gov.cn/xinwen/2022-09/27/content_5712947.htm。

坎特伯雷大学（University of Canterbury）签署合作备忘录，中国驻克赖斯特彻奇总领事出席了线上签约仪式。

2022年12月1日，中新二轨对话首次会议成功举行，中国人民外交学会和新西兰-中国关系促进委员会以线上方式共同举行了此次会议。

2022年2月23日，新西兰-中国关系促进委员会和中国（深圳）综合开发研究院就气候变化与可持续发展议题联合举行视频对话会，来自两国的十几位专家参加了会议。对话会包括"净零排放战略"和"绿色交通"两场会议。

2022年11月25日，首次中国-新西兰联合深渊深潜科考航次克马德克海沟第一航段任务完成。27日，中国-新西兰联合深渊深潜科考队在"探索一号"母船上召开航次招待会，中国驻新西兰大使与新方研究人员等出席了招待会。12月23日，中国驻奥克兰总领事出席为中国-新西兰联合深渊深潜科考队举行的送别活动。

2022年3月28日，中国全球化智库（CCG）与新西兰国际商业论坛（New Zealand International Business Forum，NZIBF）联合举行了一场以"中国与《全面与进步跨太平洋伙伴关系协定》"为主题的圆桌会议，会议由新西兰-中国关系促进委员会执行董事麦康年（John McKinnon）与全球化智库理事长王辉耀联合主持。

在2022年，中新官方与社会团体还举办了多种活动来纪念中新建交50周年。例如，7月4日，中国驻奥克兰总领馆举办庆祝中新建交50周年招待会。9月27日，中国驻新西兰大使馆举行招待会，庆祝中华人民共和国成立73周年和中新建交50周年。11月28日，中国驻新西兰大使馆举行庆祝中新建交50周年招待会和专场音乐会。12月5日，中国驻新西兰大使馆在惠灵顿植物园举行纪念中新建交50周年长椅揭幕仪式。12月9日，新西兰外交和贸易部、新西兰–中国关系促进委员会、新中贸易协会共同举办纪念新西兰–中国建交 50 周年午餐会，阿德恩、中国驻新西兰大使王小龙等出席了活动。此外，有关纪念、庆祝活动还有基督城中华协会举办的庆祝中新建交 50 周年多元文化晚会、新西兰和平之友联谊会主办的《新中友谊纪念展》、中国对外文化集团有限公司出品的"中华风韵"交响音乐会、新西兰华星艺术团在奥克兰举办的 2022 年"文化中国—魅力华星"晚会、由怀卡托周报和新西兰华星艺术团联合主办的 2022 年怀卡托华人中秋国庆晚会暨庆祝中新建交 50 周年文艺演出、辽宁省举办的纪念中新建交 50 周年系列活动等。中新双方的有关官员与外交人员也纷纷在媒体上撰文，纪念中新建交 50 周年。

而 2022 年也是新西兰的中国国际友人路易·艾黎（Rewi Alley）125 周年诞辰，中国也举办了有关的纪念活动。这些包括 11 月 18 日举行的 2022 年度纪念路易·艾黎中文学习颁奖典礼、12 月 2 日在张掖举行的山丹培黎学校建校 80 周年庆祝活动、12 月 2 日在上海举办的纪念路易·艾黎 125 周年诞辰活动等。路易·艾黎自 20 世纪 20 年代从新西兰来到中国后，就长期献身于中国的建设与发展，也因此被列为中国的十大国际友人之一。中国国家主席习近平与新西兰总理阿德恩在有关会谈中，也多次强调要传承好、发展好"路易·艾黎精神"。①

此外，2022 年，许多中新城市也举行了建立友好城市或姐妹城市关系的周年纪念活动。如奥克兰与宁波、惠灵顿与厦门等中新两国友好城市举行了相关庆祝活动。

从这些中新间的联系与互动可以看出，中国与新西兰的外交互动

---

① 《APEC 会议第一天，习近平重点谈到这五个关键词》，人民网，2022 年 11 月 20 日，http：//politics. people. com. cn/BIG5/n1/2022/1120/c1001-32570159. html。

与联系频繁、密切。这些联系与互动是多层次的，从两国领导人的直接会晤，到部长级别高官的会晤，再到高层官员之间的事务性工作会议。这些联系与互动有的是在亚太经合组织领导人非正式会议、东亚峰会、联合国会议等多边场合进行的，有的是在中新双边之间进行的。这些联系与互动，有的是依据两国或多边定期机制而进行的，有的则是根据具体外交议程或议题或现实变化需要而进行的。这些联系与互动所涉及的议题或领域，有的是涉及两国关系根本原则与方向的政治、外交问题，有的是涉及双边或多边的经贸问题，有的是涉及社会、人文、科技等领域的议题，有的是涉及如气候变化等的地区或全球议题。这些联系与互动中，有的是双方寻求拓展或深化合作的；有的是双方进行沟通以解决分歧与争议的。而且，中新两国的企业、社会团体与民众等积极关心、参与中新关系的发展。从经贸、教育到科技、文化、人员往来等，中新两国民间也保持着密切、友好的联系与交流。

因此，中新两国之间紧密、多层次的联系与沟通，在一定程度上反映了中新双方在利益上存在互补性，有很好的合作潜力与基础，反映了两国民众之间的友好与信任，反映了中新两国政府对中新关系的重视与积极发展双边关系的努力，反映了双方在政治上的相互尊重、信任，以及尽力坦诚沟通、解决问题的能力与意愿。

# 三 挑战、分歧与中新关系的延续、稳定

但毋庸讳言，中新关系在快速发展的同时，也面临内外的挑战与压力；并且，在过去几年中，这些挑战与压力呈现逐渐增强的趋势。这些挑战与压力有些与中新双边之间的价值观、政治制度乃至利益之间的分歧有关，但更深层次、更重要的影响因素则是全球地缘政治变

化。特别是由于中国的实力与在大洋洲地区的影响力快速增强，美国调整其全球与对华战略，将其认为既有意图又有能力的中国列为"首要对手"而进行"战略博弈"；① 而俄乌冲突，又加速了全球阵营的分化与对立。新西兰面临的"选边站"的压力可能也会加大。而且这些使中新之间内在的分歧与矛盾可能变得更加突出，并且容易被有关政治势力与国家利用；其中，新西兰对于这些压力与变化可能又更为敏感、更加焦虑一些。而在 2022 年的中新关系中，这些分歧、挑战与压力也有所体现。

中新之间的价值观与政治制度之间的差异仍然是中新关系中分歧与龃龉的一个重要方面。阿德恩在包括 2022 年 8 月 1 日的新西兰中国商业峰会等在内的多个场合都曾提及与中国在价值观等方面的分歧。② 此外，新西兰多次在与美、日、澳、北约等相关的多边、双边活动场合，与之联合表达对南海问题、东海问题与台湾问题等的关切。

近些年，美国等西方国家一直在试图拉拢新西兰，并潜在地施压新西兰，试图使其改变政策、对中国采取更强硬的立场。2022 年 12 月初，新西兰前总理约翰·基在接受采访时就爆出，美国曾试图利用

① "National Security Strategy", The White House, October 2022, https://www. whitehouse. gov/wp-content/uploads/2022/10/Biden-Harris-Administrations-National-Security-Strategy-10. 2022. pdf; "The Administration's Approach to the People's Republic of China", U. S. Department of State, May 26, 2022, https://www. state. gov/the-administrations-approach-to-the-peoples-republic-of-china/; "United States Strategic Approach to the People's Republic of China", The White House, May 26, 2020, https://trumpwhitehouse. archives. gov/wp-content/uploads/2020/05/U. S. -Strategic-Approach-to-The-Peoples-Republic-of-China-Report-5. 24v1. pdf.

② "PM Speech to China Business Summit", New Zealand Government, August 1, 2022, https://www. beehive. govt. nz/speech/pm-speech-china-business-summit.

"五眼联盟"等来对付中国。① 2017年新西兰情报机构以存在安全风险为由，否决华为参与新5G建设的方案，这也清晰反映了美国等对新西兰的影响。而在一定程度上，新西兰也试图通过加强与美国、日本、北约等的政治、军事、情报、安全等方面的合作，来应对中国在大洋洲地区不断增加的影响力与行动。新西兰从最初的怀疑、犹豫到接受美澳等的"印太战略"，再到呼吁美国扩大在该地区的存在与投入并支持与参加美国的"印太经济框架"（IPEF）。② 其还积极加强与北约的联系与合作，增加与澳、美、日等在太平洋岛国地区的沟通与协作等。而在2022年4月中旬对日本的访问、5月底6月初对美国的访问、6月的欧洲之行和7月的澳大利亚之行中，阿德恩与日本首相岸田文雄、美国总统拜登、澳大利亚总理阿尔巴尼斯等在会晤或联合声明中，都提及对涉华相关议题的关切或担忧，表示将加强与这些行为体在太平洋岛国地区的合作。③

但总的来说，即使中新关系中仍有矛盾与龃龉，有关国家的政策有所调整，但中新关系如前所述，2022年仍保持总体上的稳定与继续发展的势头；中新双方也都表示出重视与推动未来双边关系进一步

---

① "Joint Statement: Japan and Aotearoa New Zealand: A Strategic Cooperative Partnership for Common Peace, Security and Prosperity", New Zealand Government, April 22, 2022, https://www.beehive.govt.nz/release/joint-statement-japan-and-aotearoa-new%C2%A0zealand-strategic-cooperative-partnership-common; "United States Trying to Use Five Eyes to Create 'Aggressive' Bloc Against China, Sir John Key Tells Chinese Media", Newshub, December 1, 2022, https://www.newshub.co.nz/home/politics/2022/12/united-states-trying-to-use-five-eyes-to-create-aggressive-bloc-against-china-sir-john-key-tells-chinese-media.html.

② "Speech to New Zealand US Business Summit", New Zealand Government, May 2, 2022, https://www.beehive.govt.nz/speech/speech-new-zealand-us-business-summit.

③ "Prime Minister and President Biden Reaffirm Close NZ US Relationship", New Zealand Government, June 1, 2022, https://www.beehive.govt.nz/release/prime-minister-and-president-biden-reaffirm-close-nz-us-relationship.

发展的良好意愿。而其中，新西兰整体外交战略与其对华政策的根本方向，仍然呈现了很强的连续性。

2022年7月，阿德恩访问澳大利亚时在洛伊研究所（Lowy Institute）的演讲中，重申新西兰奉行独立自主的外交政策。她还强调其他国家一直在参与太平洋地区事务，认为太平洋地区国家因此需要"选边站"也是错误的。[①] 并且，她还强调新西兰与中国的贸易在进一步发展，两国仍有着可以合作也应该进行合作的共同利益领域。

总的来说，对于中国的崛起和在太平洋地区的影响力增加，乃至对于双边关系中的分歧与矛盾，新西兰的政策与应对与美澳日等试图强化结盟、加强地区军事存在、强调对抗等的做法不同。新西兰更强调地区主义、多边主义，更强调通过双方之间的沟通与磋商，依靠国际规则与外交等来进行应对。并且，新西兰的政策与反应，更少受到恐华、反华情绪的影响，更客观、理智。

因此，新西兰虽然在对华政策上面临较大的内外压力，甚至批评声，中新在一些问题上仍然存在分歧、争执，但中新关系经受住了这些压力与冲击，并很快恢复与保持了稳定，并呈现出在疫情冲击消退后将进一步深化、发展的势头。

2022年8月1日，在新西兰中国商业峰会上的演讲中，阿德恩充满感情地回顾了中国与新西兰在多个方面、各个层次的长久联系。她强调与中国的关系对新西兰来说，是最重要、最复杂的关系之一；中新之间有分歧，并且新西兰会以一致、成熟的方式提出自己的不同看法，坚持自己的立场，但同时会与中国相互沟通、管理分歧，并加强

---

① "A Pacific Springboard to Engage the World: New Zealand's Independent Policy", New Zealand Government, July 7, 2022, https://www.beehive.govt.nz/speech/pacific-springboard-engage-world-new-zealand%E2%80%99s-independent-foreign-policy.

在存在共同利益的领域的合作。① 在 12 月新西兰-中国关系促进委员会举办的庆祝中新建交 50 周年活动中，阿德恩再次强调了中新关系的重要性。她非常积极地评价与展望了中新关系，并表达了希望不久后能带队访问中国的意愿。②

# 四 结语与展望

2022 年新冠疫情以及相关防控政策等仍然对中新两国之间的联系产生重要影响，特别是导致两国之间的人员往来仍然非常不便与较少。而中新在人权、意识形态以及如南海等问题上的分歧仍然存在。全球地缘政治环境的变迁，也使中新关系承受了更大的外界压力。

但 2022 年中新关系仍然保持着活力与表现出相对良好的发展态势；中新关系在内外分歧或压力的影响下，虽产生了一些矛盾与变化，但保持了稳定性与相对良好的发展势头，呈现其成熟性。2022 年中新两国高层与政府官员间保持着经常性的互动。特别是 2022 年 11 月中国国家主席习近平与新西兰阿德恩举行了疫情发生以来的首次面对面会晤。会晤中，双方都强调中新关系的重要性，确认了继续发展双方全面战略伙伴关系、加强联系与合作的意愿。中新在经贸、科技、人文等多个领域仍然保持着密切的联系，双方政府、企业、社会团体等积极参与、推动中新之间的联系与合作。2022 年也是中新

---

① "PM Speech to China Business Summit", New Zealand Government, August 1, 2022, https：//www. beehive. govt. nz/speech/pm-speech-china-business-summit.

② "50th Anniversary of New Zealand-PRC Relations Acknowledged in Unique Style", New Zealand China Council, December 13, 2022, https：//nzchinacouncil. org. nz/ 2022/12/50-years-of-new-zealand-prc-relations-acknowledged-in-unique-style/； "50th Anniversary of New Zealand China Diplomatic Relations", New Zealand Government, December 9, 2022, https：//www. beehive. govt. nz/speech/50th - anniversary-new-zealand-china-diplomatic-relations.

建交 50 周年，两国举行了多种纪念活动。

中新在经贸方面存在相当高的互补性，有相当大的合作空间，而两国社会、政府之间都已经形成比较友好、良性、密切的联系，两国政府对于双方之间的分歧与矛盾，也有比较理性的认知和相对成熟的处理办法。因此，对于中新关系在未来的发展态势，可以有比较乐观的预期。但中新关系当下所存在的一些分歧或所面临的压力，在未来很可能会存在一段时间，甚至可能会被大大激化或增大。这些对中新关系的影响值得研究者继续深入观察，也需要中新两国政治家谨慎处理。

# B.12
# 2022年斐济大选：兰布卡组建首个联合政府

秦　升[*]

**摘　要：** 2022年斐济大选是2006年军事政变后的第三次民主选举，也是竞争最为激烈的一次大选。参加选举的党派数量达到了创纪录的9个，其中四个政党通过了进入议会所需的5%选票门槛。与此同时，全国共有69.4万名选民登记，最终投票率仅为67.8%，是三次大选中最低的一次。斐济优先党获得的席位数量最多，但并未赢得议会多数席位，这导致斐济自2013年修宪以来首次面临组建联合政府的情况。兰布卡作为主要反对党人民联盟党的领袖，在社会民主党和民族联盟党的支持下，最终击败姆拜尼马拉马，结束了其长达16年的执政历史。

**关键词：** 斐济　大选　兰布卡　联合政府

2022年12月14日，斐济举行了2006年军事政变以来的第三次大选。时任总理弗兰克·姆拜尼马拉马（Frank Bainimarama）领导的斐济优先党（Fiji First Party）和竞争对手西蒂维尼·兰布卡

---

* 秦升，博士，中国社会科学院澳大利亚、新西兰与南太平洋研究中心助理研究员，研究方向为大洋洲地区政治。

（Sitiveni Rabuka）领导的党派联盟各获得 26 个议会席位，均没有在由 55 名议员构成的议会中赢得多数。拥有 3 个议会席位的小党派社会民主自由党（Social Democratic Liberal Party，简称社民党）成为决定大选走向的关键少数派。在经过了两轮内部投票后，社民党决定支持兰布卡代表的党派联盟，其因此击败斐济优先党，结束了姆拜尼马拉马 16 年的执政历史。

此次斐济大选备受各方关注。国内方面，新冠疫情发生以来，以旅游业为支柱的斐济经济形势急转直下，国家债务水平屡创新高，民众生活成本不断攀升，在此背景下举行大选，对姆拜尼马拉马以及他领导的执政党——斐济优先党是一次巨大的考验。此外，尽管斐济已经经历了两次民主选举，但军事政变的记忆并不久远，两位候选人姆拜尼马拉马和兰布卡都曾经参与军事政变，加上此次竞选异常激烈，新旧政府能否实现平稳过渡是大选的焦点之一。国际方面，随着美国频繁介入太平洋岛国事务，域内外大国在南太平洋的地缘政治博弈进入新的阶段，斐济作为该地区的人口大国和经济大国，其新一届政府的对外政策，特别是如何处理与域内外国家的关系受到国际社会的关注。

## 一 斐济大选前执政党面临多重压力

2022 年斐济大选是在本国经济陷入困境、选举修正案饱受争议、议会席位数量增加的大背景下举行的。新冠疫情发生以来，斐济国民经济遭受了巨大冲击。作为太平洋岛国中的第二大经济体，斐济 2020 年经济增长率出现断崖式下跌，跌幅达到创纪录的 19%，成为太平洋岛国中经济衰退最严重的国家。在 2020 年至 2022 年的大部分时间里，由于全球范围内疫情出现了多次反复，且新冠病毒不断变异，相当数量的国家对放开旅行限制、解除边境封锁持谨慎态度，斐济作为国际旅游胜地受到了灾难性的影响。旅游业作为斐济的主导产业，直接带动了相关的酒店、航空、餐饮等服务行业的就业和发展，疫情的持续使斐济的经济发展迟迟无法回到正轨。

与此同时，斐济不得不通过增加预算以保障经济社会的平稳运行，这进一步加大了政府的财政压力。在政府制定的《新冠疫情应对预算2019—2020》（COVID-19 Response Budget Estimate 2019-2020）中，政府向卫生和医疗部门追加了4000万斐济元的额外预算，为旅游部门、封锁地区和其他受疫情影响的地区提供2060万斐济元的失业救济金，并拨款500万斐济元帮助中小企业。[①] 斐济在疫情发生之前的公共债务已经高于其他小岛屿发展中国家，疫情期间债务进一步增长，2021年政府债务已经占到 GDP 的79.8%，达到建国以来的最高水平。[②]

在经历了两年的经济衰退之后，民众越来越关注斐济的经济前景和经济政策的有效性。由于2022年是大选年，经济走势必然对大选结果产生重要影响。斐济政府于2022年5月发布了《大选前的经济和财政更新》，该报告展示了一些关键宏观经济指标，旨在向公众传递经济复苏的重要信号，为执政党在大选中赢得优势。[③] 然而，报告对于经济的预测显得过于乐观。斐济是中小经济体，新冠疫情增加了斐济经济和社会的脆弱性，经济复苏比预计的要缓慢得许多。一方面，中小企业和农业发展面临市场准入难以及资本成本高和运输成本高等一系列瓶颈，不断上升的债务水平限制了政府投资公共服务的能

---

① "COVID-19 Response Budget Estimate 2019-2020", Fiji Parliament, March 2020, http：//www. parliament. gov. fj/wp－content/uploads/2020/03/COVID－19－RES PONSE-BUDGET-ESTIMATE-2019-2020. pdf.

② "Fiji Government Debt to GDP", Trading Economics, https：//tradingeconomics.com/ fiji/government-debt-to-gdp.

③ Ministry of Economy, Republic of Fiji, "Pre-Election Economic and Fiscal Update", May 2022, https：//www. economy. gov. fj/images/Pre＿Election＿Update/2022＿Pre-election＿ update. pdf.

力；另一方面，日益加剧的通货膨胀推高了食品和能源的价格，不断侵蚀家庭实际收入和消费信心。① 直到斐济大选阶段，斐济糟糕的经济状况并没有发生实际性改变，贫困问题和债务问题也没有得到有效解决，斐济优先党没有将执政优势转化为大选优势。

此外，大选前通过的涉及选举的修正案引发诸多争议，给大选蒙上阴影。2021 年 9 月，由总检察长艾亚兹·赛义德-海尤姆（Aiyaz Sayed-Khaiyum）提出的《关于选民登记的选举修正案》（Electoral Registration of Voters Amendment Bill）在斐济议会通过。赛义德-海尤姆指出，在没有明确法律规定的前提下，人们可以用多个名字进行选民登记，这使得选举办公室难以识别真正的选民，包括他们的公民身份和出生日期。该选举修正案要求人们只能用出生证明上的姓名进行登记，这将提升政府核查选民身份的效率，并保证选举的公正。② 2022 年 9 月，赛义德-海尤姆再次提出选举修正案，该修正案赋予大选监督员获得关于选举的信息和文件的权力，从而确保选举过程中信息的准确性和合法性。③

从政府的角度来看，一系列选举修正案弥补了之前选举法的不足，能够在最大程度上保障大选的公平和公正。然而，对于反对党来说，政府的这种做法是在影响选举进程、打压竞争对手。一些学者认为，改变选民登记方式的修正案给已婚妇女造成困扰，变相剥夺其选举权。由于斐济的已婚妇女以丈夫的姓进行选民登记，这就违背了修正案中按照出

---

① Neelesh Gounder and Keshmeer Makun, "Fiji's Economy in An Election Year", Development Policy Centre, July 5, 2022, https：//devpolicy. org/fijis-economy-in-an-election-year-20220705/.

② Luke Nacei, "Parliament Passes Electoral Registration Amendment Bill", *The Fiji Times*, September 23, 2021, https：//www. fijitimes. com/parliament-passes-electoral-registration-amendment-bill/.

③ Koroi Hawkins, Finau Fonua, "Fiji Election 2022-Still No Date", RNZ, October 3, 2022, https：//www. rnz. co. nz/international/pacific-news/475876/fiji-election-2022-still-no-date.

生证明登记的新规定，这将使已婚妇女的选民登记变得烦琐，迫使很多人放弃参与选举。此外，向大选监督员赋予获取信息的权力也引发了巨大的争议，焦点在于这项新的选举修正案是否公然违背了现有的法律，侵犯了民众的隐私权。更重要的是，该法案使监督员在选举过程中拥有不可挑战的权力，而监督员的执政党党员身份将给斐济优先党带来巨大的选举优势。无论是斐济面临的经济困境，还是选举法修正案带来的争议，都给执政党斐济优先党施加了巨大的社会压力和政治压力。

## 二　社民党——大选中的关键少数派

2022 年，参加斐济大选的党派数量达到了创纪录的 9 个，包括斐济优先党、民族联盟党（National Federation Party）、社民党、统一斐济党（Unity Fiji）、斐济工党（Fiji Labour Party）、人民联盟党（People's Alliance）、我们团结斐济党（We Unite Fiji Party）、新世代党（New Generation Party）以及全民党（All Peoples Party），此外还有两位独立候选人参加选举。与 2018 年大选相比，议会增加了 4 个席位达到 55 个，[①] 参选政党也出现了较大的变化。其中，人民联盟党、我们团结斐济党、新世代党以及全民党均为新注册参选的政党，2018 年参选的人民民主党（People's Democratic Party）、自由联盟党（Freedom Alliance Party）以及希望党（Humanity Opportunity Prosperity Equality）均未出现在参选政党名单中。

此次大选的焦点议题包括国家债务、贫困率、族裔冲突以及生活成本等，经济议题占主导地位。斐济优先党的主要竞选纲领包括为年轻人创造就业机会、增加对旅游业以及环境保护的支出等。姆拜尼马拉马在竞选宣言中介绍了过去 8 年政府的业绩，并向公众展示了在经

---

① Luke Nacei, "Parliament to Have 55 Seats", *The Fiji Times*, June 26, 2021, https://www.fijitimes.com/parliament-to-have-55-seats/.

济、教育、农业、医疗保健以及基础设施建设等领域的未来规划，他还承诺，为了加快经济复苏，将通过创造更好的就业机会激发年轻人的活力，用新技术改变社会，通过投资实现海洋、森林以及旅游业的可持续性发展。兰布卡所领导的最大反对党人民联盟党的竞选纲领包括修改2013年宪法、消除高等教育贷款计划中的学生债务、恢复大酋长会议以及废除压制人权的法律法规。兰布卡曾经在1987年发动军事政变，并在1992年至1999年担任政府总理，兰布卡在2020年从社民党辞职并组建人民联盟党。① 其他参选政党也都针对民众关心的议题提出了自己的竞选承诺，包括建立市级议会选举制度、恢复工会以及工人的权利、改善土著的发展环境等。

由于大选涉及的议题普遍具有较高的社会关注度，加上参选政党和议会席位数量都有所增加，2022年斐济大选的激烈程度超过了2014年和2018年大选。2022年12月18日，政府公布了最终的大选结果。斐济优先党、人民联盟党、民族联盟党以及社民党4个政党的得票率超过5%，获得进入议会的资格。在总共55个议会席位当中，斐济优先党获得26个席位，新成立的人民联盟党获得21个席位，民族联盟党获得5个席位，在2018年大选中排名第二的社民党获得3个席位（见表1）。

**表1　2022年斐济大选结果**

|  | 斐济优先党 | 人民联盟党 | 民族联盟党 | 社民党 | 统一斐济党 | 斐济工党 | 我们团结斐济党 | 全民党 | 新世代党 |
|---|---|---|---|---|---|---|---|---|---|
| 得票数（票） | 200246 | 168581 | 41830 | 24172 | 13100 | 12704 | 6070 | 2638 | 964 |
| 得票率（%） | 42.55 | 35.82 | 8.89 | 5.14 | 2.78 | 2.70 | 1.29 | 0.56 | 0.2 |

---

① Rachael Nath, "Pieces on the Board as Fiji Heads to Polls on Wednesday", RNZ, December 11, 2022, https://www.rnz.co.nz/international/pacific-news/480532/pieces-on-the-board-as-fiji-heads-to-polls-on-wednesday.

续表

| | 斐济优先党 | 人民联盟党 | 民族联盟党 | 社民党 | 统一斐济党 | 斐济工党 | 我们团结斐济党 | 全民党 | 新世代党 |
|---|---|---|---|---|---|---|---|---|---|
| 议会席位(个) | 26 | 21 | 5 | 3 | 0 | 0 | 0 | 0 | 0 |
| 议会席位变化(个) | −1 | +21 | +2 | −18 | 0 | 0 | 0 | 0 | 0 |

资料来源：斐济选举办公室，https：//2022results. feo. org. fj。

虽然斐济优先党获得的议会席位数量最多，但并未赢得议会多数席位。根据斐济宪法，上述选举结果可能导致联合政府的出现。由于人民联盟党和民族联盟党在大选中结盟，兰布卡领导的党派联盟总共在议会中获得 26 个席位，与斐济优先党拥有的议会席位相同，成为姆拜尼马拉马旗鼓相当的竞争对手，这也令新政府的组建过程充满戏剧性。为了能够成功组建联合政府，拥有 3 个议会席位的社民党成为姆拜尼马拉马和兰布卡竞相争取的关键少数派。

2022 年 12 月 17 日，处于焦点的社民党成立谈判小组，分别与斐济优先党和反对党联盟进行组阁谈判。社民党公开的政治诉求包括恢复大酋长会议、提供免费高等教育、免除学生贷款以及在耶路撒冷建立大使馆等。[①] 在谈判期间，斐济优先党和反对党联盟为了争取舆论优势，争相在新闻媒体和社交平台上发声，舆论战不断升级。12 月 19 日，社民党青年委员会对党派领导层考虑与姆拜尼马拉马合作表示不满，其不希望社民党与斐济优先党组建联合政府，认为只有与

---

① Vijay Narayan and Navitalai Naivalurua, "Our Non-negotiables Are Like the iTaukei and Education Related Policies in Our Manifesto-Duru", Fiji Village, December 18, 2022, https://www. fijivillage. com/news/Our-non-negotiables-are-like-the-iTaukei-and-education-related-policies-in-our-manifesto---Duru-xr845f/.

反对党联盟结盟才能结束姆拜尼马拉马的"独裁领导"。① 上述表态使社民党内部的矛盾公开化。12月20日，在经历了三天的谈判之后，由于社民党内部未能达成共识，不得不进行党内投票。在由30名成员组成的委员会中，16票支持反对党联盟，14票支持斐济优先党，根据投票结果，社民党宣布与人民联盟党和民族联盟党共同组建新一届政府。②

然而，此次投票并没有决定最终结果。社民党书记杜鲁在投票结束后声称投票存在违规行为，宣布投票结果无效。此举导致联合政府的合法性受到质疑，标志着大选的最终结果尚未确定。该事件一度使斐济社会进入了大选后的紧张状态。一方面，姆拜尼马拉马领导的斐济优先党拒绝承认败选，认为新政府尚未成功组建，而且竞争对手通过煽动仇恨和暴力影响大选。反对党联盟则指责斐济优先党不接受选举结果，并刻意在人们心中制造恐惧。另一方面，为了避免新政府"难产"导致族群冲突，斐济军方宣布将协助警察维持斐济的安全和稳定。③ 对于政变记忆并不遥远的斐济来说，军方的突然介入进一步加剧了人民的紧张情绪，甚至导致了人们对再次发生军事政变的担忧。

新政府组建的悬而未决迫使社民党再次进行党内无记名投票。12

---

① "Sodelpa Youth Arm Begs Party to Rule Out Coalition with 'Dictator' Bainimarama", RNZ, December 19, 2022, https：//www. rnz. co. nz/international/pacific – news/481050/sodelpa–youth – arm – begs – party – to – rule – out – coalition – with – dictator – bainimarama.

② Indra Singh, "Fiji to Have A New Government", FBC News, December 20, 2022, https：//www. fbcnews. com. fj/news/fijian-elections/fiji-to-have-a-new-government/.

③ "Fiji Deploys Military for 'Law and Order' as Power Hangs in Balance after Election", *The Guardian*, December 22, 2022, https：//www. theguardian. com/world/2022/dec/22/fiji-deploys-military-for-law-and-order-as-power-hangs-in-balance-after-election.

月 23 日，第二次投票结果显示，兰布卡代表的党派联盟获得 13 票，斐济优先党获得 12 票，随后兰布卡宣布组建联合政府。[①] 12 月 24 日，74 岁的兰布卡被斐济总统卡托尼韦雷任命为政府总理，兰布卡及其内阁随后在苏瓦宣誓就职，姆拜尼马拉马宣布败选，斐济大选以人民联盟党、民族联盟党以及社民党的共同组阁而结束。

## 三 姆拜尼马拉马时代落下帷幕

2022 年大选是斐济自 2013 年重新将民主投票引入宪法以来的第三次大选。姆拜尼马拉马 2006 年领导军事政变，次年成为斐济总理，已经连续执政 16 年，是南太平洋地区最重要的政治强人之一。此次大选前政府多次颁布选举修正案，大选结果公布后姆拜尼马拉马频繁与社民党沟通组建联合政府事宜，竞选过程中推动舆论造势，在选举结果存疑的情况下动用军队维护社会稳定，最后在社民党的内部投票中以一票之差败选。大选的激烈程度表明，领导斐济优先党的姆拜尼马拉马在大选中倾注了巨大心血，对赢得大选抱有很大的期望。

回顾姆拜尼马拉马的执政生涯，其成功的外交政策使斐济的国际影响力不断提升，并在南太平洋地区事务中扮演重要角色；国内政治方面，他一直致力于推动民主政权的建设。姆拜尼马拉马执政初期，军事政变的阴影一直笼罩着斐济政局。为了尽快实现政权合法化，2013 年姆拜尼马拉马对宪法进行了大幅修改，形成了 2013 年斐济宪法。首先，新宪法明确了国家的政治体制为议会选举制度，每四年举行一次议会选举，议员任期四年。其次，实行单一选区制，全国为一个选区，凡年满 18 周岁的斐济公民皆有投票权。最后，在议会占最

---

① Timoci Vula, "2022 General Election: SODELPA to Form Coalition with People's Alliance-NFP", *The Fiji Times*, December 23, 2022, https://www.fijitimes.com/2022-general-election-sodelpa-to-form-coalition-with-peoples-alliance-nfp/.

多席位的党派领导人出任政府总理。此次宪法修改不仅为一年后的大选做了立法准备，同时对推动斐济的政治民主化进程也发挥了历史性作用。

自1970年斐济独立以来，土著斐济人和印度裔之间的竞争是引发斐济政治动荡的最主要原因，过去50年发生的四次军事政变都与族裔矛盾有关。姆拜尼拉马拉采取了一系列缓和族裔矛盾的措施，其中最重要的是废除了基于种族的选举制度。2014年，为了迎接政变以来的首次大选，姆拜尼拉马拉成立了斐济优先党参与选举。由于获得了土著斐济人和印度裔社群的支持，斐济优先党在2014年的大选中获胜，取得了50个议会席位中的32个，以绝对优势成为执政党。

2014年的民主选举迅速改善了斐济的国际形象，澳大利亚等西方国家开始逐渐取消对斐济的制裁，以旅游业为主导产业的斐济开始恢复经济增长。由于政府不断加大投资力度以及实施减税政策，加上旅游业对经济的贡献，斐济经济在新冠疫情发生前实现了9年的连续增长。

外交上，姆拜尼拉马拉实现了两大突破。在双边关系领域，借助"北望战略"（Look North），斐济将朋友圈扩展到了南太平洋地区以外，与中日韩等亚洲国家实现了双边关系的跨越式发展，也为其他太平洋岛国发展对外关系提供了重要借鉴。在国际社会中，斐济的影响力稳步提升。2017年11月，斐济当选《联合国气候变化框架公约》第二十三次缔约方大会主席国，姆拜尼马拉马积极应对气候变化的外交政策使斐济在全球治理领域崭露头角，成为小岛屿发展中国家的榜样。姆拜尼马拉马在内政外交领域的一系列政策措施强化了政权的合法性，其不仅赢得了2014年和2018年两次大选，也重新获得了国际社会的认可。

2022年10月30日，姆拜尼马拉马在会见威廉·卡托尼韦雷总统时宣布，选举将于2022年12月14日举行。选举日期公布之后，国际社会关注的焦点之一是姆拜尼拉马拉是否会利用执政党优势干扰选举或者在败选后不进行权力的和平移交。时任新西兰总理阿德恩在接受采访时指出，希望斐济大选能够以透明的方式进行。① 斐济自1970年获得独立以来，政权的顺利过渡从来都是小概率事件，50年内四次政变的记忆并未在选民的脑海中消失，而大选过程中选举计票程序的突然下线引发了人们对选举公平性的质疑。

在大选登记选票的过程中，选举计票程序突然下线，此前，兰布卡领导的人民联盟党票数处于领先状态。当程序再次上线后，斐济优先党以13%的优势反超人民联盟党，反对党和民众对政府，特别是选举监督员和选举办公室的不信任感迅速增加。② 事实证明，这只是大选过程中的一个小插曲。一方面，2022年大选期间，在美国国际开发署的资助下，斐济第一次向盲人以及存在视力障碍的选民提供盲文版的选民指南，帮助选民参与选举。③ 此外，斐济选举办公室针对大选对相关工作人员进行培训，以提升其专业能力。这些措施都为大选的公平和公正提供了基础。另一方面，在兰布卡被任命为总理后，姆拜尼马拉马宣布败选，权力得以和平移交。姆拜尼马拉马领导的斐济优先党虽未获得议会多数，但仍然在全国范围内赢得了42.55%的选票，议会席位仅比2018年大选时减少一个，显著高于其他党派，显示出其仍然拥有相当数量的支持者。

① Ritika Pratap, "NZ Keeps An Eye on Fijian Election", FBC News, December 1, 2022, https：//www. fbcnews. com. fj/news/fijian - elections/nz - keeps - an - eye - on - fijian - election/.

② Dominic Giannini, "Election Results App Goes Dark in Fiji, Comes Back with Tally Reversed", The Age, December 15, 2022, https：//www. theage. com. au/world/oceania/election - results - app - goes - dark - in - fiji - comes - back - with - tally - reversed - 20221215 - p5c6ok. html.

③ "USAID Supports First-Ever Braille Voter Guide for Blind and Vision Impaired in Fiji", U. S. Embassy in Fiji, Kiribati, Nauru, Tonga, and Tuvalu, July 6, 2022, https：//fj. usembassy. gov/usaid - supports - first - ever - braille - voter - guide - for - blind - and - vision - impaired - in - fiji/.

## 四　新政府面临重重挑战

2022 年的大选是 2013 年斐济修宪以来竞争最为激烈的一次大选。与此形成鲜明对比的是，此次大选共 69.4 万名选民登记，最终投票率仅为 67.8%，是三次大选中最低的一次。① 由于斐济没有强制公民投票的法律规定，这显示出民众的投票意愿有所下滑。投票意愿不强折射出民众对于政府更替能否带来实质性的变革表示怀疑。姆拜尼马拉马和竞争对手布兰卡均为斐济老牌政治家，都曾经发动过军事政变，都在较长的时间里担任过政府总理，两人的执政风格和执政偏好已经被大家所熟知，无论谁赢得大选，对民众而言，其都难以期待根本性的变革，这或许是投票率创新低的主要原因。

兰布卡组阁的艰难历程表明，党派之间的矛盾不易调和，在政策上达成共识存在不小的困难。社民党早期由兰布卡担任党派领袖，其于 2020 年辞职并创建人民联盟党。从社民党最终的投票结果来看，党派内部在是否支持兰布卡的问题上存在严重分歧，姆拜尼马拉马仅以一票之差输掉大选。从民众投票来看，斐济优先党依然具有明显的领先优势。从议会席位来看，斐济优先党虽然没有获得议会多数，但与党派联盟之间只有 3 票的差距。选举结果表明，虽然姆拜尼马拉马输掉了大选，但并不意味着他已经离开政治舞台，斐济优先党将通过议会继续施加影响力。斐济大选后的一些迹象表明，政治角力的大幕已经拉开。

2022 年 12 月 24 日，斐济前总检察长兼经济部长艾亚兹·赛义德-海尤姆在因涉嫌"煽动社区对抗"而受到警方调查。其他遭受停职调查的官员还包括斐济前警察总监西蒂维尼·吉里奥（Sitiveni Qilio）以及斐济

---

① 斐济大选最终统计数据详见斐济选举办公室，https：//2022results.feo.org.fj/。

选举监督员穆罕默德·萨尼姆（Mohammed Saneem）。2023年2月，新任总理兰布卡宣布调查一家教会（Grace Road Church）与前政府的所有交易，检察机关认为，来自斐济发展银行的一笔贷款可能涉及跨国犯罪。①2023年3月9日，姆拜尼马拉马被指控滥用职权，检察机关启动了对其和前任警察局长的调查。兰布卡在担任反对党领袖期间曾多次遭到当局的调查和逮捕，由于政治报复已经成为2006年以来斐济政治文化的一部分②，新政府对前政府以及前政府高官的调查将进一步引发斐济的政治地震。此外，在兰布卡与社民党的组阁谈判中双方都进行了一定程度的妥协，但是社民党注重土著事务的政治纲领给兰布卡的执政道路增加了不确定性，族裔矛盾或将再次成为斐济政坛的焦点。

新政府的对外政策将面临大国博弈带来的压力。由于美澳等西方国家把南太平洋视为地缘政治博弈的舞台，近年来明显加大了介入南太平洋地区的力度。2022年7月，美国副总统卡马拉·哈里斯（Kamala Harris）在苏瓦举行的太平洋岛国论坛（PIF）上发表了视频讲话，宣布美国在该地区投入资金以及加强外交攻势的计划。9月，拜登主持了有史以来的第一次美国-太平洋岛国峰会。鉴于斐济在太平洋地区的特殊作用以及作为太平洋岛国论坛秘书处的东道国的地位，美国已经把发展与斐济的关系视为重新参与南太平洋地区事务的核心部分。③此前，斐济成为第一个加入"印太经济框架"

① Arieta Vakasukawaqa, "Grace Road on the Radar-Probe into Church and Its Dealings with FijiFirst", *The Fiji Times*, February 11, 2023, https：//www. fijitimes. com. fj/grace-road-on-the-radar-probe-into-church-and-its-dealings-with-fijifirst/.

② Steven Ratuva, "What An Election：Some Reflections, Lessons", *The Fiji Times*, January 4, 2023, https：//www. fijitimes. com/what-an-election-some-reflections-lessons/.

③ Camilla Pohle-Anderson, "Fiji's Election Marks A Crucial Moment for Its Fragile Democracy", United States Institute of Peace, December 22, 2022, https：//www. usip. org/publications/2022/12/fijis-election-marks-crucial-moment-its-fragile-democracy.

（IPEF）的太平洋岛国，[①] 并分别于 2022 年 12 月和 2023 年 2 月参加了 IPEF 的首轮谈判以及特别谈判。斐济加入 IPEF 被认为是美国在该地区的重要外交成果。

关于对外政策，新任总理兰布卡在大选前和大选后接受采访时释放了不同的信号。大选前，兰布卡提到，他赞赏中国在特定时期给予斐济的帮助，指出这些帮助弥补了 1987 年之后澳大利亚离开所造成的真空；同时，兰布卡认为现在"钟摆正在向澳大利亚靠近"。[②] 与兰布卡共同组阁的社民党领袖维利亚姆·加沃卡（Viliame Gavoka）也认为，在外交事务上，澳大利亚和新西兰是首选合作伙伴。[③] 然而，兰布卡当选总理后却强调了另外一种观点，他认为，澳大利亚、新西兰、英国和美国在某种程度上将斐济视为过去殖民地的产物，在国家间关系上没有采取平等的态度来对待斐济，而中国则把斐济视作平等的发展伙伴。兰布卡还指出，实用主义将指导他的外交政策。[④] 斐济作为国际影响力不断提升且拥有重要战略地位的太平洋岛国，如

---

① "Statement by National Security Advisor Jake Sullivan on Fiji Joining the Indo-Pacific Economic Framework for Prosperity", The White House, May 26, 2022, https：//www. whitehouse. gov/briefing-room/statements-releases/2022/05/26/statement-by-national-security-advisor-jake-sullivan-on-fiji-joining-the-indo-pacific-economic-framework-for-prosperity/.

② Pita Ligaiula, "Former Fiji Military Commander Sitiveni Rabuka Rules Out China Security Pact if He Wins Government", PINA, August 1, 2022, https：//pina. com. fj/2022/08/01/former-fiji-military-commander-sitiveni-rabuka-rules-out-china-security-pact-if-he-wins-government/.

③ Stephen Wright, "Fiji Election's Kingmaker Party Favors Australia, New Zealand as Allies over China", Benar News, December 18, 2022, https：//www. benarnews. org/english/news/pacific/fiji-kingmaker-foreign-policy-121820221713100. html.

④ Lice Movono, "Fiji's New PM Sitiveni Rabuka Questions Equality of Relationships with Australia and US", ABC News, January 1, 2023, https：//www. abc. net. au/news/2022-12-31/new-fiji-prime-minister-sitiveni-rabuka-questions-relationships/101817440.

何处理与域内外大国之间的关系，不仅将深刻影响自身的发展进程，对整个南太平洋地区也具有重要意义。新政府的外交政策最终将取决于斐济人民的选择，同时也是对斐济领导人政治智慧的一次重大考验。

# 附　录　2022年大洋洲大事记

喻常森 *

## 1月

**4 日**　为帮助所罗门群岛从动乱中恢复和平与稳定，多国警察支援小组在所罗门群岛的军事部署的时间延长至 3 月 31 日。

**6 日**　澳大利亚总理莫里森（Scott John Morrison）与日本首相岸田文雄举行视频会议，签署了关于加强两国防务合作的澳日《互惠准入协定》（RAA）。两国领导人发表了促进两国防务合作以维护印太地区稳定的联合声明。

**10 日**　中国新任驻新西兰兼驻库克群岛和纽埃大使王小龙抵达惠灵顿履新，王小龙表示，非常荣幸在中新两国即将迎来建交 50 周年之际出任中国驻新第十四任大使。

**11 日**　巴新总理詹姆斯·马拉佩（James Marape）宣布内阁改组，六个部长职位轮换。

**17 日**　太平洋岛国论坛秘书处与联合国贸易和发展会议（UNCTAD）、联合国开发计划署（UNDP）和联合国资本发展基金（UNCDF）共同管理的太平洋数字经济计划签署了 50 万美元的资助协议，以支持太平洋岛国论坛建设电子商务部门。

---

\*　喻常森，历史学博士，中山大学大洋洲研究中心研究员，研究方向为大洋洲国际关系。

**19日**　中国国家主席习近平就汤加火山爆发造成严重灾害向汤加国王图普六世（Tupou VI）致慰问电。

**20日**　首批澳大利亚与新西兰救援飞机已前往汤加。

**23日**　由于奥密克戎变异毒株在新西兰扩散，该国23日起实施"红色等级"防疫措施，总理阿德恩取消自己的婚礼。

**25日**　澳大利亚政府近日达成了一项购买原住民旗帜版权的协议，总价超过1400万美元（约合人民币9000万元）。澳大利亚政府购买了原住民旗帜的版权，这意味着该旗帜不再属于私营公司和设计师，而是属于每个澳大利亚人。

**26日**　中华人民共和国新任驻澳大利亚联邦特命全权大使肖千抵达澳大利亚履新。

# 2月

**4日**　目前在布里斯班的所罗门群岛皇家警察部队（RSIPF）官员开始接受由澳大利亚联邦警察（AFP）进行的培训。

**5日**　中国国务院总理李克强在钓鱼台国宾馆以视频方式会见巴布亚新几内亚总理马拉佩。李克强表示，巴新是中国在南太平洋地区的重要合作伙伴。

**11日**　澳大利亚环境部正式把东部沿海多地的考拉保护级别从"易危"升为"濒危"。这一澳大利亚"国宝"的生存繁衍正受长期干旱、栖息地被破坏、疾病等不利因素影响。

**12日**　美国国务卿布林肯（Antony Blinken）在访问太平洋岛国斐济期间证实了将在所罗门群岛重新开设大使馆的计划。

**17日**　中国全国人大常委会委员长栗战书在北京人民大会堂以视频方式同新西兰议长马拉德（Trevor Mallard）举行会谈。栗战书指出，今年是中新建交50周年，两国关系取得长足发展，给两国和两国人民带来实实在在的利益。

**18日**　澳P-8反潜巡逻机抵中国舰艇编队周边空域活动，最近距中国舰艇仅4公里。

**21日**　除西澳大利亚州外，澳大利亚其余州向已完成新冠疫苗全程接种的外国旅客重新开放。这是澳大利亚因新冠疫情实施边境管控约两年后，首次重开国门。

**23日**　中国政府援助基里巴斯的一批紧急抗疫物资由中方包机运抵基首都塔拉瓦。

**24日**　由于新西兰旅客数量不足，企业感到压力，库克群岛政府延长了3月的工资补贴。

**28日**　新西兰政府最新决定，从3月2日晚11时59分起，将取消对已接种疫苗的国际旅客抵新后自我隔离7天的要求；原计划从3月中旬开始实施的边境重启计划将提前到3月4日晚11时59分，以加速新西兰边境重启步伐。

# 3月

**1日**　新西兰贸易部长奥康纳（Damien O'Connor）在伦敦与英国国际贸易大臣签署了新西兰与英国的自由贸易协定。

**7日**　澳大利亚总理莫里森在洛伊研究所发表讲话时表示，澳大利亚皇家海军将在其东海岸建立一个新的潜艇基地，用以容纳未来的核动力潜艇，同时作为对西部舰队基地设施的补充。

**8日**　澳大利亚首都堪培拉的一次性塑料禁令进一步扩大。

**10日**　澳大利亚总理莫里森在昆士兰州举行的新闻发布会上宣布该国40年来最大规模的扩军计划。根据该计划，到2040年，澳大利亚国防军总人数将从现在的6.14万人增至8万人以上。加上约2万名国防部雇员，澳军总人数预计将达到10万人以上。20年的扩军计划预计花费 380 亿澳元，将着力提升澳大利亚同美英两国在"奥库斯"框架下的尖端军事能力，尤其是在太空和网络领域的作战能力，确保其年度国防开支达到国内生产总值的 2%以上。

**14 日**　在联合国妇女地位委员会第六十六届会议（CSW66）的开幕全体会议上，太平洋地区代表呼吁人们更多地认识到妇女在气候适应力中的关键作用。

**21 日**　新西兰国防部长佩尼·赫纳雷（Peeni Henare）抵达斐济，开始对斐济进行为期三天的双边访问。

**22 日**　据澳大利亚九号台新闻报道，在南澳大利亚州的选举中，工党获胜，41 岁的南澳州工党领袖彼得·马里诺斯卡斯（Peter Malinauskas）成为南澳州第 47 任州长。

**25 日**　斐济工业、贸易、旅游和运输部长法亚兹·科亚（Faiyaz Koya）证实，其已协助约 6000 家中小微型企业继续经营或开始经营，价值达 3250 万斐济元。

**26 日**　中国国家主席习近平同瓦努阿图共和国总统摩西（Tallis Obed Moses）互致贺电，庆祝两国建交 40 周年。

**30 日**　中国和所罗门群岛签署双边安全合作框架协议。

# 4月

**5 日**　美国、英国和澳大利亚宣布将合作研发高超音速武器。

**7 日**　《中华人民共和国政府和新西兰政府关于升级〈中华人民共和国政府和新西兰政府自由贸易协定〉的议定书》正式生效。《中国-新西兰自由贸易协定》于 2008 年 4 月 7 日签署，同年 10 月 1 日实施。

**8 日**　澳大利亚维州建成的全球顶级生物标本库 Biobanking Victoria 投入运营。

**10 日**　巴布亚新几内亚国防军在新西兰的帮助下在莫尔斯比港

的默里军营建立了一个新的领导中心。

**11 日**　巴新司法部长克拉默（Bryan Kramer）近日表示，《不明财富法案》将赋予警察局长（COP）更大的权力来起诉公务员，这是对现有反腐立法的补充。

**14 日**　太平洋国家议员深海采矿联盟（Pacific Parliamentarians' Alliance on Deep Sea Mining, PPADSM）成立，它呼吁太平洋岛国领导人采取集体行动，对那些在海底开采矿产的"大企业"和"强大的政府"计划表达着强烈的担忧。

**15 日**　澳大利亚海军高调曝光潜艇部队发展方案，包括建造周期、维护保养设施建设和艇型构造等细节，引发外界广泛关注。

**21 日**　据《新西兰先驱报》的报道，2022 年第一季度"新西兰消费者价格指数"增长率为 6.9%，为 30 年来最高年度增幅。

**25 日**　就澳大利亚总理莫里森声称中国在所罗门群岛建立军事基地将触及澳大利亚政府"红线"一事，中国外交部发言人汪文斌在例行记者会上答问时表示，中所安全合作基于相互平等、互利共赢原则，是两国主权范围内的事，符合国际法和国际惯例，公开透明，合理合法，无可指摘。

**26 日**　在巴布亚新几内亚的小岛上有一项考古新发现，据称这一发现可以解释 3000 年前太平洋人口向东迁移的现象。

# 5月

**5 日**　世界银行批准了一个新项目，以提升马绍尔群岛城市地区的气候适应力、安全性和宜居性，这个 3000 万美元的城市韧性项目包括支持建设更具气候适应力的公共设施和城市空间，以及对气候适应规划和政策的援助。

**8 日**　新西兰卫生部确认一名来自南非的入境者感染了变异新冠

病毒奥密克戎毒株 BA.5 亚型，这是该国首次发现奥密克戎毒株的这一新亚型。

**10 日**　为期 10 天的国际军事演习在法属波利尼西亚正式启动，演习内容主要是模拟飓风过后的援助。

**11 日**　巴布亚新几内亚近日通过最新法律，任何未经许可且非法持有枪支的人都将面临终身监禁。

**16 日**　新西兰第一个减排计划公布，副总理格兰特·罗伯逊（Grant Robertson）称今天是新西兰抗击气候变化的最重要一天。该计划推出一套综合战略，以实现 2022～2025 年排放预算所要求的减排目标。

**20 日**　新西兰卫生部长利特尔（Andrew Little）任命了首届中医委员会，将中医从业者正式纳入新西兰的《健康从业者专业能力保证法案》（HPCA），这是第一次将西医模式之外的医疗职业纳入其中。

**23 日**　澳大利亚工党党首安东尼·阿尔巴尼斯在堪培拉宣誓就职，正式成为澳大利亚第 31 任总理。

**26 日**　澳大利亚能源用户协会（Energy Users Association of Australia）首席执行官理查兹（Andrew Richards）称，随着飞涨的天然气价格冲击澳大利亚家庭，澳大利亚人购买的肉类、预加工的水果和蔬菜，甚至番茄酱都将变得更加昂贵。

**29 日**　在自由党党内会议上，彼得·达顿（Peter Dutton）和苏珊·莱伊（Sussan Penelope Ley）在没有竞争对手的情况下分别当选为澳大利亚自由党党魁及副领袖。

**30 日**　中国国务委员兼外长王毅同斐济总理兼外长姆拜尼马拉马（Frank Bainimarama）在苏瓦共同主持第二次中国-太平洋岛国外长会。中国国家主席习近平向第二次中国-太平洋岛国外长会发表书面致辞。

# 6月

**2 日** 毛利党已向国会提交请愿书，敦促国会将新西兰的官方名称从"New Zealand"更改为"Aotearoa"。

**3 日** 中国国务委员兼外长王毅在莫尔斯比港同巴布亚新几内亚外长埃奥共同会见记者。王毅应询介绍了此次南太之行的突出感受和成果。

**9 日** 法国最高行政法院驳回了新喀里多尼亚卡纳克传统参议院认为受新冠疫情的影响，新喀里多尼亚公投结果为非法的主张。

**10 日** 首届太平洋岛国论坛女性领导人会议以线上方式召开，标志着太平洋性别议程的里程碑时刻已经到来。

**11 日** 澳大利亚总理阿尔巴尼斯表示，澳大利亚已与法国就潜艇风波达成和解，并希望修复两国之间的裂痕。

**13 日** 中国国务委员兼外长王毅应约同新西兰外长马胡塔举行视频会晤。

**20 日** 中国援助巴布亚新几内亚恩加省医院项目竣工交接仪式在该省首府瓦巴格举行。

**24 日** 新西兰迎来了首个毛利新年公共假期（Te Rā Aro ki a Matariki）。惠灵顿的新西兰国立博物馆外举行了大型黎明仪式，新西兰总理阿德恩出席了黎明仪式，现场有数百人参加。

**24 日** 美国、澳大利亚、日本、新西兰和英国成立了一个非正式组织，旨在促进与太平洋岛国的经济和外交关系。该组织被称为"蓝色太平洋伙伴"，将寻求支持太平洋地区主义并加强太平洋岛国与世界其他地区之间的经济联系。

**29 日** 2021年澳大利亚人口普查数据结果出炉。据统计，2021年人口普查统计的澳大利亚人口为25422788人，比2016年增长了8.6%。

# 7月

**8 日** 澳工业、科学和资源部最新发布的 2022 年第二季度资源和能源报告显示，过去三个月由于国际市场需求强劲，澳大利亚主要的资源和能源商品价格和出口额进一步飙升。

**14 日** 为期 4 天的第 51 届太平洋岛国论坛领导人会议在斐济首都苏瓦闭幕，会议审议通过了《2050 年蓝色太平洋大陆战略》，这一文件被视为推动该地区可持续发展的路线图。

**14 日** 中共中央对外联络部以视频连线方式举办第二届中国-太平洋岛国政党对话会。

**18 日** 澳大利亚研究所发布的研究报告显示，推动通货膨胀率上涨的是企业利润水平的上涨，而不是员工薪酬的增长。数据显示，2020～2021 财年，在上涨了 4.1% 的通货膨胀率中，工资仅贡献了 0.6%。

**20 日** 西南太平洋上的密克罗尼西亚联邦证实境内两座小岛上出现新冠肺炎社区病例。

**21 日** 纽埃总理多尔顿·塔格拉吉（Dalton Tagelagi）抵达惠灵顿，并会见了新西兰总理阿德恩，这是纽埃领导人首次访问新西兰议会，双方签署了新的合作协议。

**23 日** 尼克尼克·武罗巴拉武（Nikenike Vurobaravu）被选为瓦努阿图共和国第 12 任总统。

**26 日** 新喀里多尼亚支持独立的卡纳克民阵运动与西巴布亚联合解放运动（ULMWP）签署了一份谅解备忘录，该组织希望从印度尼西亚独立。

**28 日** 瑙鲁成功申请举办 2026 年的密克罗尼西亚运动会，并且将建造一座新体育场来迎接其举办的首次运动会。

**29 日** 中国国家主席习近平致电尼克尼克·武罗巴拉武，祝贺他就任瓦努阿图共和国总统。

# 8月

**1 日** 瓦努阿图和新喀里多尼亚政府签署了一份谅解备忘录，为从维拉港到新喀里多尼亚利富的第二批海底电缆铺设奠定基础。

**4 日** 中国国务委员兼外长王毅在金边出席东亚合作系列外长会期间，会见新西兰外长马胡塔。

**9 日** 巴布亚新几内亚议会选举总理，现任总理詹姆斯·马拉佩高票连任。

**9 日** 作为评估澳联储数字货币未来的研究项目的一部分，澳联储将推出自己的数字货币（CBDC）。该研究项目由澳联储与数字金融合作研究中心合作开展，将重点关注 CBDC 的用途和潜在经济效益。

**11 日** 太平洋岛国论坛秘书处（PIFS）和国际足联（FIFA）共同启动了一项为期 12 个月的计划，主要活动为通过聘请 FIFA Legends 来提高人们对气候变化的认识，并在太平洋地区调整现有基础设施，使其更能抵御气候变化。

**13 日** 英国女王驻库克群岛代表汤姆·马斯特斯（Tom Marsters）爵士已确认马克·布朗（Mark Brown）为库克群岛总理。

**17 日** 中国全国人大常委会委员长栗战书在北京人民大会堂以视频方式同汤加议长法卡法努阿（Lord Fakafanua）举行会谈。

**18 日** 澳前总理莫里森因在任期内秘密兼任五个部长职位遭调查。

**19 日** 澳大利亚政府提议，对现有的温室气体排放保障机制进行改革，要求全澳污染最严重的企业每年减少 3.5% 至 6% 的污染排放量，以帮助实现之前承诺的在 2030 年前减少 43% 排放量的目标。

**30 日** 澳大利亚竞争和消费者委员会公布的最新数据显示，上半年澳大利亚发生 10 万余起诈骗案件，经济损失达 2.952 亿澳元，是头一年同期的两倍多，其中，65 岁以上的老年人损失最大，外国留学生是各类诈骗的主要目标之一。

# 9月

**1 日** 澳大利亚政府发布的《2021 环境状况》报告显示，澳自然环境在过去 5 年急速恶化，生态系统和许多物种受到的威胁越来越大。

**13 日** 据《澳大利亚人报》的报道，新冠疫情期间澳新州家庭暴力增长造成的经济损失高达 33 亿澳元。

**14 日** 中国-太平洋岛国应对气候变化对话交流会在京召开。

**19 日** 金融行业工会（FSU）表示，澳大利亚国民银行（NAB）员工对薪酬协议感到不满，将发起罢工行动，该银行 20 多年来从未有过此类行动。

**20 日** 中国国务委员兼外长王毅在纽约出席联合国大会期间会见所罗门群岛外长马内莱（Jeremiah Manele）。

**21 日** 欧盟代表团与澳大利亚官员在堪培拉会面，讨论最终敲定双方之间的自由贸易协定。

**22 日** 中国国务委员兼外长王毅在纽约出席联合国大会期间会见澳大利亚外长黄英贤（Penny Wong）。

**23 日** 根据最新的人口普查数据，澳大利亚的原住民人口已接近 100 万，在过去五年，原住民和托雷斯海峡岛民的人口增加了近 1/4。

**28~29 日**　首届美国-太平洋岛国峰会于美国首都华盛顿特区举行，美国总统拜登在白宫亲自接待太平洋岛国领导人。

**29 日**　瑙鲁新总统拉斯·库恩（Russ Kun）的政府宣誓就职，他的行政人员包括议会 19 名议员中的 13 名议员。

# 10月

**1 日**　太平洋国家航空部长们在蒙特利尔举行的国际民用航空组织大会上启动了太平洋区域航空战略。

**7 日**　澳大利亚潜水员在西澳大利亚州海岸发现一艘失踪船只的遗骸，一个长达 111 年的谜团终于被解开——1911 年，在一场大规模飓风中失踪的芬兰帆船"格伦班克"号神秘的最终归宿地终于找到了。

**7 日**　联合国人权理事会第 51 届会议以集体协商一致方式通过决议，敦促有关国家承担相应责任，协助马绍尔群岛解决核试验遗留问题。

**10 日**　巴布亚新几内亚银行表示，截至 6 月底，该国的债务总额为 510 亿基那，约合 140 亿美元，预计将增加。

**13 日**　澳大利亚工党前领袖批评工党加入 AUKUS 和 QUAD（美日印澳"四方安全对话"），前总理保罗·基廷（Paul John Keating）警告道：澳大利亚加入 AUKUS 对"国家来说是悲剧"。

**20 日**　中国驻新西兰使馆、驻克赖斯特彻奇总领馆在路易·艾黎（Rewi Alley）的故乡——新西兰克赖斯特彻奇共同举办中新建交 50 周年暨纪念路易·艾黎精神研讨会。

**20 日**　澳大利亚和斐济签署《部队地位协定》，澳大利亚和斐济之间的军事行动将增加。

**26 日**　新西兰总理阿德恩安全降落在南极洲进行访问，以庆祝新西兰在南极的斯科特基地成立 65 周年。

**26 日** 澳大利亚统计局发布的数据显示，该年第三季度澳消费者价格指数（CPI）环比增长 1.8%，同比增长 7.3%，同比增幅创 1990 年以来新高。

**27 日** 联合国亚洲及太平洋经济社会委员会（亚太经社理事会）发布报告指出，随着气候变化加剧，太平洋岛国发生自然灾害的风险显著上升。

# 11月

**1 日** 新喀里多尼亚恢复与法国高级别对话。

**4 日** 瓦努阿图温和党联盟主席伊什梅尔·卡尔萨考（Ishmael Karsakau）当选总理并宣誓就职。

**5 日** 马绍尔群岛议会通过决议重申其在太平洋岛国论坛中的成员资格。

**15 日** 中国国家主席习近平在巴厘岛会见澳大利亚总理阿尔巴尼斯。

**15 日** 由于海平面上升，图瓦卢表示将计划建立一个数字版的图瓦卢，复制岛屿及其地标，保存其历史和文化。

**18 日** 中国国家主席习近平在曼谷会见新西兰总理阿德恩。

**22 日** 首次中国-部分南太岛国执法能力与警务合作部级对话以视频形式举行。

**28 日** 太平洋金枪鱼委员会会议在越南岘港正式开幕。

**29 日** 西班牙可再生能源巨头阿西奥纳能源公司（Acciona Energia）宣布，将在布里斯班以西投资 20 亿澳元建设一个新的风电场，这将对昆州到 2035 年实现 80% 可再生能源的目标起到巨大推动作用。

# 12月

**6 日**　美国国防部长奥斯汀（Lloyd Austin）与澳方举行年度澳美部长级磋商会议（AUSMIN）后宣布，美国将增加在澳大利亚的军事存在，包括轰炸机和战斗机的轮换安排。

**7 日**　澳央行将基准利率上调 25 个基点至 3.1%，同时上调外汇结算余额利率 25 个基点至 3.0%。这是澳央行年内第八次加息，调整后的基准利率也创下 2013 年以来的新高。

**9 日**　太平洋岛国论坛秘书长亨利·普纳（Henry Puna）在印度尼西亚完成了为期 4 天的简短访问，出席了印度尼西亚-太平洋发展论坛和第 15 届巴厘岛民主论坛。

**17 日**　澳大利亚足球联赛发生严重球迷骚乱。

**20 日**　新西兰政府成立了农业排放气候行动中心，计划扩大投资用于研发、推广新的工具和技术，以减少农场排放，持续推动畜牧业减排，促进行业绿色发展。

**21 日**　中国国家主席习近平同澳大利亚总督赫尔利（David John Hurley）和总理阿尔巴尼斯互致贺电，庆祝两国建交 50 周年。

**21 日**　中国和澳大利亚第六轮外交与战略对话在北京举行。中国国务委员兼外长王毅同澳大利亚外长黄英贤就双边关系及共同关心的国际和地区问题交换了意见。

**22 日**　中国国家主席习近平同新西兰总督基罗（Cindy Kiro）互致贺电，庆祝两国建交 50 周年。

**24 日**　斐济联合政府总理西蒂维尼·兰布卡（Sitiveni Ligamamada Rabuka）及其内阁部长宣誓就职。

**29 日**　印度与澳大利亚签署的《澳印亚经济合作与贸易协定》（ECTA）正式生效。

# Abstract

In 2022, the international situation was quite complex, and Oceania countries were constantly exploring and adjusting in the fields of economy, politics, diplomacy and so on. Economically, Oceania countries tried to emerge from the impact of the pandemic and found new growth points. With the official entry into force of the Regional Comprehensive Economic Partnership (RCEP), the foreign trade growth of Australia and New Zealand has gained new impetus, and they account for the majority of the foreign trade of Oceania countries. However, even if foreign trade continued to grow during the pandemic, the economic development of Oceania countries still faced challenges. The rising prices of international energy and raw materials, the domestic inflation crisis, and the relative lag in government response have made all sectors of Oceania's economic prospects doubtful.

Politically, many Oceania countries have experienced a general election in 2022, and the effectiveness of the new government remains to be seen. In Australia, the recurrence of the novel coronavirus pandemic and the economic recession deepened the public's dissatisfaction with the Morrison government, thus ending the nine-year rule of the conservative camp. The Labor government returned to power, and Albanese was elected prime minister. In New Zealand, the problems of inflation and crime have become major domestic issues, which have also led to the bickering of different political parties in the country. In Fiji's "most hotly contested general election" in recent years, Lambuka of the People's Alliance Party won and formed the first coalition government. This shows that in the post-pandemic era, the domestic political situation of Oceania countries is facing restructuring, and the political order is in urgent need of adjustment.

Diplomatically, Oceania countries continue to adjust their policies in the international environment of great power game. In Australia, the return of the Labor government has led to several changes in its foreign policy. On the one hand, it continues to optimize its strategic layout with traditional allies such as the United States in the Indo-Pacific region; On the other hand, China-Australia relations, which have been strained for many years, have gradually resumed normal interaction between the two countries. New Zealand has maintained its independent diplomacy, emphasizing and highlighting the values and principles of democracy and freedom, and has sought to strengthen its close diplomatic relations with pacific island countries. At the same time, the pacific island countries also show a cautious attitude in the great power game; On the basis of domestic political stability and economic development, promoting external bilateral or multilateral cooperation, and taking the initiative to speak out in the international arena, may still be the mainstream of its future foreign affairs.

**Keywords**: Oceania; Economic Regain; Diplomatic Policy; Great Power Games

# Contents

## Ⅰ　General Report

**Abstract:** The year 2022 witnessed a complicated situation in the international prospects. Different countries in Oceania have also ushered in different development trends with their own characteristics. Economically, Australia and New Zealand were struggling to shake off the negative impact of the pandemic, while the economies of pacific island countries were showing signs of recovery. At the same time, economic and trade exchanges between China and Oceania have been slowly heating up, which became an important stimulus factor for the improvement of regional economy. On the political aspect, Australia experienced a change of its government, while New Zealand's Labor government was clearly challenged in holding its power. Meanwhile, several pacific island countries held general elections, which, while generally smooth, also led to some internal violence. Just like in 2021, great power competition still affected the regional countries'diplomatic inclinations. Oceania continued to become an emerging hot spot in international politics, and countries in the region showed different trends in dealing with foreign affairs. On the whole, the regional countries' diplomatic autonomy has been strengthened.

**Keywords**: Oceania; Economic Development; General Election; Diplomatic Autonomy

# Ⅱ Topical Reports

**B**.2 Australian Political, Diplomatic and Economic
　　Conditions in 2022 　　　　　　　　　*Huang Jiayu* / 020

**Abstract**: Under the influence of many issues, such as the COVID-19, economy, climate and environment, Australia was once again experiencing a political succession after nine years, and its domestic politics were becoming more diverse. With the return of the Labor government, Australia's foreign policy have also undergone some adjustments. On the one hand, it have continued to optimize its strategic layout with traditional allies such as the United States in the "Indo-Pacific region"; on the other hand, it have eased the relations between China and Australia after years of tension and opposition, and gradually resumed normal interaction between the two countries. However, even though the foreign trade continued to grow during the COVID-19, Australia was also facing huge economic pressure. The rising international energy and raw materials have aggravated the domestic inflation crisis. The countermeasures proposed by the government have not achieved significant results, and all sectors of society were still not optimistic about the future economic prospects.

**Keywords**: Australia; Federal Election; Diplomatic Relations; Economic Development

**B**.3  New Zealand's Political Conditions and Foreign Relations

in 2022: Retrospect and Prospect          *Zhang Mengdi* / 042

**Abstract**: In 2022, New Zealand's domestic politics and foreign policy were influenced by Russia-Ukraine conflict and the rivalry between the United States and China. After New Zealand opened its borders and changed its COVID-19 policy, the serious inflation and rising crime rate in the country became the main domestic focus. People's confidence in the Labour government continued to decline, and the opposition National Party's support rate surpassed that of the Labour Party. In terms of diplomacy, while emphasizing the traditional multilateral cooperation and Pacific Island countries principles, New Zealand revisited the value-based principle. New Zealand would possibly speak out more on human rights issues in near future. Meanwhile, New Zealand emphasised the stability of economic relations and the diversification of markets. Although New Zealand was more inclined to agree with traditional security partners on security issues, it still strived to achieve a balance between security relations and economic relations. In general, New Zealand's foreign policy is more driven by the need to stabilise the economy and increase government support from its domestic politics.

**Keywords**: New Zealand; Economic Recovery; Balanced Diplomacy

**B**.4  The Political and Economic Situation of the Pacific Islands

Region in 2022          *Wu Yan*, *He Rengxi* / 060

**Abstract**: Against the backdrop of increasing regional strategic value, the political and economic situation of the Pacific island countries as a whole still presented a complex situation in 2022. On the one hand, challenges such as intensifying geopolitical competition among major powers, tortuous development of Pacific regionalism and political instability in some countries persisted. On the other hand, the improving economic situation and significant progress in climate control have had a positive impact on the development of the region. In the face of severe and complex internal and external situations, Pacific island countries have maintained political stability and economic development at home, promoted bilateral and multilateral cooperation abroad, and taken the initiative to speak out on the international stage. Despite the uncertainties in regional development, the continuous progress of China's Belt and Road Initiative in the Pacific Island countries and the deepening of the "comprehensive strategic partnership" between China and Pacific Island countries have injected important force into the prosperity, stability and development of the region.

**Keywords:** Pacific Islands; Political Situation; Economic Situation

## Ⅲ   Foreign Relations

**B**.5   Current Situation and Challenges of the Development of
   Australia-France Relations: 2021−2022

*Gu Mingfei, Ma Xiaofei* / 076

**Abstract:** Australia is an important partner of France in the Indo-Pacific region. However, the outbreak of the "AUKUS" incident in 2021 has had a serious impact on the development of Australia-France relations, and has also had an important spillover effect on bilateral cooperation in regional affairs, defense industry, trade and investment. After 2022, under the influence of internal communication and coordination as well as external (US) pressure, Australia-France relations showed a trend of relaxation and improvement. Military and security cooperation were the priority areas for both sides to promote cooperation, and how to get out of the negative impact of 2021 "submarine crisis" became the focus of Australia-France negotiations. In the coming period, the relationship between France and Australia will continue to face both opportunities and challenges. In particular, the differences between the two countries on the attitude towards China and the direction of the Indo-Pacific strategy will affect the further deepening of bilateral relations.

**Keywords**: Australia-France Relations; AUKUS; The Submarine Crisis; French Indo-Pacific Strategy

**B**.6　Australia-Indian Relations in 2022: Retrospect and Prospect

*Wu Mengke* / 095

**Abstract**: In 2022, the bilateral relationship between Australia and India maintained its momentum of rapid development. The relations have been on an upswing in the fields of political, economic, security and people-to-people exchanges. In this year, the Australia-india relations achieved some breakthroughs, such as the establishment of annul summits and the signing of the Australia-India Economic Cooperation and Trade Agreement. However, these two countries have different strategic objectives, which causes a certain degree of disagreements in aspect of international order reforming among these two QUAD Partners. As one of the US's core allies, Australia is strongly committed to the liberal international order, while India advocates "reformed multilateralism". As a result, Australia and India have disagreements over several critical geopolitical issues, such as the Ukraine issue. The rapid development of economic and migration relations brings about certain degrees of independence to the Australia-india relations, but it also carries risks.

**Keywords:** Comprehensive Strategic Partnership; QUAD; India; Australia

**B**.7   Research of the Relationship between Australia and
Indonesia in 2022                                  *Wu Yaoting* / 111

**Abstract:** In 2022, the bilateral relationship between Australia and Indonesia grew in four ways. Firstly, the two sides had frequent high-level interactions; secondly, economic cooperation focused on economic recovery increased; thirdly, they put increasingly emphasis on non-traditional security cooperation; and fourthly, public diplomacy has been able to break through the constraints of the pandemic. In the past year, the development of Australia-Indonesia relations has been characterized by four features. Firstly, the importance of multilateral arena in bilateral relations was further highlighted; secondly, the phenomenon of cold politics and hot economy was further highlighted; thirdly, conflict and cooperation coexisted; finally, the policy shift between the old and new Australian governments on Indonesia was obvious.

**Keywords:** Australia; Indonesia; Bilateral Relationship

# IV   Special Reports

**B** . 8   The Situations and Prospects of Foreign Economic and
Trade Cooperation of the Oceania Countries

*Xu Xiujun* , *Jiang Siyu* / 130

**Abstract**: Since 2021, the foreign trade of Oceania countries has recovered strongly, and the trade scale has reached a record high for two consecutive years. Among them, the total foreign trade of Oceania countries in 2021 is about US $ 837. 47 billion, an increase of 24. 1% compared with the previous year; the total trade in goods in 2022 is US $ 847. 033 billion, an increase of 17. 5% compared with the previous year. Meanwhile, the international investment cooperation of Oceania countries generally performed better, but it has not yet recovered to the pre-COVID–19 level. In terms of economic and trade cooperation with China, the overall development trend was good, with trade and investment between the two sides maintaining growth, although there were differences between different countries. Looking ahead to 2023, with the warming of China-Australia relations, the continued release of RCEP dividends and the deepening of the Belt and Road cooperation, Oceania's foreign trade and economic cooperation will face more positive factors, and will maintain a better development trend without considering major unexpected events.

**Keywords**: Oceania   Countries; Foreign   Trade; International Investment

**B** . 9   New Trend of Australia-US Alliance from Indo-Pacific

Perspective                                                    *Ning Tuanhui* / 146

**Abstract**: Under the Indo-Pacific framework, the Australia-US alliance continued to be strengthened in 2022. Australia's domestic political changes did not affected the development of Australia-US relations. In the process of advancing the Indo-Pacific Strategy, the Biden administration attached great importance to Australia's status and role and increased military and diplomatic support for Australia. At the same time, Australia had a more pessimistic perception of the strategic environment. Both the Coalition and the Labor Party were trying to get closer to the US and fully support the "Indo-Pacific Strategy" of the US. In the new strategic environment, the Australia-US alliance has become more oriented to aiming at China and its military and security background was more obvious, which made it more difficult for Australia to deal with its relations with China.

**Keywords**: Australia-US Alliance; Indo-Pacific Strategy; China-Australia Relations; Australian Diplomatic Policy

**B** . 10   The Relationship between Japan and the Oceania Countries

in 2022−2023                                    *Guo Rui, Wang Siyuan* / 161

**Abstract**: In 2022, Japan accelerated its strategic layout in Oceania under the influence of multiple factors such as complex geopolitical environment, prominent economic contradictions, and intensifying global and regional security situation. In addition to attaching importance to the establishment of partnership based on common values, Japan intended to highlight the idea of expanding bilateral cooperation under the framework, seeking a higher level of intra-regional connectivity in economic, defense and other fields, and enhancing the benign mutual promotion of political cooperation with relevant countries. Japan and Australia continued to enhance the cooperation potential of the special strategic partnership in specific practices such as economic security guarantee and high and new technology. After the signing of the Reciprocal Access Agreement, the two countries entered a new stage of "quasi-alliance" relationship. Japan and New Zealand continued to tap the endogenous driving force of bilateral cooperation and explore ways to enhance the ability to jointly cope with regional challenges. The cooperation between Japan and pacific islands countries aimed to stabilize economic and trade exchanges and extend them to various fields, emphasizing complementary needs and unblocked information. In the future, Japan will further build a national security network within the scope of Oceania, improve its regional influence and discourse power, pursue the strategic goals of upgrading the level of communication and hedging external risks, strive to achieve regional coordination and strategic frequency, and expand Japan's regional strategic space under the situation of great power competition.

**Keywords**: Japan; Oceania Cooperation; Economic Security; Multilateral Defense; Indo-Pacific Strategy

**B**.11　China-New Zealand Relations in 2022: Retrospect
and Prospect　　　　*Wang Weiguang, Wang Zhengxian* / 176

**Abstract**: Even with the lingering COVID-19, the ties between China and New Zealand still remained strong in 2022, with close interactions in the fields like diplomacy, economy and trade, societal affairs, science and technology. The two countries have continued to increase the bilateral trade;

two sides have hosted many events to celebrate the 50th anniversary of establishing official diplomatic relationship. The factors, like the differences between China and New Zealand, and the change of global geopolitics and U. S. strategy towards China, have caused some troubles and strains to the bilateral relations. However, China-New Zealand relations survived the impacts and pressure, demonstrating remarkable stability and maturity; the bilateral relations appear to stay on positive developing track in the future.

**Keywords**: China-New Zealand Relations; Economic Cooperation; People-to-people Exchanges

**B**. 12　The 2022 Fiji General Election: Rabuka Formed the
　　　　First Coalition Government　　　　　*Qin Sheng* / 194

**Abstract**: Fiji's 2022 general election was the third democratic election after the 2006 military coup and the most contested election. Nine parties participated in the elections which set a record. Four parties passed the 5% threshold required to enter parliament. Meanwhile, 693, 915 voters were registered across the country, and the final turnout was only 67. 8 percent which was the lowest in three general elections. The Fiji First Party won the largest number of seats but did not win a parliamentary majority, leading the formation of a coalition government for the first time since constitutional amendments were made in 2013. Rabuka, leader of the main opposition party, with the support of SODELPA and NFP, eventually defeated Frank Bainimarama, ending his 16-year reign.

**Keywords**: Fiji; General Election; Rabuka; Coalition Government

**Appendix**: The Memorabilia of Oceania in 2022　*Yu Changsen* / 209

社会科学文献出版社

# 皮 书

## 智库成果出版与传播平台

### ❖ 皮书定义 ❖

皮书是对中国与世界发展状况和热点问题进行年度监测，以专业的角度、专家的视野和实证研究方法，针对某一领域或区域现状与发展态势展开分析和预测，具备前沿性、原创性、实证性、连续性、时效性等特点的公开出版物，由一系列权威研究报告组成。

### ❖ 皮书作者 ❖

皮书系列报告作者以国内外一流研究机构、知名高校等重点智库的研究人员为主，多为相关领域一流专家学者，他们的观点代表了当下学界对中国与世界的现实和未来最高水平的解读与分析。截至2022年底，皮书研创机构逾千家，报告作者累计超过10万人。

### ❖ 皮书荣誉 ❖

皮书作为中国社会科学院基础理论研究与应用对策研究融合发展的代表性成果，不仅是哲学社会科学工作者服务中国特色社会主义现代化建设的重要成果，更是助力中国特色新型智库建设、构建中国特色哲学社会科学"三大体系"的重要平台。皮书系列先后被列入"十二五""十三五""十四五"时期国家重点出版物出版专项规划项目；2013~2023年，重点皮书列入中国社会科学院国家哲学社会科学创新工程项目。

**权威报告·连续出版·独家资源**

# 皮书数据库
## ANNUAL REPORT(YEARBOOK)
## DATABASE

## 分析解读当下中国发展变迁的高端智库平台

### 所获荣誉

- 2020年，入选全国新闻出版深度融合发展创新案例
- 2019年，入选国家新闻出版署数字出版精品遴选推荐计划
- 2016年，入选"十三五"国家重点电子出版物出版规划骨干工程
- 2013年，荣获"中国出版政府奖·网络出版物奖"提名奖
- 连续多年荣获中国数字出版博览会"数字出版·优秀品牌"奖

皮书数据库　　"社科数托邦"
　　　　　　　　微信公众号

### 成为用户

登录网址www.pishu.com.cn访问皮书数据库网站或下载皮书数据库APP，通过手机号码验证或邮箱验证即可成为皮书数据库用户。

### 用户福利

- 已注册用户购书后可免费获赠100元皮书数据库充值卡。刮开充值卡涂层获取充值密码，登录并进入"会员中心"—"在线充值"—"充值卡充值"，充值成功即可购买和查看数据库内容。
- 用户福利最终解释权归社会科学文献出版社所有。

数据库服务热线：400-008-6695
数据库服务QQ：2475522410
数据库服务邮箱：database@ssap.cn
图书销售热线：010-59367070/7028
图书服务QQ：1265056568
图书服务邮箱：duzhe@ssap.cn

数 据 库 充 值 卡

# S 基本子库
## UB DATABASE

## 中国社会发展数据库（下设 12 个专题子库）

紧扣人口、政治、外交、法律、教育、医疗卫生、资源环境等 12 个社会发展领域的前沿和热点，全面整合专业著作、智库报告、学术资讯、调研数据等类型资源，帮助用户追踪中国社会发展动态、研究社会发展战略与政策、了解社会热点问题、分析社会发展趋势。

## 中国经济发展数据库（下设 12 专题子库）

内容涵盖宏观经济、产业经济、工业经济、农业经济、财政金融、房地产经济、城市经济、商业贸易等 12 个重点经济领域，为把握经济运行态势、洞察经济发展规律、研判经济发展趋势、进行经济调控决策提供参考和依据。

## 中国行业发展数据库（下设 17 个专题子库）

以中国国民经济行业分类为依据，覆盖金融业、旅游业、交通运输业、能源矿产业、制造业等 100 多个行业，跟踪分析国民经济相关行业市场运行状况和政策导向，汇集行业发展前沿资讯，为投资、从业及各种经济决策提供理论支撑和实践指导。

## 中国区域发展数据库（下设 4 个专题子库）

对中国特定区域内的经济、社会、文化等领域现状与发展情况进行深度分析和预测，涉及省级行政区、城市群、城市、农村等不同维度，研究层级至县及县以下行政区，为学者研究地方经济社会宏观态势、经验模式、发展案例提供支撑，为地方政府决策提供参考。

## 中国文化传媒数据库（下设 18 个专题子库）

内容覆盖文化产业、新闻传播、电影娱乐、文学艺术、群众文化、图书情报等 18 个重点研究领域，聚焦文化传媒领域发展前沿、热点话题、行业实践，服务用户的教学科研、文化投资、企业规划等需要。

## 世界经济与国际关系数据库（下设 6 个专题子库）

整合世界经济、国际政治、世界文化与科技、全球性问题、国际组织与国际法、区域研究 6 大领域研究成果，对世界经济形势、国际形势进行连续性深度分析，对年度热点问题进行专题解读，为研判全球发展趋势提供事实和数据支持。

# 法律声明